봉집 김용채의 장편소설

고려 충절 대은 변안열

저자 김용채

도서출판 조은

작가의 말

　석양이 아름다운 심양에서 태어나 대륙의 하늘을 마시며 자라난 충가! 그는 정녕 디아스포라(diaspora)였다. 뿌리는 고려에 뻗어 있고 심장에는 늘 고려인의 피가 넘쳐 흘렀다. 할아버지 무릎 위에서 고국의 노래를 불렀다. 태고의 맑은 샘물에서 부다시리와 풀빛 사랑을 키워갔다. 바얀 테무르(Bayan Temur)를 만났고 세 바퀴 수레를 함께 끌며 청석령을 넘었다.

　대은 변안열은 개경의 하늘을 떠받치며 흔들리는 고려왕조를 온 몸으로 지켰다. 홍건적과 왜구와 요동정벌 싸움에서 불세출의 영웅이 된다. 그러나 위화도에서 대은 변안열은 인생의 반환점을 찍어야 했다. 그 무렵 불굴가(不屈歌)가 태어났다. 고려 충절의 면모가 돋보이는 시절가요이다. 후대의 시인묵객들은 한민족 사설시조의 효시라 할 수 있다고들 한다. 불굴가는 그 벼린 칼날이 힘차게 하늘을 찔렀다. 그러나 안타깝게도 험한 먹구름 속에 파묻혀 있어야만 했다. 무려 624년! 너무나도 길고 깊이 든 잠이었다.

그 잠 속 어느 길모퉁이에선가 작가는 대은 변안열을 만나 그의 경마잡이가 되었다. 참으로 운 좋고 복 받은 사람이다. 몇 구비 산모퉁이를 함께 돌았다. 이 소설은 그 길고도 짧은 길 위에서 함께 겪은 경험과 나눈 이야기를 가감 없이 적어 본 것이다. 픽션이건 넌픽션이건 그건 아무래도 좋다. 이 소설의 맨 마지막 장을 넘기는 당신의 눈동자에서 번쩍이는 한줄기 섬광을 볼 수 있을 것이기 때문이다.

2025년 11월 11일
시루뫼 허릿길에서 김용채

추천사

  봉집 김용채 작가는 지금의 (사)한국시조협회 초창기이던 2014년 (사)시조사랑시인협회가 대은시조문학상을 제정하던 때 사무총장직을 역임한 신춘문예 출신 시조시인이었는데 그때부터 나와의 인연이 시작되었다. 그는 대은 변안열 장군에 대하여 두루 알게 되면서 관심이 깊어졌고 몇 해 뒤에 나에게 연락이 왔다. 대은 변안열 장군에 대한 소설을 써 보겠다고, 써야 하겠다고 하면서 여러 가지 자료 협조를 부탁했다. 마침 나에게 논문, 소설, 평전 등의 자료가 있어 모두 제공해 줄 수 있었다. 그는 2021년 4월 장편소설「대은 변안열, 소설 불굴가」를 출판했다. 연이어 계간지『국제문단』에 2024~2025년 2년간 연재하였다.

  그후 작가는 소설 불굴가를 새롭게 알게 된 사실 등을 기초로 대폭 재구성하여 출판할 뜻을 나에게 전해 왔다. 나는 더 필요한 자료 안내는 물론 현 참판공종친회 변만근 회장에게 이 사실을 알리고 병사공종친회와 함께 후원하여 출간을 돕자는 결론을 내렸다. 그렇게 해서 탄생한 것이「고려 충절 대은 변안열」, 바로 이 장편소설이다.

  이 소설은 픽션이지만 고려말의 '홍건적 토벌, 황산대첩, 요동정벌과 위화도 회군' 등 주요한 역사적 사실에 있어서는 왜곡되고 파묻혀진 역사적 사실을 들추어 바로잡으면서 매우 심도 있으면서도 흥미롭게 다큐멘터리처럼 이야기를 전개해 나간다. 소설가 김용채의 올곧은 작가정신에 가없는 경의를 표한다. 따라서 이 소설은 조선조에 의해 터무니없이 정말 황당하게 왜곡되어 고려사 간신전에 올려졌던 고려말 호국충절 불굴당 대은 변안열 장군에 대한 실체적 진실을 재조명한 금자탑이 아닐 수 없다. 후손의 한 사람으로서 무한한 자긍심과 감사함을 느끼지 않을 수가 없었다.

물론 2013년 대한민국 정부(보훈처)가 호국의 인물로 선정하여 2014년 한국전쟁기념관에 현양되었고, 오랜 누명을 벗고 신원된 바 있다. 이에 더하여 불굴당 대은 변안열 장군을 재조명하여 발간하는 이 소설이 대한민국의 모든 국민에게 널리 읽혀 왜곡된 역사적 사실이 바로잡혀지기를 바란다.

끝으로 소설 발간에 지원을 아끼지 않은 원주변씨 참판공종친회와 병사공종친회 종원과 자료검토 및 교정에 함께 협조해 준 변구영 고문께도 깊은 감사를 드리며 아울러 여러 가지 어려움을 무릅쓰고 작가의 헌신적인 노력으로 금과옥조와 같은 장편소설「고려충절 대은 변안열」이 출간됨을 크게 환영하여 마지않는다.

原州邊氏 22世孫 月湖 邊宇澤 告
시인 · 시조시인 · 정책학 박사 변우택

목 차

작가의 말 ············· 3

추천사 ············· 5

01. 청석령(靑石嶺) ············· 9

02. 태흐(Taxb) ············· 33

03. 세 바퀴 ············· 62

04. 원주변씨(原州邉氏) ············· 92

05. 홍건적(紅巾賊) ············· 123

06. 박연폭포(朴淵瀑布) ············· 156

07. 풍운(風雲) ············· 186

08. 낙조(落照) ············· 219

09. 대은암(大隱巖) ············· 249

01
청석령(靑石嶺)

고려 제31대 공민왕(恭愍王)이 된 강릉부원대군(江陵府院大君)의 환국 행렬은, 하얀 눈밭에다 굵고 긴 획을 그으면서 심양(瀋陽)을 떠난다. 공민왕의 곁을 지키는 승의공주(承懿公主)는 공민왕의 제1 정비가 되어 노국대장공주(魯國大長公主)라는 칭호를 얻었다.

호위군배행수장(護衛軍陪行首長) 변안열(邊安烈)이 맨 앞에 섰다. 좌우로 장수 두 명이 여남은 걸음 떨어져서 그 뒤를 따라간다. 공민왕과 노국대장공주는 가마를 타고 앞뒤로 줄을 지었고, 다시 그 좌우를 여덟 명의 군사가 호위하며 선두에 나선다. 가마 옆에는 각각 두 명의 시녀도 끼어 있어 선두는 모두 열일곱 명이 되었다. 노국대장공주의 애마도 안장만 얹은 채로 어린 망아지를 데리고 뒤를 따랐고, 또 다른 하얀 말 한 마리가 역시 안장만 얹은 채로 공민왕이 탄 가마 뒤를 따라간다. 그 뒤로 쉰 걸음쯤 되는 거리를 두고 두 대의 빈 가마가 따라간다. 겉으로 보기에는 누군가가 타고 있는 것 같았지만 사실은 텅 빈 가마였다. 공민왕과 노국대장공주의 안전을 위한 비책이다. 다만, 공민왕 내외가 쓰는 간단한 소장품만을 실었다. 이 위장된 가마에도 앞서가는 가마와 똑같은 모양으로 똑같은 인원이 배치되었다. 그 뒤로는 비상식량, 몽골식 간이 주택인 게르(Ger)를 세울 수 있는 재료, 말이 먹을 건초, 비상용 무기와 기타 전투 용품, 비상 상비약 등을 실은 마차가 길게 줄을 이었다.

삼장육학사(三將六學士)가 이 행렬의 중심이 되었다. 변안열과 다른 두 장수를 3장이라 하고 공소·변숙·황보영·감규·독고억·황석기를 육학사라 했다. 원주변씨 세보 경신보에는 삼대장 팔학사라 기록되어 있으나 확인할 길은 없다. 삼장 육학사건 삼대장 팔학사건 그것은 중요한 일이 아니다. 환국 행렬 가운데 특히 이목을 끄는 여인이 한 명 끼어 있다. 훤칠한 키에 빼어난 미모를 갖춘 열 예닐곱 살쯤 되어 보이는 소녀다. 그 소녀는 고려국의 시인 이조년(李兆年)의 손녀인데 몇 해 전에 원나라에 공녀로 끌려 왔다가 승의공주의 시녀가 되었다. 그 승의공주가 노국대장공주가 되어 고려국으로 가는 행렬에 끼이게 된 것이다. 사람들은 그 소녀를 이소저(李小姐)라고 불렀다. 이어서 원나라 왕자들이 그들의 휘하를 거느리고 배웅차 뒤따라왔다.

환국 행렬은 결국 일백 명을 훌쩍 넘어서게 되었다. 행렬을 이루고 있는 사람은, 공민왕과 노국대장공주, 삼장육학사 아홉 명, 호위무사 서른 명, 시녀 여덟 명, 마부 여덟 명, 의원 두 명 등 주축부대만 예순한 명으로 구성되었고 배웅하는 원나라 왕자 열 명과 그들의 수행원 스무 명을 합하면 아흔한 명이 되고, 조리사 가마꾼 등 잡역부까지 합치면 일백여 명을 훌쩍 넘게 된다. 이들은 모두 말을 탔다. 신분이나 지위의 고하를 막론하고 수행원 모두가 말을 타게 한 조치는 변안열 호위군배행수장의 특별한 조치였다. 유사시 민첩한 기동력을 확보하기 위한 것이다. 이때 노국대장공주는 원나라식 여인복 외에 장수복을 별도로 더 준비하였다. 그리고 보니 공민왕과 노국대장공주가 사람 간의 짝이라면, 변안열이 탄 말과 노국대장공주가 별도로 데려가는 말도 한 짝이었으니, 사람과 짐승이 이상하게 어우러져서 마치 신혼여행이라도 하는 것 같았다. 돌이켜 보면 노국대장공주는 변안열의 짝이 되어야 했다. 두 사람은 아주 어려서부터 단짝 친구였고 사랑을 키워온 사이였다. 느닷없이 불쑥 나타난 공민왕이 국혼이라는 이름으로 부부의 연을 맺은 것이 아니었던가? 청춘은 그 덫을 벗어던지지 못했다. 그저 가슴팍 깊숙이 흐르는 소리 없는 아우성 만이 종주먹질을 해댈 뿐이었다.

　호위군배행수장 변안열은 5명의 날랜 군사를 선발하여 좌장수를 우두머리로 한 첨병조를 편성하고, 행렬의 맨 끝에도 다시 우장수와 군사를 배치하였다. 어디 그뿐인가? 행렬을 이루고 있는 전원에게 비상 체계와 그 가동방식을 주지시켰다. 심양을 출발하기에 앞서서 실전 같은 훈련을 몇 번이고 반복 실시하는 등 준비에 치밀함을 보였다. 특히 호위 군사를 고려국 말을 할 수 있는 군사와 원나라 말을 할 수 있는 군사로 구분하고 군사의 복장도 원나라 병사 복식과 고려국 병사 복식으로 각각 다르게 갖추어 입도록 했다. 고려국 군사의 복식은 옆트임 부분에 털을 댄 투구와 검은 군화를 착용하고, 원나라 군사의 복식은 목 앞을 가리는 투구와 무늬 있는 꽉 끼는 군화를 착용하여 서로 달리 보이게 했다. 노국대장공주는 원나라식 여인 평복 외에 장수가 입는 갑옷을 한 벌 더 준비시켰다. 변안열로서는 일생일대의 호기인 동시에 자신의 운명을 결정짓는 갈림길이었기 때문이다. 한편으로는 출세의 가도를 달릴 수 있는 절호의 기회였으나 아차 하면 자신의 목숨은 물론 고려국의 국운까지도 걸어야 하는 막중한 임무를 수행하는 중이기도 하였다. 어찌 한 치의 소홀함이나 착오를 허용할 수 있겠는가? 임금과 왕비 아니 사랑하는 사람을 함께 모시는 길이 아닌가?

"마마. 소장 변안열이옵니다."

공민왕의 수레 앞에서 변안열이 예를 갖추면서 나지막하게 아뢴다.

"오, 배행 수장 어서 오시오."

공민왕이 수레에 드리운 휘장을 들추며 반긴다.

"출발 준비가 다 되었음을 아뢰옵니다. 마마."

변안열이 출발 준비 상황을 아뢴다.

"그래요? 수고하셨소. 배행수장."

변안열은 환국 행렬의 구성과 운영방식 등 준비 사항을 세세한 부분까지 자세히 아뢴다.

"오, 그러시오? 그런데 환국의 장도에 오를 인원이 일백 명을 넘는다니… 너무 과하지 않소?"

공민왕이 세간의 이목을 의식하여 걱정스럽게 묻는다.

"예, 마마. 그런 면도 없지 않습니다. 보통의 사신 행렬보다는 규모가 약간 크다 할 수도 있사오나 대 고려국의 임금님과 왕비님의 환국 행차이옵니다. 지나치다고 할 수만은 없을 것이옵니다. 마마."

변안열이 애써 타당성을 이해시키려고 한다.

"배행수장이 잘 알아서 준비했으리라고 믿지마는 주위의 시선이 곱지 않을까 걱정이 되어서 하는 말이오."

공민왕의 걱정도 터무니없는 것은 아니었다. 특히, 배웅 나온 몽골 왕자들의 시선을 가볍게 지나칠 수만은 없는 상황이다. 공민왕의 환국 행차를 보호한다는 명분을 표면에 내세우고는 있으나 그 속내는 다른 데 있는지도 모른다. 이를테면 공민왕의 원나라에 대한 심경의 변화 같은 징후를 포착하는 일 등이다.

"과히 심려하지 않으셔도 좋을 듯하옵니다. 마마."

변안열은 자신 있게 아뢴다.

"행도의 사정은 어떻소?"

공민왕은 환국 행렬의 여러 가지 사정에 대해 계속 묻는다.

"환국 행렬의 행도 상태는 양호하옵니다. 소장이 일차 순시하였사옵고 여러 가지 돌발 상황 등에 대비하여 호위하는 군사들에게 충분한 사전 훈련을 시켰사옵니다. 환국 행렬의 구성원은 호위 병사뿐만 아니라 모두가 무예에 숙달된 충성스러운 자들이옵니다. 소장이 철저히 준비하고 점검하였사오니 너무 심려치 마시옵소서. 마마."

변안열은 환국을 준비하면서 한 달 가까운 시간을 보냈다. 인원 선발에서 장비 준비까지 모두가 완벽하다는 확신이 섰다. 1351년 공민왕 원년 12월, 드디어 환국의 대장정이 시작되었다. 마침 그날은 아침부터 함박눈이 쏟아져 온 세상은 묵은 때를 벗고 태초의 그날처럼 천지가 열려 순수한 상태로 돌아가고 있었다.

노국대장공주는 고려국 공민왕과 혼인함으로써 왕가진(王佳珍)

이라는 고려식 이름을 얻는다. 공민왕이 직접 지어준 이름이다. 성씨인 왕(王)은 고려국 왕통을 잇는다는 뜻이고 이름 가진(佳珍)은 '아름다운 보배'라는 뜻이다. 이것은 두 사람이 부부의 연을 맺기까지의 과정이야 어찌 되었건 관계없이 공민왕이 노국대장공주를 얼마나 사랑하고 있는가를 말해 주는 대목이기도 하다. 가히 세기의 사랑이라고 칭송할 만하였다.

이 무렵 고려국의 왕세자 또는 왕자들은 뚜루게(禿魯花)라고 불리는 볼모가 되어 원나라에서 성장기를 보냈다. 심지어 고려왕으로 즉위한 뒤에도 일반 백성들이 처가에 들리듯 외가 나라인 원나라를 수시로 드나들어야만 했다. 그러한 맥락에서 강릉부원대군은 뚜루게가 되어 1341년 열두 살 어린 나이에 원나라로 건너가서 성장기를 보냈고 승의공주와 혼인한 뒤에야 강릉부원대군은 공민왕이라는 이름으로, 승의공주는 노국대장공주라는 이름으로 바뀌면서 조국을 떠나온 지 11년 만에 고려국으로 다시 돌아갈 수 있게 된 것이다. 그러니 변안열이 안전을 책임지고 있는 이 임금의 행차가 얼마나 뜻깊고 중대한 행차인가를 짐작할 수 있게 해 준다.

고려가 원나라의 부마국이 되어 내정을 간섭받아 오는 그 무렵 중원에서는 이상징후가 감지되기 시작했다. 북경을 도읍으로 정하고 건국된 몽골족 혈통인 원나라와 남쪽에서 한족을 주축으로 하여 건국된 명나라가 중원의 패권을 놓고 서로 각축했다. 드디어 명나라가 원나라를 북쪽으로 쫓아내면서 북경을 차지한 뒤 원명(元明) 교체기에 돌입한다. 원나라는 심양(瀋陽)을 거점으로 하여 가까스로 북원(北元) 시대를 열기는 했으나, 국력은 점점 쇠퇴

해 갔다. 이러한 낌새를 알아챈 고려국 조정에서는 반원의 기류가 싹터 흐르기 시작했다.

국제정세가 이상징후를 보이고 고려조정 안에서도 심상치 않은 기류가 감지되고, 변화를 모색하는 상황에서 이러한 행차를 호위한다는 것은 가볍게 볼 일이 아니었다. 그러기에 변안열은 만일의 사태에 대비하여 더욱더 철저하게 준비하지 않을 수 없었다. 요동벌을 중심으로 할거하는 비적들과의 충돌은 물론이고 고려국 자체 내에 숨어 있는 불순세력과의 충돌에도 대비해야 했다. 행렬 속에 위장된 가마를 더하는 일, 호위 군사의 복장을 원나라식과 고려국식으로 나누어 착용시킨 일, 호위하는 병사는 원나라 말과 고려국 말에 두루 능통한 자를 선발한 일, 원나라 왕자들이 굳이 먼 곳까지 배웅을 나선 일 그리고 노국대장공주가 남장으로 변신해야 할 경우까지를 대비하며, 호위군배행수장 변안열은 세세한 부분까지도 직접 챙기고 몇 번이고 확인을 거듭하였다.

고려국이 원나라의 부마국이 되었던 기간에는, 많은 고려국 사람들이 원나라로 건너가서 정착하거나 벼슬을 하다가 그 자손들이 다시 고려국으로 돌아오는 경우가 종종 있었는데, 호위군배행수장 변안열이 그러한 경우였다. 그러나 변안열은 여느 고려국 사람들처럼 공물로 바쳐졌거나 살기가 어려워서 유민의 신분으로 국경을 넘었다거나 삼별초 난 이후 더욱 극심해진 원나라 군사의 약탈을 피해 역설적으로 원나라로 건너갔다거나 그 밖에 여러 가지 이유로 부노(浮虜), 항민(降民)이 되어 원나라로 건너간 경우와는 달랐다.

변안열의 할아버지 순(順)은 1247년 고종 34년에 고려에서 태어나, 1268년 원종 9년에, 원나라 사신 탈타아(脫朶兒)를 수행하여 원나라로 건너가게 되었고, 심양의 천호(千戶)를 지내다가 후(候)에 봉해진 명문 집안이다. 변안열 자신도 1348년 15세의 나이로 원나라 순제(順帝) 때 어사대부(御史大夫)를 지낸 탈탈(脫脫) 밑에서 무예를 사사하여 1351년 봄 18세에 무과인 호방(虎榜)에 수석 합격하고 같은 해 공민왕이 환국할 때 호국배행수장이 되어, 할아버지의 나라, 고려국의 땅을 밟게 되는 것이다.

변안열은 원나라에서 나고 자랐고 어린 시절부터 집안에서는 고려국 언어를 사용하면서 자라났기에 원나라 말은 물론 고려국 말에도 두루 능통하였으며 출중한 무예는 물론 손색없는 문예까지 갖추었으니 호국배행수장이라는 중차대한 직책을 맡기에 손색이 없는 적임자였다.

"배행수장, 해가 저물어 가고 있지 않소?"
"네, 금방이라도 어둠이 내릴 것 같습니다. 마마."
"인가도 없을 것 같은데 배행수장은 어떻게 할 셈이요?"
"야영을 할 수 있는 장소를 살펴보는 중입니다. 마마."
"이 허허벌판에서 말이요?"
"네, 마마. 다행히 눈발이 그쳤고, 이곳이 분지라서 바람이 심하지 않으니, 소장의 생각으로는 하룻밤 지내기는 괜찮을 듯하옵니다만, 마마께서는 달리 생각하시는 바가 있으신지요?"
"배행수장이 잘 판단해서 결정하기 바라오. 오늘은 첫날인 데다가 거센 눈바람을 맞으면서 무릎까지 빠지는 눈길을 헤치고 왔으니, 모두 지쳐 있지 않을까 걱정이 되는구려. 무리하지 않는 것이 좋지 않겠소"

"마마께 다른 생각이 없으시다면 삼장이 상의하여 아뢰겠사옵니다, 마마."

공민왕은 무척 걱정스러운 표정을 짓는다. 변안열은 삼장회의(三將會議)를 연다. 변안열은 이곳에서 야영할 것을 제안했고 다른 두 장수는 배행수장의 제의에 이의를 제기하지 않는다. 변안열은 공민왕에게 삼장의 합치된 의견을 아뢰며 하교를 기다린다.

"삼장회의에서 결정된 대로 하시오."

공민왕은 삼장회의에서 결정한 대로 시행할 것을 허락한다. 환국 행렬이 그 첫 번째 야영을 준비한다. 준비물은 모자람이 없다. 다만, 밤새워 모닥불을 피울 땔감은 현지에서 따로 준비해야 했을 뿐 다른 애로점은 없었다.

"길이 고르지 못한데 눈까지 쌓여서 행차가 매끄럽지 못했사옵니다, 마마. 공주마마께서도 피로하실 텐데 오늘은 일찍 침수 드시기 바라옵니다. 그러면 소장은 이만 물러가겠사옵니다."

"잠깐만 기다려 주시오, 이번 일정에 대하여 몇 가지 묻고 싶은 것이 있소."

노국대장공주는 공민왕과 같은 침소에 들기로 되었기에 마침 배석하고 있던 변안열은 공민왕 부부와 같은 공간에 함께 있게 되었다.

"하문하십시오, 마마."

"지금 우리가 환국하는 길 사정이 매우 걱정되는구려, 내가 심양으로 갈 때는 아직 어렸을 때라서 그저 가마 안에서만 있었지만, 굉장히 멀게 느껴졌고, 여름철이었는데도 어려운 고비를 여러 번 넘겼던 것으로 기억하오. 그런데 지금은 겨울철이라서 더욱 힘들지 않을까 걱정이 앞선다오. 내가 배행수장을 익히 잘 알고 있기에 든든한 마음이기는 하지만 워낙 험한 길이라서…"
 "마마, 말씀드리겠습니다. 이 환국의 경로는 육로로서 대략 2천 리 길이 됩니다. 심양에서 국경인 압록강까지가 1천여 리로서 동팔참이라 하옵고 압록강에서 개경까지가 다시 1천여 리로서 이곳으로부터는 고려국의 영토가 됩니다. 그리고 지금은 초겨울인지라 가끔 눈바람은 거세게 몰아칠 수 있으나 여름철보다는 낫다고 생각합니다. 모기에 물린다거나 돌림병 따위의 걱정도 없사옵니다. 더구나 비적들까지도 그들의 산채에 꼭꼭 틀어박혀 있을 때이옵니다. 오늘은 폭설 때문에 조금 힘든 행차가 되었지만, 크게 걱정하지 않으셔도 될 것 같사옵니다."
 "그런가요? 그러면 다른 애로사항은 없나요? 가마를 여벌로 준비하고, 내가 입을 옷으로 군사들이 입는 옷을 따로 준비하는 것 같던데 …."
 노국대장공주가 대화에 끼어든다. 역시 예리한 관찰력이요 날카로운 지적이다.
 "그것은 만일의 사태에 대비하기 위함입니다. 잘 알고 계시듯이, 현재의 국제정세나 고려국의 국내 사정이 안정되어 있지 못한 상태이옵니다. 환국 중에 도둑 떼를 만날 수도 있고, 험한 고개가 있어서 마차로 이동하기가 힘 드는 구간이 있을 것에 대비하려는 것입니다. 마침, 공주님께서 무예를 익히시고 높은 경지에 도달해 계신지라 군사로 위장할 필요가 있을 때를 대비하여 준비한 것이옵니다. 가장 걱정되는 구간은 회령령과 청석령이옵니다. 이곳을 제외하면 요동벌은 평지가 대부분이고, 특히 고려국령으로 들어서면 그다지 험한 길은 없사옵니다. 지나는 길목마다 고려국 관아에서 행차를 영접하고 안전하게 모시게 될 것입니다. 환송 차 동행하는 원나라 왕자 일행이 국경지대까지 배웅해 주겠다고 하니, 너무 심려치 마옵소서. 소장이 목숨을 걸고 소임을 다하겠사옵니다."

변안열은 환국 행렬의 행로와 숙박할 곳 등을 소상히 아뢴 뒤, 날씨에 따라 다소 차이는 있겠지만 대략 한 달 정도가 소요될 것이라고 덧붙여 설명한다.

"두 분 마마, 침수 평안히 드옵소서."

변안열이 예를 갖추고 물러 나오니, 군사들이 피우는 화톳불이 하얀 눈밭을 녹이며 빨갛게 활활 타오르고 있었다. 그래서, 공민왕의 침소가 그렇게 따뜻했다고 생각하면서 번을 서고 있는 병사들을 위로하고 자신의 숙소로 돌아왔다. 그런데 뜻밖에도 고려국 시인 이조년의 손녀 이소저(李小姐)가 먼저 와서 기다리고 있는 것이 아닌가.

"힘든 길에 피곤할 텐데 일찍 주무시지 않고 이곳은 웬일이요?"

변안열이 적이 놀라면서 묻는다.

"그렇기는 하오나, 고맙다는 인사조차 드리지 못하여 무례를 무릅쓰고 이렇게 찾아뵙습니다. 소녀에게 귀국의 길을 열어 주신 은혜, 어떻게 갚아야 할지…. 이 은혜 잊지 않겠습니다. 감사드립니다. 장군님."

이소저는 바닥에 머리가 닿을 정도로 큰절을 올린다.

"이러지 마시오. 내가 무슨 한 일이 있다고…. 소장도 이소저의 귀국을 축하합니다. 이제 한 달 후면 고향 땅을 밟을 수 있을 것입니다. 환국 행로가 끝날 때까지 건강 잘 챙기시고 항상 긴장을 늦추지 마시기 바랍니다. 밤도 늦었으니 어서 가서 주무십시오."

"장군님, 잠시만이라도 눈밭에 부서지는 저 달빛을 보십시오. 흡사 배꽃에 내리는 달빛 같지 않습니까? 마침 소녀의 조부이신 조자 년자 쓰시는 분의 자규제(子規啼)를 소녀가 알고 있사옵니다. 오늘 밤, 이 애틋한 분위기와 잘 어릴 것 같아 읊어 올리겠사옵니다. 구차하지만 소녀의 작은 정성으로 여기시고 부디 들어주시옵소서."

이소저는 자기 숙소로 돌아갈 생각을 하지 않는다. 엉뚱하게도 그녀의 할아버지가 지어 읊으신 시조 한 수를 읊어 올리겠으니 허락해 달라고 청한다.

"오, 이소저와 처음 만났던 날 심양의 달빛 아래에서 불러 주신 그 노래 말씀이군요."

변안열의 목소리가 가늘게 떨고 있었다.

"그러하옵니다만 …. 내키지 않으시옵니까? 그만두오리까?"

이소저는 기어드는 목소리로 묻는다. 눈을 들어 변안열의 두 눈을 바라보면서다.

"아니오, 당치도 않는 말씀이오. 자규제는 몇 번을 들어도 다시 듣고 싶어지는 노래지요. 더욱이 이소저가 불러 주신다면 열 번이고 스무 번이고 다시 듣겠습니다."

이소저는 자규제를 읊는다. 조부님이 지은 노랫말에 고려국 풍의 가락을 얹어 부르는 노래다. 고려국에서는 이것을 시조창이라 하고 이러한 노랫말을 시조(時調)라고 부른다는 설명을 덧붙인다. 변안열은 심양에서 듣던 노래와는 색다른 맛깔이 나는 것을 알 수 있었다. 새로운 감흥이 솟구쳐 오른다.

    이화(梨花)에 월백(月白)ᄒᆞ고 은한(銀漢)이 삼경(三更)인제,
    일지춘심(一枝春心)을 자규(子規)야 아랴마ᄂᆞᆫ,
    다정(多情)도 병인 양 ᄒᆞ여 잠 못 드러 ᄒᆞ노라.

  지금 눈앞에는 분명히 배꽃이 피어 있지 않다. 그저 눈에 덮여 있는 허허벌판일 뿐이다. 그러나 달빛에 젖어가는 요동벌은 이소저의 고향, 고려국에서 흔히 볼 수 있다는 그 배밭일 거라고 변안열은 생각한다. 휘영청 밝은 달빛, 하얗게 반짝이는 끝없는 벌판은 굳이 배밭인가 눈밭인가를 가릴 필요가 없을 것 같다. 둘 다 매한가지로 하얀 세상을 이루고 있었으니 이 시조가 그 진가를 발휘하기에 딱 알맞은 풍경이라 할 것이었다. 그리고 그 속에 나란히 서 있는 한 쌍의 젊은 남자와 여자, 가히 세기의 명화라 아니할 수 없었다. 그리고 이 노래는 변안열이 벼슬길에 올랐던 초창기에 심양의 한 누각에서 이소저를 만나 처음 듣던 노래가 아닌가. 감흥이 새로웠다. 이어서 변안열도 즉흥시 한 수를 읊어 화답한다. 자규제를 줄기로 하여 시조형식을 취한 노래다.

    요동벌 달빛 차고 눈빛 저리 새하얀데
    한 조각 붉은 마음 가지 끝에 펄럭인다
    옷고름 하나로 묶어 저 가지에 걸고저

  심양 호수 은빛 물결이 눈 덮인 요동벌과 겹쳐진다. 심양을 떠

난 지 겨우 하루, 차디찬 눈밭에 세운 게르(Ger), 번을 서는 병사가 피우는 화톳불, 아직 약관도 채 되지 않은 젊은 피는 뜨겁기만 했다. 이들이 어우러져 오묘한 조화를 이루는 가운데 요동 벌의 겨울밤은 그렇게 깊어 갔다. 굳이 화톳불을 피우지 않더라도 몸이 얼어붙지는 않을 것 같다. 할아버지 이조년의 시조를 읊는 동안 눈꽃이 흐드러지게 핀 벌판, 바람칼에 마른 껍질을 에이는 아픔을 견디다 못한 나뭇가지가 자규의 사연을 알기라도 한다는 듯 슬픈 노래를 대신 불러 주고 있었다. 요동벌의 밤은 그렇게 깊어 갔다. 낮 동안 휘몰아치던 눈발이 언제 그쳤는지, 휘영청 밝은 달은 언제 떠올랐는지 젊은 남녀는 알지 못했다. 바람 끝이 소맷자락을 잡아 흔들어 댔으나 그들은 아랑곳하지 않았다. 북두칠성이 한 뼘도 더 넘게 꼬리를 틀고 시샘하는 눈빛으로 이 젊은이들을 흘끔거리고 있다.

쏟아지는 달빛에 함께 젖었던 이소저와의 시간 속에 할아버지의 조국, 고려 땅으로 한 발씩 다가간다는 설렘 때문에 잠을 이루지 못하였으나, 변안열은 먼동이 트기도 전에 자리에서 일어났다. 먼저, 야영지를 순시하며 이상 유무를 확인하고 야영 중 특이한 사항은 없었는지 세세하게 점검을 한 다음, 공민왕과 노국대장공주의 침전을 방문하여 아침 문안을 드리고, 간밤 야영에 이상 없었음을 아뢰었다.

"이 모든 것이 배행수장의 덕이요, 남은 장도도 잘 인도해 주기 바라오."

공민왕은 진심으로 고마워했다. 그리고 변안열이 소임을 수행하는 모습에 흡족해하며 더욱더 무거운 믿음을 가진다.

　햇살이 드넓은 평원에 쌓인 눈 위에 떨어져 망아지처럼 뒹굴기 시작할 무렵, 환국 행렬은 두 번째 날의 행차를 시작하였다. 이소저는 밤을 꼬박 새운 티를 감추지 못했다. 얼굴에다 '나, 어제 한 잠도 못 잤어.'라고 크고 또렷한 글씨를 써 붙이고 반은 졸면서 힘겹게 행렬을 따라가고 있다. 그러나 어제 같지 않음을 눈치챈 노국대장공주의 배려로 이소저는 빈 채로 가고 있는 위장 가마를 탈 수 있게 되었다. 만일의 사태에 대비한 위장 전술 훈련의 일환이라는 그럴듯한 구실을 붙여서 내린 조치였다. 당사자인 이소저는 몸 둘 바를 몰랐지만, 이를 지켜보는 변안열 또한 노국대장공주의 넓은 아량과 배려에 깊은 감사를 드렸다. 변안열과 이소저가 어젯밤을 고스란히 뜬 눈으로 새웠음을 일찌감치 눈치채고 있던 노국대장공주, 또한 눈치가 10단을 넘는 사람이었다.

　어린 시절, 충가와 부다시리라는 이름을 가졌던 소년과 소녀는 그 시절이 문득 떠올랐고, 지금은 가까이 갈 수 없는, 그러나 마음만은 늘 가까이 서 있는 그 아름다운 시절을 한 포기 고운 풀꽃으로 가꾸고 싶은 심정이었다. 변안열이나 노국대장공주 모두의 숨김 없는 마음이다. 한때 자신이 서 있던 자리에 달그림자처럼 소리 없이 들어온 충가, 그 충가 옆으로 소리 없이 다가갈 수밖에 없었던 운명의 여인 부다시리, 승의공주 아니 노국대장공주가 된 부다시리는 변안열과 이소저 사이에서 소리 없이 흐르는 사랑을 질투할 법도 하지만, 이들 둘이 아름다운 사랑으로 열매 맺기를 기원하고 있었다. 따지고 보면, 이 소저를 이 행렬에 참여할 수 있게 한 것도, 변안열의 청을 노국대장공주가 받아들여 주었기 때문이었으니, 사랑하는 이에게, 그 사랑을 위하여, 그의 옆자리에 모셔 앉힌 것이다.

요동벌 칠백 리, 꿈결같이 피어나는 사랑과 사랑의 물결로 흘러, 열흘이 지나서야 건널 수 있었다. 틈틈이, 요동벌에 널려 있는 화표루, 요동백탑, 관제묘를 구경하며 때로는 바람을 맞고 때로는 눈보라와 싸우고 또 때로는 겨울의 따사로운 햇살을 받으며, 서두르지도 않고 늦장 부리지도 않으면서 길고 긴 행렬은 유유히 흘러갔다. 태자하를 건너 신요동을 지나 호피역참에 들어서는 그 유명한 요동벌의 석양을 만끽할 수 있었다. 고려총, 냉정참, 대석문령, 왕산령, 낭자산참을 지나자 변안열은 전진을 멈추고 공민왕을 뵙는다.

"마마, 오늘은 이곳에서 숙영하려고 합니다. 어쩌면 하루쯤 더 푹 쉬었다가 갈런지도 모르겠사옵니다. 두 분 마마의 뜻은 어떠하신지요?"

청석령 서쪽 고개 밑에 이르기 너덧 마장쯤 앞에서 변안열이 공민왕에게 고하며 뜻을 묻는다. 마침 노국대장공주도 곁에 있었다.

"아직, 날이 저물지 않았는데, 이곳에다 짐을 풀겠다니, 무슨 연유라도 있는 것이오?"

공민왕이 이해할 수 없다는 표정으로 묻는다.

"네, 아직 해가 저물기에는 이른 시각이옵니다. 그런데도 굳이 이곳에서 짐을 풀고자 하는 까닭을 말씀드리자면…."

변안열은 잠시 말을 멈추었다가 잠깐 생각을 가다듬고 진중한 자세로 다시 말을 잇는다. 눈앞에 보이는 고갯길이 청석령의 서쪽길인데, 이 환국 행렬이 가는 길 중에서 가장 험준한 구간이며 그만큼 넘기 어려운 고개라는 것이다. 길도 넓지 않을 뿐만 아니라 길 가운데에 날카로운 청석이 촘촘히 박혀 있어 지나다니기가 지극히 불편하다고 한다. 산세가 험하여 도둑 떼가 자주 출몰하기도 한다. 이 고개만 넘으면 바로 고려국과의 경계 지점에 이르게 된다. 책문이나 압록강 어구에서부터는 고려국에서 영접할 사신과 군마를 보내게 되어 있다. 그러기에 이 고개를 넘는 일이 마지막이면서도 가장 중요한 고비가 된다. 그만큼 어려운 구간이기에 신중하고 조심해야 한다는 뜻이라고 아뢰었다.

"이런 연유로, 이곳에서 충분한 휴식을 취하자는 것이옵니다."

변안열이 길고 긴 설명을 마치자, 노국대장공주가 끼어든다. 성미 급한 것은 예나 지금이나 변함이 없었다.

"그래서, 나에게 입히려고 갑옷을 별도로 준비시킨 게로군요. 가마도 이중으로 준비하고, 행렬의 모든 사람이 말을 타게 한 것도 그렇고요."

"그러하옵니다, 마마. 환국 행렬을 짓는 모든 사람에게 말을 타게 한 것은 만일의 경우 기동성을 확보할 수 있기 때문입니다. 그리고 굳이 숙영지를 고개에서 약간 떨어진 곳에다 마련하려는 까닭도 여기에 있습니다. 만일의 사태에 대비하기 위함입니다. 사방이 탁 트인 곳이 적의 침공을 쉽게 파악할 수 있고 우리 진영을 지키기에도 편하다고 생각합니다만…."

"알았소, 배행수장께서 얼마나 치밀하게 계획하시고 잘 챙기셨는지 보지 않아도 잘 알 것 같소. 그리고 저녁 식사를 마친 뒤에 다른 두 장군을 대동하고 이곳에서 다시 만났으면 하오."

"네, 마마. 그렇게 준비하겠사옵니다."

이른 저녁 식사를 마친 뒤에 변안열은 다른 두 장수와 함께 공민왕과 노국대장공주가 숙영하는 막사를 찾았다. 다섯 사람이 격의 없는 토론을 거친 끝에 다음과 같은 합의를 보았다.

하나, 숙영지는 이 지점을 이탈하지 않고, 1~2일간 머물면서 청석령을 넘을 호기를 살핀다.
둘, 척후병을 파견하여 청석령 고개를 일차적으로 넘어 보고 주변 상황을 살핀다.
셋, 휴식을 취하는 동안 군사들에게 훈련을 꾸준히 시키고 긴장 상태를 유지하며 장비를 점검한다.
넷, 짐은 최소한으로 줄인다. 상황에 따라 마차를 버리고 말 등에 실어 운반이 가능하도록 준비한다. 척후의 결과에 따라 왕과 왕비도 가마에서 내려 다른 행렬 참가자들과 같은 복장으로 위장하고 호신용 무기를 휴대한다.
다섯, 동이 트기 전에 출발하고 가능하다면 청석령과 회령령을 쉬지 않고 당일로 모두 넘도록 강행군 한다.
여섯, 식사는 초간편식으로 1~2일 분량을 미리 준비하고 두 고개를 완전히 넘을 때까지는 연기나 불빛이 나지 않도록 취사를 하지 않는다.
일곱, 공민왕과 노국대장공주는 신분이 노출되지 않도록 제반 위장 조치를 취한다.
여덟, 두 고개를 모두 넘을 때까지는 배행 수장이 독자적인 지휘권을 가진다.

이 결정에 공민왕과 노국대장공주도 흔쾌히 동의했고 사후에도 일체의 이의를 제기하지 않을 것이며 설혹 착오가 발생하더라도 죄를 묻지 않기로 약속하였다. 사뭇 비장한 기류까지 감돌았다.

청석령 고개에서 너덧 마장쯤 떨어진 곳에 여장을 푼 일행은 충분한 휴식을 취하고 모두 음식을 배불리 먹게 하였다. 이 소저가 변안열의 막사로 찾아왔다.

"이제, 고국의 땅을 밟아 볼 시간도 얼마 남지 않았네요. 책문까지만 가면 안심해도 된다면서요?"

"그렇소. 책문까지만 도달한다면 안심이지요. 그러나, 지금부터는 긴장을 늦추어서는 안 된답니다. 우리가 여행하는 길 중에서 가장 험하고 위험한 구간이지요. 이소저는 어디 몸이 불편한 곳은 없겠지요?"

변안열의 표정과 말소리에는 진정성 가득 찬 걱정과 애정이 넘쳐흘렀다.

"네, 이상 없습니다. 배행 수장께서는요?"

이소저도 변안열을 올려다보면서 다정스럽게 묻는다. 눈에는 노을 같은 불꽃이 소리 없이 타오른다. 두 사람은 손을 마주 잡고 남은 장도에서 서로의 안전을 기원한다.

어둠이 내리기 시작할 무렵, 척후를 나갔던 병사 중의 한 명이 돌아왔다.

"배행수장님, 청석령 고개까지 갔다 왔으나 이상징후는 없었습니다. 나머지 두 병사는 회령령까지 돌아보고 내일 새벽까지는 돌아오기로 했습니다."

"수고했소, 어서 가서 좀 쉬도록 하시오."

척후를 나갔던 세 사람 중 나머지 두 사람은 자정을 살짝 넘길 무렵에 숙영지로 돌아왔다. 듣던 대로 청석령의 고갯길은 험난하였으나 회령령 고갯길은 크게 불편하지 않았고 요즈음 며칠간 날씨가 좋았던 탓인지 노면 상태는 비교적 양호하였다고 보고한다. 다만, 고갯길은 울창한 숲으로 덮여 있어 비적의 출몰과 같은 상황을 예측하기는 어려웠다. 척후병들이 오고 갈 때는 이상이 없었으며 날이 어두운 탓인지는 모르지만 단 한 사람의 행인조차도 만나지 못했다는 보고였다. 변안열은 이 사항을 다른 두 장수에게도 알려 주고 공민왕과 노국대장공주에게도 아뢴 다음 야영 상태를 직접 점검한 뒤 숙소로 돌아갔다.

이튿날 먼동이 트기 전에 환국 행렬은 만반의 준비를 하고 청석령 너덜경을 오르기 시작하였다. 출발에 앞서, 공민왕과 노국대장공주 그리고 삼장은 그저께 세웠던 계획을 대폭 수정했다. 첨병의 정찰 보고를 바탕으로 다소 과감하게 나아가기로 한 것이다.
"배행수장, 차라리 장사꾼으로 위장하는 것이 낫지 않겠소?"
공민왕이 조심스럽게 반대의견을 제시하며 안전을 위한 위장술을 꺾으려 들지 않는다.
"마마께옵서 걱정하시는 바를 모르는 바 아니옵니다. 그러나, 이 행렬은 고려국의 임금님이 환국하는 행렬이온데 척후병의 정찰 보고에 따르면 행로가 극한적으로 위험한 것 같지는 않아 보입니다. 그런데도 상인으로 위장하여 이 고개를 넘는다면 훗날 마마께 불어닥칠지도 모르는 세간의 조롱이나 비난을 더 걱정해야 한다고 소장은 생각하옵니다. 혹시라도 위험도가 극한상황이라면 고려해 볼 수도 있는 방안이기는 하오나 그보다는 훗날 마마의 존엄을 먼저 생각하지 않을 수 없습니다. 소장 등이 목숨을 다 바쳐 안전하게 모시겠사오니 너무 심려치 마시고 소장을 믿어 주시기 바라옵니다."

 변안열의 간곡한 충정을 공민왕은 모르는 체할 수 없었다.
 마침, 희미하게나마 새벽 달빛이 비치고 있어서 따로 횃불을 밝히지 않아도 길을 열어 갈 수 있었다. 역시 청석령 고갯길은 험했다. 환국 행렬의 진군 속도가 거북이처럼 느리다. 가마를 비워둔 채로 두 분 마마도 말을 타고 고개를 올라갔다. 변안열은 배행 수장으로서 전체를 살피느라고 앞장을 섰다가 뒤처졌다가를 반복하였고, 두 사람의 장수는 각각 선두와 후미를 맡았으며, 다른 장수들은 공민왕과 노국대장공주 주위를 에워싸고 길을 잡았다. 이소저는 노국대장공주와 밀착된 상태를 유지하며 말을 몰았다. 말방울은 모두 제거되었거나 소리가 나지 않도록 특수한 장치를 했다.
 동이 틀 무렵, 환국 행렬은 드디어 청석령 고개 정상에 오를 수 있었다. 그러나 변안열은 안심할 수가 없었다. 잠시 휴식을 취한 행렬은 다시 행진을 시작했다. 고개를 내려갈 때는 공민왕과 노국대장공주가 가마를 탔다. 드디어 달빛이 없어도 길을 잡아갈 수 있을 정도로 날이 밝았다. 그렇게 고개 중턱에 이르렀을 때였다. 뒤에서 갑자기 말발굽 소리가 요란하게 들려 왔다. 달빛을 등지고 시커먼 그림자 대여섯이 질풍처럼 달려 내려온다. 반갑지 않은 손님, 불청객이다. 변안열은 재빨리 행렬의 선두 쪽을 중심으로 주변 상황을 살폈다. 불청객은 뒤쪽에서만 쫓아오는 것임을 확인했다. 변안열은 즉각 작전을 펼친다. 그와 동시에 환국 행렬은 각자의 말에게 힘찬 박차를 가하였다. 공민왕과 노국대장공주는 가마에서 급히 내린 다음 말로 갈아타고 선두 그룹의 중심으로 끼어들었다. 그와 동시에 변안열은 공민왕 옆으로 이소저는 노국대장공주 옆으로 달려갔다. 마침 두 분의 차림새는 다른 사람과 똑같았다. 튀는 모습이 아니었다. 심양에서 변안열이 탈탈의 제자로서 무술 수업을 받던 동안, 두 분 마마도 틈틈이 무예를 익혀 둔 것이 이번에 큰 도움이 되었다. 놀라울 정도로 민첩한 행동을 보여준 것이다.

변안열은 다음 명령을 내린다. 그와 동시에 선두 그룹 앞으로 병사 서너 명이 나서서 달리는 속도를 최대치로 높였다. 그와는 달리, 이십여 명의 병사는 속도를 늦추면서 뒤쪽으로 모인다. 중간 부분은 예닐곱 명의 군사가 행렬 사이에 끼이면서 자연스럽게 호위대열을 갖추었다. 불과 눈 깜짝할 사이에 전열을 가다듬은 것이다.

후미로 모인 병사들이 전투태세를 갖추자마자 벌써 불청객들이 바짝 뒤를 따라왔다. 그들은 청석령 고개의 돌밭 길을 잔디밭 달리듯이 숙련된 자세로 신속하게 뒤따라온 것이었다. 숨 돌릴 틈도 없이 일대 접전이 벌어졌다. 칼날이 부딪칠 때마다 번갯불 같은 불꽃이 튄다. 변안열은 선두를 다른 장수에게 맡기고 급히 후미로 빠져서 불청객들과 맞붙는다. 순식간에 세 사람의 불청객이 변안열의 칼끝에서 이슬이 되어 떨어진다. 이제 네 명만이 남았다. 그들은 잠시 주춤한다. 그 순간 화살 몇 대가 바람을 가르는 소리가 들려왔다. 그 소리가 끝나기도 전에 선두 쪽에서 비명이 들려 왔다. 상황이 시급해지고 있음을 감지한 변안열은 다시 다음 작전 명령을 내린다. 그와 동시에 후미에 붙어 끌려가던 마차 두 대가 멈칫거리더니 군사들의 틈새를 빠져나와 차체를 구십 도로 꺾어 그 자리에 멈추면서 좁은 산길을 막아버린다. 이중의 방어벽이 삽시간에 설치된다. 마차를 끌고 가던 두 필의 말은 어느 틈엔가 그 마차로부터 분리되어 있었다. 멋모르고 달려오던 불청객들의 말이 마차의 이중 방어벽을 뛰어넘지 못하고 하나 같이 앞으로 고꾸라지면서 등에 탄 불청객들을 사정없이 떨쳐내 버린다. 말에서 떨어져 나간 불청객은 모두 넷이었는데 그들이 머리를 처박은 곳은 수십 길이나 되는 낭떠러지 밑이었다. 뒤이어 불청객들의 말이 토해내는 비명이 계곡을 흔든다. 역시 수십 길이나 되는 낭떠러지 밑이었다.

  변안열은 상황이 바뀌고 있음을 감지했으나 싸움을 멈추지 않았다. 상황의 변화를 살펴볼 틈도 없었다. 변안열은 전속력으로 진군할 것을 명령했다. 오직 공민왕과 노국대장공주의 안위에만 집중했다. 이 상황을 일 초라도 빨리 벗어나야만 하는 것이었다. 한바탕 소용돌이를 치던 돌개바람이 청석령 고개를 휩쓸고 유유히 사라진다. 그 사이 날이 밝아졌다. 산길은 어둠을 걷어내고 환하게 밝아진 얼굴을 내밀었다. 변안열은 두 분 마마의 안위부터 살폈다. 무사했다.

  "조금 전에 비명이 들렸는데, 무슨 일이냐?"

  공민왕과 노국대장공주가 안전함을 확인한 변안열은 이제야 그 비명의 진상을 챙긴다.

  "배행수장, 이소저가 변을 당하고 말았소."

노국대장공주가 축 늘어진 이소저를 끌어안고 말했다.

"배행수장님, 병사도 한 명 전사하였습니다."

정신없이 싸우는 중에 바람을 가르고 날아간 불청객의 화살에 두 사람이 그만 변을 당하고 만 것이다. 변안열은 의원을 불러 그 둘의 상태를 살피게 했다.

"병사는 급사하였사옵니다. 여인은 아직 숨을 쉬고 있으나, 화살을 맞은 곳이 심장 쪽에 가깝습니다."

의원의 대답을 마저 듣기도 전에 변안열은 이소저를 끌어안는다. 뜨거운 눈물이 왈칵 쏟아진다. 쏟아지는 눈물이 이소저의 핏기 없는 두 볼을 적신다. 노국대장공주도 이소저의 차가워진 손을 잡는다. '그렇게도 고국 땅을 밟아 보고 싶어 하더니만, 그 땅을 눈앞에 두고, 저승길 떠날 채비를 하고 있다니….' 변안열은 할 말을 잊었다. 그저 애틋한 눈빛으로 이소저를 바라보며 오열할 뿐이다. 이소저가 안간힘을 쓰며 들릴 듯 말 듯 한 작은 목소리로 말을 한다. 핏기를 잃어가는 입술이 가볍게 떨릴 뿐 말소리는 또렷하지 않았다. 그 눈빛만이 변안열의 눈 속으로 파고들어 새로운 둥지 하나를 틀고 있을 뿐이었다. 변안열은 그 둥지를 틀 수 있도록 가슴 깊은 곳에 터 하나를 내어 준다. 그리고 이소저의 간절한 기도 소리를 듣는다.

"고마워요, 즐겁고 행복했어요. 나 먼저 가서 기다릴게요. 나 먼저…."

02
태흐(Taxb)

 심양 초입, 강물을 따라서 황톳빛으로 살찐 배를 드러내 놓고 강둑이 길게 누워 한가롭게 낮잠을 자고 있다. 그 위로 흙먼지 두 뭉치가 앞뒤를 다투면서 하나로 합쳐졌다가 나누어졌다가를 반복한다.
 "쉬었다 가자."
 앞서가던 흙먼지가 속도를 줄인다.
 "조금만 더 가서요."
 뒤따라오는 흙먼지도 속도를 줄여 보조를 맞춘다. 두 뭉치의 흙먼지 속에서 말을 타고 달리는 어린 소년과 소녀가 모습을 드러낸다.
 "지금부터는 속도를 줄이세요. 돌밭 길이니까요."
 나이는 비슷해 보이는데 사용하는 말투가 서로 다르다. 앞 말에 탄 소녀는 낮춤말을 쓰는데 뒷말에 탄 소년은 존칭어를 쓴다.
 "얘, 우리 둘만 있을 때는 말을 편하게 하랬잖아. 높임말은 듣기

싫다고 몇 번을 말했니?"

"알았어요, 공주님."

"또 그러네, 공주님이라 부르지 말고 그냥 이름을 불러, 이름을. 말도 편하게 하고…."

"알았어. 부다시리."

부다시리는 공주의 이름이다.

"그래, 그렇게 불러야지, 한 번 더 불러 봐."

"부다시리."

"잘하네, 호호호."

"그러게, 하하하."

"부다시리, 말 타는 실력이 많이 늘었네. 나 몰래 혼자서 연습이라도 했던 거야?"

"연습은, 무슨. 그것도 혼자서 … ?"

소녀는 원나라 공주 '보르지긴 부다시리(孛兒只斤 寶塔實里)'였고 소년은 심양후 변양(邊諒)의 둘째 아들 충가(忠可)였다. 충가는 열 살, 부다시리는 아홉 살인데, 어렸을 적부터 소꿉친구로 자라온 사이다.

"내친김에 마저 달려가자."

"그래? 그러자. 자, 달려!"

둘은 다시 달리기 시작한다. 돌멩이가 말발굽에 채여 사방으로 튀고 있다. 넓게 펼쳐진 들판을 지나 가벼운 오르막길로 접어든다. 크고 작은 나무들이 울창한 숲이 되어 여름을 즐기고 있다. 그 숲의 발밑을 적시며 개울물이 흘러간다. 드디어 길이 끊기며 말을 타고 달릴 수 없는 지점까지 이르자 멀리서 물 떨어지는 소리가 들려온다. 폭포수 소리다. 폭포수는 제법 크고 깊은 웅덩이를 만들고 술래잡기를 하면서 빙빙 돌다가 무넘이를 타고 이내 자드락 밑으로 사라진다. 그 물은 언제나 맑고 푸르며 사시사철 마르는 일이 없었다. 마을에서 꽤 멀리 떨어져 있어 이곳을 찾는 사람은 거의 없다. 말을 타고도 한참을 달려야 하는 곳이니까. 그들은 폭포가 만든 그 웅덩이를 선녀탕이라고 불렀다.

두 사람은 온통 먼지투성이다. 땀과 흙먼지가 범벅이 되어 구정물이 온몸을 타고 내리고 옷은 소낙비를 맞은 것처럼 흠뻑 젖었다. 사람뿐만 아니라 말도 마찬가지다. 사람이나 말이나 다 같이 가쁜 숨을 토해낸다. 두 사람이 말에서 내리고 '고생했어.' 하며, 말 엉덩이를 탁 친다. 마음대로 가서 쉬라는 신호였다. 말은 근처에서 주인이 부를 때까지 풀이라도 뜯게 될 것이다.

소년 소녀는 선녀탕으로 달려간다. 땀에 젖은 옷을 벗어서 헹군 뒤 볕 바른 바위 위에 널어놓는다. 부끄럼을 탈법한 나이인데도 두 사람은 스스럼없이 원시인이 된다. 부다시리가 먼저 선녀탕으로 뛰어든다. 충가는 말들이 홀랑 벗은 자기들의 나체를 훔쳐보고 있는지 확인한 다음 선녀탕으로 뛰어들 준비를 한다.

"어서 들어오지 않고 뭐해?"

물속에 먼저 뛰어든 부다시리가 손짓하며 빨리 들어오라고 재촉한다. 부다시리는 이제 갓 아홉 살이 되었고 아무도 모르는 사이에 여자의 몸매가 갖추어지기 시작했다. 마찬가지로 한 살이 위인 충가도 점점 남자가 되어 가기 시작한 때이기도 했다. 두 사람이 같은 공간, 그것도 세상에 태어나던 처음 모습 그대로, 밑바

닥까지 훤히 비치는 선녀탕에 함께 들어가기가 망설여질 법도 할 터였다. 그러나 그들 사이에는 그런 스스러움이 없어진 지 오래다. 그들은 지난해 여름부터 이 선녀탕에서 같이 멱을 감기 시작한 것이다.

"알았어, 지금 들어가."

충가는 대답하면서도 금방 물속으로 뛰어들지 못하고, 물고기처럼 헤엄치고 있는 부다시리를 한참 동안 바라보고 서 있었다. 여름 햇살이 선녀탕의 속살까지 꺼내 보려는 듯 미친 듯이 쏟아진다. 갈맷빛 물빛은 하늘보다 더 푸르고 유리알처럼 맑았다. 그 속에서 세상 모든 것을 다 잊고 헤엄치는 천진난만한 아이들, 그들은 물고기였다. 마치 한 쌍의 산천어와도 같은….

"빨리 들어오라니까. 여긴 엄청 시원해."

부다시리의 재촉이 연달아 쏟아진다.

"지금 가."

충가도 물속으로 뛰어든다. 떨어지는 폭포 뒤쪽에서 부다시리는 개구리처럼 펄쩍 뛰어드는 충가를 보았다. 충가가 물속으로 뛰어들면서 지른 소리는 폭포 소리에 묻히고 만다. 다만, 사타구니에서 웃자란 풋고추 하나가 불끈 일어선 채로 커다란 동그라미를 그리면서 덜렁거리는 것이 얼핏 눈 속으로 들어와 신비감을 준다. 부다시리는 숨이 가빠지는 것을 가볍게 느꼈다. 그러나 그뿐이었다. 건장하고 우람한 충가의 몸매, 그것은 분명히 여자라면 침을 흘릴 만도 할 사내의 알몸이었음에도, 상상의 날갯짓은 거기에서 멈춘다. 올해는 처음 보지만 작년만 해도 여러 번 보았다. 그저 사내아이들의 그것은 저렇게 생겼구나 하고 생각할 뿐이었다.

 충가가 웅덩이를 가로질러 폭포 쪽으로 헤엄쳐 갔다. 그러자 부다시리가 다시 물속으로 첨벙 뛰어든다. 마주 보고 헤엄쳐 오던 둘의 어깨가 마주친다. 서로가 서로를 와락 껴안는다. 누가 먼저였는지는 알 수 없다. 그렇게 껴안은 채 물속으로 깊이 빠져든다. 부다시리의 긴 머리카락이 수초처럼 위로 치솟으며 흩어진다. 편발을 풀고 들어온 충가의 머리카락도 물풀이 되어 떠올랐다. 머리카락은 공중으로 높이 치솟았다가 수직으로 떨어지는 제기를 연상시킨다. 두 개의 제기였다. 제기는 할아버지의 고향 나라인 고려국에서 널리 즐기는 놀이 중의 하나라고 여러 번 들었다. 충가는 실제로 제기를 만들고 제기차기를 해본 경험도 있다. 둘은 다시 수면 위로 솟구쳐 올랐다.

"푸아."
"푸아"

 얼굴에 흘러내리는 물을 훔치면서 참았던 숨을 한꺼번에 확 토해낸다. 물방울이 사방으로 튕긴다. 흩어지는 물방울 사이로 얼핏 무지개가 서린다. 선녀탕의 요정이 보내준 축하의 꽃다발인지도 모른다.

"부다시리, 너는 왜 이렇게 귀엽고 예뻐?"
"아이참, 왜 그래, 부끄럽게…. 충가, 너도 참 멋있어."

 두 사람은 다시 한번 더 껴안는다. 둘은 다시 유리알 같은 물속으로 깊이 빠져든다. 두 개의 몸뚱이가 보드라운 감촉을 느낀다. 충가의 고추가 부다시리의 옥문을 가볍게 스친다. 부다시리는 다시 숨결이 가빠왔다. 이것이 전율이라는 것인가 보다. 그들은 불에라도 데인 듯 반사적으로 서로를 확 밀어낸다. 부다시리의 귀밑 볼을 스치며 조금 전에 떴던 무지개가 급하게 사라진다.

"우리 잠시만 쉬자."

부다시리는 폭포가 쏟아지는 물줄기 뒤쪽으로 헤엄쳐 간다. 충가도 그 뒤를 따라간다. 폭포수가 떨어지는 부분은 물속이 더욱 깊었다. 얼마나 깊은지는 모른다. 마치 두 사람이 상대방에 쏟고 있는 정령의 깊이를 알 수 없듯이…. 폭포수는 그 물 위에다가 여러 개의 동심원을 그리면서 작지만 무겁게 떨어진다. 마치 두 소년 소녀의 원시림 같은 사랑이 작은 나이테를 하나씩 보태면서 서로의 가슴을 적셔가는 것처럼…. 옛날 어느 명창이 득음의 장소로 즐겨 찾았을 법도 한 곳이다. 지금 이들은 이 세상에서 가장 순수하고 아름다운 사랑으로 오선지를 그려가고 있는 것은 아닐까?

"우리 참 오랜만이지?"

충가가 말했다.

"그래, 참 오랜만이야."

부다시리도 맞장구를 친다. 그 둘은 시간 가는 줄 모르고 그들만의 이야기를 나누었다. 그러나 그들이 무슨 말을 나누었는지는 아무도 모른다. 그들의 밀어는 모조리 폭포 속으로 빨려 들어가 버렸기 때문이다. 그곳에는 낮말을 듣는 새도, 밤말을 듣는 쥐도 없었다.

"나갈까?"

둘은 웅덩이 밖으로 나왔다. 부다시리는 작은 어깨를 두 팔로 감싸고도 추워서 가볍게 떤다. 충가는 부다시리를 다시 꼭 껴안아 준다. 벌거벗은 채로다. 따뜻해진다. 퍼렇게 젖은 입술도 북을 치고 있는 가슴까지도…

"옷이 다 말랐네."

햇볕이 젖은 옷을 바짝 말려 놓았다. 참 고마운 햇볕이다. 해가 두어 발이나 서쪽으로 더 기울었다. 옷을 챙겨 입은 두 사람은 다시 말 잘 타는 소년 소녀가 된다.

어두워지기 전에 집으로 돌아가야 한다는 생각이 문득 들었다. 부다시리와 충가는 타고 왔던 말을 찾기 시작한다. 연못가에서 싱싱한 풀을 뜯으면서 한창 배를 불리고 있으리라고 생각하며 주변을 살피는데, 저만치에서 덤불에 가려져 있는 말을 발견했다.

'휘이익!' 하고 휘파람을 불면 말이 금방 달려올 것이다. 늘 그랬으니까. 충가가 막 휘파람을 불려는 순간이었다. 부다시리가 충가의 팔을 급하게 잡아당기며 말이 있는 쪽을 가리킨다.

"잠깐 기다려 봐, 뭔가 이상해."

충가도 휘파람을 불려다가 멈추고 말이 있는 쪽을 자세히 살펴보았다. 여느 때와는 다른 느낌을 받는다. 둘은 말이 있는 쪽으로 발소리를 죽이면서 다가갔다. 아뿔사! 그들은 사랑을 나누는 중이었다. 말들은 그들만의 방식으로 한동안 서로를 애무하더니 드디어 큰일을 치른다. '히히힝' 울음소리인지 웃음소리인지를 내지르며 절정의 순간을 맞는다. 사랑을 나누고 난 순간의 종착점, 그들이 정상 상태를 회복하려면 시간이 약간 필요하리라는 생각이 들었다.

"쉴 시간이 필요할 거야. 왠지는 모르지만 마부들이 하는 말을 들어서 나는 알아."

충가가 나지막한 소리로 말했다.

"나도, 알아."

부다시리도 지지 않고 말했다. 두 소년 소녀는 괜히 남의 일에 신이 나서 떠든다. 부다시리와 충가의 귀밑 볼에 석양을 수 놓는 햇빛이 스쳐 지나간다. 그 뒤를 따라 드디어 땅거미가 내리기 시작한다. 벌써 한 식경이나 지난 것 같다. 그들은 휘파람을 불어 말을 불렀다.

"피곤하겠지만 어쩔 수 없다. 우리를 집까지 다시 태워다 줘야겠어. 미안해."

충가가 말갈기를 손으로 빗겨 주며 말했다.

"그 대신 집에 가면 맛 있는 콩을 듬뿍 먹여줄게, 잘 부탁해."

"부러워하지 마, 너도 맛있는 거 많이 줄 테니까."

부다시리도 지지 않고 맞장구를 친다.

둘은 마치 자기들이 몰래 사랑을 나누다가 들키기라도 한 것처럼 얼굴이 약간 붉어졌지만, 정작 뜨거운 사랑을 나눈 말들은 큰 눈을 껌뻑거리기만 할 뿐 부끄러워하는 기색이란 조금도 없었다. 참, 얼굴 두꺼운 녀석들이다.

두 사람은 숲속을 빠져나왔다. 구릉 하나만 넘으면 강줄기를 따라 둑길이 시작된다.

"잠깐 쉬었다 갈래?"

"좋은 생각이야. 지금부터는 평탄한 길이니까 …. 말도 큰일을 치르고 났으니 몸에 무리가 가서는 안 될 테고…."

"얘, 너는 어쩌면 그렇게 어른스러운 생각만 하니? 나는 거기까지는 생각하지 못했는데. 남을 배려하는 마음이 크다는 것은 심성이 착하다는 증거일 거야. 너는 이다음에 꼭 훌륭한 어른이 될 거야. 나는 그렇게 믿고 있어."

부다시리로부터 때아닌 칭찬이 쏟아진다. 충가는 어깨가 으쓱해진다. 칭찬을 들어서 기분이 좋지 않을 사람이 어디 있을까마는 부다시리의 칭찬에 충가는 더욱 신이 났다.

"부다시리."

"응?"

"저쪽 하늘 끝 좀 봐. 온통 무지갯빛이야."

"그러네, 장작불이 이글이글 타오르는 것 같아. 하늘 끝이 다 타버리고 말겠어. 굉장히 아름답지?"

"그래, 굉장히 아름다워. 부다시리."

"응?"

"저렇게 타오르는 하늘을 보고 느껴지는 것 없어?"

"무슨 느낌? 가슴이 탁 트이는 것 같기는 해. 저렇게 타오르는 하늘을 흠뻑 마셔 보고 싶어지는 기분도 들고 …."

"저것은 하루의 일을 마치는 태양이 자기에게 남은 그날 치 마지막 빛을 온통 불태우고 있는 거야. 마치, 우리 인생이 살아온, 멀고 고달픈 길 끄트머리에서, 미처 다 이루지 못한 자신의 꿈을 위해, 마지막 남은 자신의 정열을 불태워 버리는 것과도 같은 거야."

"그거 아주 근사한 말이네? 그런 말을 어디에서 배웠어? 나도 배워보고 싶어."

"그건 누구에게서 배우는 것이 아니야. 자신의 가슴 속에서 저절로 일어나고 느껴지는 것이야. 나도, 저 태양처럼 내 인생의 마지막 하늘을 후회 없이 불태워 보고 싶다는 생각을 가끔 해. 저 찬란한 태양의 마지막 빛을 봐, 얼마나 장엄하고 아름답니? 그래서 어떤 야심 찬 젊은이는 자신의 호를 홍운(紅雲)이라고 짓기도 한다더라."

"……"

부다시리는 할 말을 잃는다. 충가는 말만 잘 타는 것이 아니라, 세상을 보는 눈도 자기와는 다르다는 것을 자주 느껴 오는 터였다.

"사람들이 우리가 사는 이 심양을 뭐라고 부르는지 알아?"
"뭐라고 부르는데?"
"석양이 아름다운 땅이라고 부른대."

그때 마침 서산머리에서 낙조가 떨어지고 있었다.

"오늘은 유난히도 아름다운 석양이네, 아름답게 불타는 노을에, 아름다운 사람 곁에서, 아름다운 이야기를 듣고 있으니까 말이야."

부다시리의 얼굴이 발갛게 익어가는 것 같다. 저 석양빛보다도 더 예쁘다고 생각하며, 충가는 자리를 털고 일어선다.

가자, 너무 늦었어."

"내 정신 좀 봐, 까맣게 정신 줄을 놓고 있었네. 마치 동화책 속으로 들어온 것만 같애."

부다시리도 일어나면서 무척 깊은 감흥에 젖은 목소리로 말을 받는다. 두 사람이 말을 달려 궁궐 앞에 이르렀을 때는 보름달이 두어 뼘이나 오른 뒤였다.

"혼자 가실 수 있겠습니까, 공주님?"

충가는 궁궐을 마음대로 드나들 수 없는 처지다.
"응, 혼자 갈 수 있어. 걱정하지마. 병사들에게 데려다 달라고 해도 돼. 재미있었어, 잘 가."
"네, 공주님. 편한 밤 보내세요."
충가는 정중하게 예를 올리고 난 뒤 집 쪽으로 말머리를 돌리면서 박차를 가한다. 말발굽 소리가 아련한 여운을 남기며 달빛 속으로 사라진다. 부다시리의 눈길이 그 뒤를 쫓아간다. 충가의 가슴 속에는 아직도 따스하고 달콤한 부다시리의 체온이 남아 있다. 가슴은 작은 양철북을 쳐대고 있었다. 아마 부다시리도 그랬을 것이다.

저녁 식사를 마친 충가는 피로감을 느낀다. 밀물처럼 밀려오는 잠 속으로 빠져드는데, 아버지의 호출이 떨어졌다. 뻔한 일이었고, 예견된 일이라서 크게 당황하지는 않았지만, 눈꺼풀이 자꾸 무거워지는 참에 호출을 받고 나니 살짝 짜증이 났다. 그러나 내색할 수는 없었다.
"오늘, 집으로 돌아온 시간이 너무 늦었구나. 어찌 된 일이냐?"
충가는 사실대로 말씀을 드렸다. 어차피 다 알면서 묻는 것일 터였으니 달리 구차하게 변명할 필요가 없었다. 딱히 야단맞을 일을 저지른 것도 아니라고 생각했다.
"심신을 단련하고 공주님을 모시는 일은 칭찬받을 일이다. 그러나, 공주님은 어린 여자의 몸으로 무술을 익히기 시작한 지 얼마 되지도 않아 아직은 서툴 것이다. 그리고 도심과 너무 멀리 떨어진 곳까지 공주님을 모시고 간다는 것은 위험한 일이다. 못된 도둑이라도 만난다면 너 혼자서 어떻게 할 셈이었느냐? 가령 공주님이 말에서 떨어지기라도 한다면 그때는 어떻게 하고? 제일 경계할 일은 너무 늦게 귀가하는 일이다. 대궐에서는 얼마나 걱정을 했을 것이냐? 그로 인하여 아랫것들이 받아야 하는 고초는 또 얼마나 컸겠느냐?"

아버지 변양의 길고 긴 훈시였다. 틀린 말씀은 아니다. 충가도 그런 생각을 안 했던 것은 아니지만, 어떤 분위기에 휩쓸려 자기도 모르게 빨려 들어가고 만 것이다. 공주님도 마찬가지였을 것이다. 이유야 어떻든 자신이 잘못을 저지른 것은 변명의 여지가 없다.

"제가 잘못했습니다, 아버지. 앞으로는 이런 일이 없도록 주의하겠습니다. 벌을 내리시면 달게 받겠습니다."

이제 겨우 열 살밖에 되지 않은, 아직은 어린애라고 해야 할 나이인데도, 용서를 빌지는 않는다. 자기의 행동에 대해서는 응분의 대가를 치러야 한다는 신념이다.

"그래, 네가 저지른 잘못에 대하여 사실대로 말했고, 스스로 잘못을 깨달아 뉘우치고 있으니 다행이다. 어찌 일부러야 그랬겠느냐. 그러나 앞으로는 모든 일을 하기에 앞서서 깊이 생각하는 습관을 기르도록 하면 좋겠구나."

늘 그렇지만, 아버지는 자식들이 솔직하게 말씀드리고 진심으로 반성하며 고치려는 의지를 무척 높이 평가하는 분이다. 역시 한 고을을 다스릴 만한 큰 그릇이었다.

"그래, 공주님은 잘 모셨겠지? 혹시 예에 벗어나는 일은 없었느냐?"

 아버지는 크게 걱정되는 일이 없었기를 바라는 마음으로 다시 확인한다. 충가는 가슴이 덜컹했다. 설마하니 내가 공주님과 미역을 같이 감고 존칭어를 쓰지 않았다는 것을 알고 하시는 말씀은 아니겠지? 그러나 긴장이 안 될 수가 없다. 그렇다고 이것까지도 곧이곧대로 말씀드릴 수는 없었다.

"제가 크게 예에 벗어난 행동을 한 일은 없었다고 생각합니다. 그러니, 그 점은 염려 안 하셔도 될 것 같습니다."

"그래, 그랬겠지. 그래야 하고말고. 그러나 항상 언행을 삼가고 예에 어긋남이 없는지 조심하여야 한다. 그리고 다른 사람의 오해를 받을 만한 일은 해서는 안 된다. 특히, 우리는 더욱 그렇다."

 할아버지께서는 고려국에서 나고 자라셨는데, 전쟁통에 심양으로 건너와 천호후를 거쳐 심양후까지 지내셨다. 그 뒤를 이어 아버지도 심양후가 되었다. 그러나 몽골족이 아닌 소수 이민족의 후손이라는 점 때문에 주위 사람, 특히 몽골족의 매서운 눈초리를 의식하지 않을 수 없었다. 지금도 궁궐에는 고려국에서 조공으로 진상되었거나 인질로 잡혀 온 사람들이 많이 남아 있다. 그들이 어떠한 대우를 받고 어떻게 살아가고 있는지, 또 그들을 감시하는 눈초리가 얼마나 매서운지에 대하여 말씀하셨다. 그러니 우리는 고려국의 후예라는 것을 항상 잊어서는 안 되며, 고국을 위하여 보탬이 되는 사람이 되어야 한다고 늘 힘주어 말씀하셨다.

"네, 아버지의 가르침을 깊이 새기겠습니다."

"그리고 무예를 익히는 일과 글을 익히는 일에 있어 어느 쪽으로든 너무 치우치지 않도록 하여라. 할아버님이나 나는 무예 쪽으로 많이 기울었다마는 글을 익혀 선현의 가르침을 받들어야만 자신의 몸을 바로 세울 수가 있는 거란다. 요즘 너를 보면 무예 쪽으로 많이 기우는 것 같아서 좀 걱정이 되는구나. 글을 잘 익혀야, 병서를 잘 보아 더 훌륭한 장수가 될 수 있을 뿐만 아니라 고운 심성을 기를 수가 있단다. 내 마음을 곱게 닦은 다음에 무예를 잘 익혀야 나와 내 이웃을 더욱더 잘 지킬 수 있고 심신이 건강해진다는 것을 잊지 말아라."

"명심하겠습니다, 아버지."

"피곤할 테니 이만 가서 쉬어라."

아버지의 훈시는 의외로 간단히 끝났다. 예전 같으면 변씨 가족의 내력을 처음부터 아버지 대까지 장황하게 죽 훑어 내렸을 것이다. 아니 충가를 포함한 변씨 가문의 후손들이 해야 할 일을 남김없이 일러주고 나서야 말씀을 끝냈을 터였다. 아버지께서 몸이라도 편찮으신 건가? 하는 의문이 들었지만 …, 오늘은 충가 자신의 몸이 가눌 수 없을 정도로 피곤하였다. 딱히 몸을 많이 쓰지도 않았는데, 종일토록 몽롱해진 정신이 좀처럼 맑아지지 않는다. 그런데도 기분은 또 왜 이리 좋단 말인가? 공주님의 얼굴이 눈앞에서 오락가락하는 사이 충가는 잠 속으로 빠져들었다.

"활은 언제부터 쏘셨습니까? 공주님."

"올 봄부터."

충가(忠可)가 공주를 활터에서 만나기는 처음이다. 아침저녁으로 제법 시원한 바람이 겨드랑이를 간질인다. 그러나, 아직도 여름이 다 지나가지 않았는지 한낮이면 조금만 움직여도 몸에 땀이 밴다. 공주는 사내 복장을 하고 왔다. 활동이 편하기도 하겠지만 천성인지 여간해서는 여복 차림을 보여주지 않는다.

"올봄부터라면, 지금쯤 활에 살을 메울 줄은 알겠네요."

"에게, 겨우 활에 살을 메울 정도로밖에 안 보여? 이거 자존심 상하는데."

"기분이 언짢으셨다면 용서하십시오."

"아니야, 그냥 해본 소리야. 실력을 보여줄게 …. 잘 봐."

공주는 사대(射臺)에서 시위에 살을 메워 힘껏 잡아당겼다가 놓는다. 화살은 오십 보 앞에 놓인 관혁(貫革)의 가운데 동그라미 부분을 조금 비켜서 박힌다. 숨을 죽이고 지켜보던 충가가 박수를 친다.

"참 잘했습니다, 공주님."

자존심 강한 공주는 만족한 눈치가 아니다. 정중앙을 꿰뚫지 못해 못내 아쉬운 모양이다. 더욱이 겨우 오십 보 앞에다 세운 관혁(貫革, 과녁)을 쏜 것이 아닌가. 화살이 관혁에 꽂히는 힘도 그렇다. 살촉 끄트머리가 살짝 박혀서 겨우 매달려 있을 정도다.

"잘하긴…, 한 번 더 쏠 테야, 기다려."

공주의 고집은 꺾이지 않을 터이다. 다시 화살 한 대가 날아간다. 역시 관혁의 한가운데를 맞추지는 못한다. 그러나 바람 가르는 소리는 날카롭다. 겨우 몇 달 익힌 솜씨치고는 놀라운 성과다. 충가는 활쏘기를 삼 년째 하고 있다. 그런데도 이제 겨우 자세가 잡혀가고 있을 뿐이다. 관혁도 주로 일백 보 지점에다 설치한다.

이백 보 삼백 보…, 아직 갈 길이 멀다. 지금 본 공주의 활 솜씨는 놀랍지 않을 수 없다.

"공주님, 빈말이 아닙니다. 대단한 실력입니다. 조금만 더 연마하시면 눈부신 경지에 도달할 수 있겠습니다."

"그래? 설마 나를 놀리는 것은 아니겠지?"

"놀리다니요? 그럴 리가요."

"이번에는 충가가 쏴 봐."

충가는 사대에서 자세를 취한다. 관혁은 일백 보 지점에 세우게 했다. 화살은 정확하게 관혁의 한가운데를 꿰뚫었다. 이번에는 공주가 깡충 뛰면서 박수를 친다.

"충가, 아주 멋진 사나이야. 부러운데, 잘했어, 아주."

한 살이 많지만 건장하고 늠름한 모습을 갖추어 가는 충가가 오늘따라 더 멋있어 보인다.

"그 활 쏘는 솜씨, 나도 좀 가르쳐 줄 수 있어?"

자존심 강한 공주지만 결과에 승복할 줄 아는 깔끔한 성격을 가졌다. 신분이 공주라는 것을 감안한다면, 쉽게 갖출 수 없는 덕목이다.

"그래도 괜찮으시다면, 기꺼이 도와드리겠습니다. 저로서는 큰 영광이지요, 공주님."

충가는 공주에게 짧은 지식과 별로 자랑할 것도 없는 솜씨지만, 예를 갖추어 선생의 자리에 선다. 이왕에 사대에 섰으니까, 활쏘기의 실제부터 시작하기로 한다.

"익히 알고 계시겠지만, 이전에 수련한 것을 되짚어 본다는 생각으로 배우시면 좋겠습니다. 그리고 기분을 다치는 일이 있으면 즉시 말씀해 주십시오."

"알겠어. 너무 걱정하지 말고, 내가 공주라고 사정 봐주지도 말고 혹독하게 가르쳐 줘, 화를 내거나 그럴 일은 없을 거야. 스승님으로 정중히 모실게"

공주는 외눈을 찡긋하면서 장난기 서린 미소를 짓는다. 충가는 근엄한 표정으로 그런 공주에게 배우는 자의 자세를 갖추라고 말한다. 갑자기 어른스러워지는 것이 웃음을 더욱더 자아내게 한다. 충가는 아랑곳하지 않고 가르치는 일에 열중한다. 활쏘기의 기본기를 설명한다. 그 밖에도, 활시위에 힘이 너무 들어가면 과녁 중앙을 정확하게 맞추기가 어렵다는 것, 화살을 시위에서 놓을 때 활시위가 뺨을 치거나 귀를 치는 것은 턱을 너무 들어 올린 탓이라는 것 등등 소소한 기술까지도 자세하게 설명해 준다.

어린 선생과 같은 또래의 학생이 가르치고 배워가는 모습, 아름다운 한 폭의 그림이다. 이마에 맺히는 땀방울이 햇빛을 받아 반짝 빛난다.

"오늘은 이 정도로 하시지요, 공주님."

"좀 더 해도 되는데…. 선생님이 피곤한 거야? 그러면 언제 또 배워?"

"제가 특별히 가르쳐 드릴 것은 이제 더 없습니다. 다음부터는 같이 연습하고 익히면서 하나씩 스스로 깨우쳐 나가도록 하면 좋겠습니다. 동등한 입장에서 말입니다. 저는 공주님과 같이 무예를 익히고 또 학문도 토론하는 영광을 누리고 싶습니다. 외람되다고 꾸짖지 마시고 허락해 주시기를 청합니다. 공주님."

"그래, 그렇게 하자. 오늘부터는 다음 수련할 날짜를 미리 잡

자. 그런데 오늘은 이게 끝이야?"

공주가 아쉽다는 표정을 짓는다. 충가는 활에 대한 몇 가지 토막상식을 더 말해 준다.

"공주님이 마술과 궁술을 익히는 것은 제가 직접 보아서 잘 알고 있지마는 검술을 익히는 것을 본 적은 없습니다. 물론 검술도 병행하여 익히고 계시겠지만 한 번 볼 기회를 얻고 싶습니다. 너무 무례한 청을 올렸습니까? 그렇다면 용서하시기 바랍니다."

"아니야, 무례는 무슨…,"

잠시 말을 멈추더니 공주가 충가의 귀에다 대고 속삭이듯이 말한다.

"내가 예의라는 것에 너무 매달리지 말라고 했지? 자꾸 그러면 삐질 테다. 조심해, 알았지?"

그리고는 다시 큰 소리로 자신의 칼 쓰는 솜씨를 언제든지 보여주겠다고 흔쾌히 허락한다.

"사두(射頭)는 이제 물러가도 좋소. 나는 저녁 바람이나 좀 더 쐬다가 갈 것이니, 먼저 돌아가시오."

"주위를 물리쳐도 괜찮겠습니까? 끝까지 잘 모시라는 분부가 계셨습니다."

"알고 있소. 걱정하지 마시오. 하문하시거든 어두워지기 전에 돌아간다고 말씀드려 주시오. 사두도 걱정하지 말고 먼저 돌아가시오. 여기 든든한 호위무사가 떡 버티고 있지 않소."

공주는 사두와 그 부하들을 먼저 돌려보내고, 충가와 단둘이 남는다.

"충가, 이제 우리 둘뿐이야."

"그렇네요, 공주님."
"우리 둘뿐이라니까, 왜 그렇게 둔해? 말 편하게 해."
"아, 네. 그렇지만…. 제가 불편해서요."
"불편하긴, 뭐가 불편해. 아무도 없는데 …."

두 사람은 편한 말투를 쓴다. 그리고 기울어 가는 저녁 해를 가슴으로 안으면서 나란히 선다. 끝없이 펼쳐진 평원, 그것은 젊은 피를 끓어오르게 한다. 넓고 큰 날개를 활짝 펼치고 지평선 너머 저쪽까지 훨훨 날아 보고 싶게 한다. 그것이 사랑일지도 모른다. 한 쌍의 백조, 충가와 부다시리이다. 공주라는 신분도 무거운 갑옷도 다 벗어 던져버리고 저 태양을 따라가서 밤이 오지 않는 세상에서 영원히 살고 싶다. 아무도 찾지 못하는 곳에 꼭꼭 숨어서 한 쌍의 백조가 되어 살고 싶다.

"부다시리."
"응?"
"너는 가고 싶은 곳 없어?"
"가고 싶은 곳이라니, 갑자기 그게 무슨 소리야?"
"나는 가고 싶은 곳이 있어. 단 한 번만이라도 꼭."
"그게 어딘데?"
"여기서 동쪽으로 가다 보면, 고려국이라는 나라가 있대. 그곳이 우리 할아버지가 태어나신 곳인데, 할아버지의 고향 추억담은 전설처럼 아름답고 신비했어. 태양이 떠오르는 나라라고 했어."
"그랬구나…. 나는 까마득히 모르고 있었네."
"고려국 사람들은 우리랑 많이 닮았대. 친형제처럼 말이야. 그러나 두 나라는 여러 번 싸움질도 했다는데 싸움에서 이긴 원나라가 전리품도 많이 챙겼다는구먼. 귀한 물품뿐만 아니라 심지어는 사람까지도 인질로 잡아 왔대. 우리 할아버지도 그때 고려국에서 원나라도 넘어왔던 거래. 물론 잡혀 온 것은 아니고 …. 궁궐 안에는 지금도 고려국 사람들이 많이 살고 있다던데, 너는 몰랐니?"

"그랬대? 그런 일이 있었구나. 우리 이모랑 또 다른 선조 할머니들이 고려국으로 시집 간 사람이 여럿 있다는 말은 들은 적이 있어. 그래서 두 나라는 친척 간이라고도 했어."

"너도 알고 있었구나. 그래서 고려국은 원나라의 사위 나라가 되고, 고려국 왕자들은 원나라에 외갓집이 있어서 어렸을 때는 원나라에서 자라면서 공부도 한단다. 그리고는 고려국 국왕이 되어 원나라 공주와 혼인을 한 뒤 고국으로 돌아갔고…, 지금도 고려국 왕자 한 분이 볼모로 와 있는 것 같던데, 우리 또래라지 아마…. 오신 지가 벌써 몇 해가 지났다던데 …. 너는 궁궐에서 사니까 한 번쯤은 만나보았을 거 아니야?"

"난 아직 못 봤어. 궁궐에서 나는 항상 궁녀들에게 둘러싸여서 지내는걸. 가족 말고 만나는 남자는 딱 한 사람이야. 바로 너지. 그것도 내가 무술을 좋아하니까 너하고 친구처럼 지내면서 무예를 닦으라는 뜻이래. 나는 숫제 갇혀 사는 새라니까."

"그랬구나, 참 답답하겠다. 앞으로 자주 만나자. 함께 무술을 익히고 학문 이야기도 나누다 보면 덜 답답할 거야."

"그래야겠어. 그런데 고려국은 무척 아름다운 나라인가 봐, 원나라 공주가 시집을 가고 싶어 할 만큼 살기 좋은 나라 …."

"그런가 봐, 나도 잘 몰라. 그저 할아버지께서 하는 이야기를 조금씩 들었던 것이 전부야."

"네 말을 듣고 보니까 나도 한 번 가 보고 싶어지는걸. 네가 간다면 나도 따라갈래. 안될까?"

"내 생각이 그렇다는 것이지, 어떻게 갈 수 있겠어? 참, 너는 원나라 공주니까 갈 수 있을지도 모르겠다. 혹시, 네가 고려국의 왕비가 되어 가게 된다면 그때는 나를 꼭 데려가 주면 좋겠어. 미리 부탁할게."

"내가 고려국으로 시집을 가게 될지도 모른다고? 그러면 나는 왕비가 되겠네. 호호."

"그러게, 그때는 부다시리를 만나기가 무척 어렵게 되겠지? 아 싫다. 너를 만날 수 없을 거라는 생각은 미처 해보지 못했어. 너를 못 보는 건 싫다, 정말 싫어."

"왜 그래? 내가 당장이라도 고려국으로 시집이라도 가는 것 같네. 그런 일은 없을 거야. 미리 실망하지 마."

"그래도 지금 약속해 줘, 네가 고려국으로 가게 되면 꼭 데려가겠다고 말이야."

"그래, 알았어. 꼭 데리고 갈게."

우연히도 둘 사이에 하나의 밀약이 성립된다. 비록 문서로 작성된 것은 아니지만 문서보다도 더 미더운 것은 두 사람의 마음이 아니겠는가?

어둠이 깔리기 시작한다. 대궐에서 기다릴 것이다. 지난번에도 늦게 돌아와서 걱정을 들은 적이 있지 않은가. 그리고 충가는 그 날 아버지의 당부를 잊지 않았다. 공주님을 너무 늦게까지 잡아 두지 말라는 말씀을. 그리고 만일의 사고에 항상 대비해야 하며 그러한 빌미는 사전에 제거해야 한다는 것을.

"부다시리. 이제 돌아가자. 벌써 어둠이 깔리고 있어."

충가가 엉덩이를 털면서 먼저 일어선다.

"벌써 이렇게 됐나? 그래 가자. 서둘러야겠다."

충가가 손을 내민다. 부다시리가 그 손을 잡고 일어선다. 한 사람이 내민 손을 또 한 사람이 잡고 일어선다. 아름다운 그림이다. 이 그림이 언제까지 심양이라는 큰 집의 대청마루에 덩실 걸려 있게 될까? 내일 일을 알 수 없듯이 그것은 아무도 모를 일일 것이다. 떨어지는 태양이 마지막 그림 한 폭을 하늘에 그리고 있었다. 역시 석양이 아름다운 땅, 심양이었다.

여름의 자투리를 소금 땀을 흘리며 보내고, 단풍이 한창 무르익을 때까지, 두 사람은 창술과 검술 궁술 마술을 고루 익히고 백병전을 대비한 기술도 터득하며 눈코 뜰 새 없이 바쁘게 보냈다.

"이제, 보통 사람들이 연마하고 있는 무예는 모두 섭렵한 것 같애. 그런데 여태까지 우리가 익혔던 무예는 예외 없이 말이나 무기가 있어야만 그 진가를 발휘할 수 있는 것들이었지. 그런데 무예는 왜 배우고 익히는 줄 알아?"

무예를 닦을 때는 충가가 주로 가르치는 입장이 된다. 가을이 한창 짙어가는 어느 날, 무예를 익히다가 잠깐 쉬는 사이에 충가가 부다시리에게 화두를 던진다.

"무예를 왜 배우고 익히느냐고? 그거야 싸움에서 이기기 위한 것이지. 위험할 때 자기 몸도 지키고, 남도 도와줄 수 있고 또…."

부다시리가 학생다운 태도로 대답한다.

"또, 뭐야?"

… '너와 함께 배우는 재미도 있으니까.'… 라고 대답하고 싶지만 꾹 참는다.

"재미있으니까."

무예가 재미있다는 것은 부다시리가 징기스칸의 후손이라는 점도 있겠지만 무엇보다도 부다시리가 충가와 함께 무술을 익힐 수 있다는 점이 더 컸을 것이리라.

"그래, 바로 그거야. 그런데 싸울 때마다 항상 무기가 옆에 있는 것은 아니야. 그렇지 않을 때도 많아."

… '내가 네 곁에 없을 때도 있을 거고….'라고 말하고 싶었지만 충가도 꾹 참는다.

"그때는 별수 없이 맨몸으로 싸워야겠지?"

"그야, 그렇지."

"그런 경우를 대비하여, 우리는 평소에 체력을 길러야 하는 거야. 그리고 맨손으로 싸우는 특별한 기술이 있으면 더욱 좋고…. 그래서 춘추전국시대에 수박(手搏)이라는 맨손으로 하는 싸움이 있었어. 그런 경기를 벌이는 대회도 있는데 그것을 수박희(手搏戲)라고 했어."

"어머, 그런 것도 있어? 참, 재밌겠다. 그래, 그 수박희라는 것은 뭐야?"

부다시리가 무릎걸음으로 다가오면서 묻는다. 눈빛이 유난히 반짝거린다.

"수박은 맨손으로 승부를 가리는 무예지. 수박희는 그 수박을 놀이로 삼는 것이고."

충가는 수박희에 대하여 간단하게 설명한다.

"수박희는 고구려에 전해졌고, 그 뒤를 이은 고려국에까지 계승되고 있어. 우리 할아버지가 그렇게 말씀하셨어. 나에게도 몇 가지 기술을 가르쳐 주셨지. 그러나 아직까지는 무예로 널리 공인받지 못하고 있어. 그러나 호신에 아주 긴요하게 쓰일 수 있는 기술임은 분명해. 할아버지 나라에서는 지금도 수박희가 열리고 있대."

"어떻게 하는 것인지도 알고 있겠네. 어떻게 하는 거야? 나도 배워보고 싶어. 수박희를 하는 방법은?"

"하는 방법은 실기를 통하여 설명할 수밖에 없어. 서로 마주 서서 붙들고 하는 싸움이야."

"나도 가르쳐 줘."

"내가?"

"그럼 너지, 누구겠어?"

"예에 어긋나는 경우가 많을 텐데…."

"알았어, 그 예라는 것이 도대체 뭣이길래 이렇게 거추장스러워. 내가 다 이해할게. 그러면 됐지?"

"그렇지만…. 나는 썩 내키지 않는데…."

"내키지 않는다고? 그럼 내가 명령한다. 당장 가르쳐 줘, 어서!"

"그래, 각오는 단단히 해야 할 거야. 힘들고 거친 운동이거든. 언제부터 시작할까?"

"당장"

"그럼 내일부터다. 장소는 잘 찾아보자. 사람들 눈에 띄면 내가 곤란해져."

 수박희는 굉장히 거친 싸움이다. 육체적인 힘이 뒷받침되어야 하고 기술이 따라야 한다. 건장한 남자에게도 벅찬 운동이다.

 구름장이 바다처럼 푸른 하늘에 수없이 둥둥 떠 있다. 구름 색깔이 엷은 것으로 보아 금방 비가 쏟아지지는 않을 것 같다. 수박희를 하기에 날씨는 안성맞춤이다. 게다가 바람까지 살랑거리고 있다.
 "일찍 왔네. 부다시리. 용케도 잘 빠져나왔구나. 뒤따라온 사람은 없겠지?"
 "몰라, 없을 거야. 점심을 먹자마자 쥐도 새도 모르게 빠져나왔거든."
 두 소년 소녀는 말을 몰았다. 여름 어느 날 달렸던 강둑을 따라 숲이 우거진 그곳으로 길을 잡는다. 그때 말이 사랑을 나누던 근처에 넓고 평평한 풀밭이 있었던 것을 기억해 낸 것이다. 폭포수 소리도 다시 듣고 싶었고 진초록 물빛도 보고 싶었다.
 "여기야. 멈춰."
 말을 풀어 놓는다. 예전처럼 사랑을 나누든지 말든지 알 바 아니다. 우리는 우리의 일을 보고 저들은 저들의 일을 보면 그뿐이다. 집으로 돌아갈 때 찾아 헤매는 일이나 없으면 그만이다.
 "부다시리, 이 옷으로 갈아입어."
 "그게 무슨 옷이야? 지금 입은 옷은 어쩌고?"
 "이건 내 누이동생의 무예복이야. 입고 있는 옷은 벗어서 잘 개켜 놓아둬, 수박희를 마치고 다시 갈아입으면 되니까."

"너는? 네 것은 없어?"

"나는 지금 입고 있는 옷이 바로 내 무예복이야. 걱정 안 해도 돼."

충가와 부다시리는 수박희를 가르치고 배우기 시작한다. 부다시리의 무예 재능은 타고 난 것 같았다. 기술을 받아들이는 자세와 익히는 속도가 남다르다.

"잘했어, 내가 깜짝 놀랄 정도야. 조금만 더 연습하면 내가 당해 낼 수 없을 것 같은데…."

기본동작을 익히는데 불과 두어 식경 걸린 것 같다. 그들은 잠시 땀을 식힌다. 구름이 끼어 있어서 햇살은 뜨겁지 않았지만, 수박희가 워낙 거칠고 힘을 많이 쓰는 무예라서 땀이 비 오듯 쏟아지고 옷은 흥건하게 젖고 말았다.

"기본동작은 모두 실습을 해본 거야. 그러나 이것은 수박희라는 놀이를 하는 규칙이고 가장 기본이 되는 기술일 뿐이야. 실전에 들어가면 문자 그대로 백병전이 될 텐데, 문제는 이 백병전에서 이기고 살아남아야 한다는 점이야."

충가는 마른침을 삼켜 가면서 설명에 열을 올린다. 부다시리의 눈빛은 점점 더 초롱초롱해진다. 설명하는 쪽이나 듣는 쪽이 모두 진지해진다.

"그래서?"

"그러니까 이것은 어디까지나 놀이를 위한 규칙일 뿐이라는 것을 잊지 말라는 거야. 중요한 것은 그 기본동작을 잘 익혀서 그때그때의 상황에 맞게 순간적으로 응용할 수 있어야 한다는 것이지. 기술을 실전에 응용할 때는 꼭 기본기를 그대로 따를 필요는 없어. 목표는 오직 승리, 즉 이기는 데 있으니까. 때로는 잔인해질 필요도 있는 거야. 알았지?"

"아유, 뭐가 뭔지 모르겠어. 머리만 어지러울 뿐이야. 그래도 구미가 당기는데."

"알았어, 오늘은 기본기 훈련은 그만하고, 좀 무리가 가기는 하겠지만, 지금 내가 한 말을 잘 새기면서 실전을 해보면 어떻겠어?"

"실전? 어떻게?"

"간단해, 너와 내가 무기 없이 맨몸으로 싸움을 벌인다는 거야."

"좋아, 한번 해보자. 나도 악착같이 해낼 테니까. 나중에 후회나 하지 말아라."

부다시리는 전의를 불태우면서 실전에 임할 자세를 잡는다.

나무들이 이제 막 단풍으로 물들어가는 넓은 잎사귀를 깃발 삼아 흔들면서 마침 불어오는 바람결에 서로의 몸을 맡기고 응원의 박수를 보낸다.

"자, 덤벼!"

"간다!"

팽팽한 긴장이 감돈다. 부다시리는 혼신의 힘을 다해 덤벼든다. 충가의 옷을 잡아채며 쓰러뜨리려고 안간힘을 쓴다. 충가는 주로 방어만 한다. 그러다가 부다시리에게 조그마한 틈새라도 생기면 전광석화와 같이 달려들어 풀밭에다 메어꽂는다. 부다시리는 점점 약이 오른다. 담배 한 대를 피울 만큼의 시간이 흐른 것 같다. 두 사람은 첫판을 끝내고 잠시 휴식을 취한다.

"부다시리, 오늘은 그만하자."

충가가 이마에 흐르는 땀을 훔쳐내며 연습을 마칠 것을 제안한다.

"그만하자고? 어림없는 소리, 오늘 꼭 결판을 내고 말 거야. 자, 다시 시작하자. 이번에는 각오하는 것이 좋을 거야."

그러나 그들은 호적수가 아니었다. 몇 번 메치기를 당하자 부다시리는 죽을 둥 살 둥 덤벼든다. 어쩌다가 충가가 보기 좋게 나둥그러진다. 부다시리가 충가의 다리 허벅지 부분을 뒤에서 껑충 뛰어올랐다가 내려오면서 사정없이 밟아 버린 것이다. 충가는 정신을 못 차리고 몇 바퀴를 떼굴떼굴 굴렀다. 사내대장부의 체면이 있지, 이대로 두 손을 들 수는 없다. 다시 두 사람은 성난 쌈닭이 되어 한동안 밀고 당기고 메어치고 뒹굴었다. 충가는 잠시도 틈을 보일 수 없다는 것을 느낀다. 작은 틈만 보여도 큰 사고를 치고 말 것만 같다. 부다시리는 잔뜩 약이 올라 있다.

충가도 온몸의 힘을 다 쏟아낸다. 부다시리도 온 힘을 다 동원한다. 충가의 저고리 소매 부분이 찢어진다. 그러나 부다시리는 도무지 놓아줄 생각을 않는다. 사생결단이다. 충가도 부다시리의 저고리 가슴께를 용케 움켜잡았다. 이때다 싶은 생각이 들자 본능적으로 낚아채어 땅바닥에 냅다 메어꽂는다. 그러나 부다시리는 땅에 내려꽂히면서도 충가의 소매를 놓지 않는다. 충가는 다시 한번 부다시리를 메어꽂을 셈으로 힘껏 낚아채어 올렸다. 그때 찌익하고 요란한 파열음 두 개가 거의 동시에 울렸다. 충가의 옷소매가 드디어 쫙 찢어지고 말았다. 그런데 상황은 거기에서 끝나지 않았다. 부다시리의 옷섶 부분이 뜯어져 가슴이 드러나고

만 것이다. 두 사람은 깜짝 놀란다. 토끼 눈을 하고 서로를 바라본다. 충가는 뜯어진 부다시리의 옷섶을 재빨리 수습하여 가슴을 가려 준다. 자신의 옷소매가 찢어진 것은 개의치 않는다. 부다시리도 엉겁결에 가슴을 가린다.

"미안해. 부다시리."

몹시 당황한 목소리다.

"……"

"놀랐지? 미안해. 일부러 그런 건 아니야. 알지?"

충가가 겸연쩍은 표정을 지으며 들릴락 말락 하는 소리로 말한다.

"뭐가 뭔지 모르겠어, 미안하긴…, 내가 미안하지. 내가 너무 억척스레 덤벼들어 애먹었을 거야."

"그래, 단단히 혼이 났는걸. 그러나, 부다시리의 그 정신은 아주 좋다고 칭찬해 주고 싶어. 생사의 갈림길에서 인간은 자신의 생명을 스스로 지켜낼 수 있어야 해. 정말 잘했어."

"고마워, 나는 네가 어떻게 생각하고 있을까 몹시 궁금했어. 그리고, 화가 났으면 어쩌나 걱정도 됐고…. "

부다시리는 충가의 가슴팍에 얼굴을 묻는다.

폭풍이 한바탕 휩쓸고 간 뒤의 정적, 그리고 깨끗함. 흩어진 구름 조각을 쓸어 내면 갈맷빛으로 더욱더 높아질 것만 가는 하늘, 그래서 충가는 가을 하늘이 좋다.

03
세 바퀴

 섬돌 위에 떨어진 나뭇잎 위에 초승달이 내려앉는다. 소소리바람이 불어와 낙엽을 공중부양 시킨 채로 몇 바퀴 돌리다가 죽담 밑에다 내려놓는다. 달빛 싸라기가 그 낙엽 위에서 부서진다. 그리고 한 무더기 바람이 불어온다. 낙엽이 떼굴떼굴 구르면서 도망친다. 심양의 가을밤은 그렇게 깊어 가고 있었다.
 "아버님, 자리에 드셨습니까? 소자 충가이옵니다."
 "아니다, 무슨 일이냐?"
 "여쭐 말씀이 있사옵니다."
 "들어 오너라."
 충가의 아버지 변양은 지금 막 자리를 깔려던 참이다. 마침, 둘째 아들 충가가 찾아와서 다시 이부자리를 개이 한쪽으로 밀어놓으며 대답한다.
 "자리에 드셔야 할 시간인데 불쑥 찾아와 송구합니다. 긴히 여쭐 말씀이 있어서요."

"그리 앉아라. 그래 무슨 말이냐?"

"지금, 황실에 고려 왕세자가 숙위 생활을 하고 있다고 들었습니다."

충가는 원나라 황실에 볼모로 잡혀 와서 숙위 생활을 하는 고려 왕세자를 만나고 싶고, 가능하다면 그분 곁으로 다가가고 싶다고 말씀드린다.

"아버님께서 저를 그분과 인사시켜 주시면 좋겠습니다."

"고려 왕세자에게 가까이 다가가고 싶다고…, 그 연유는 무엇이냐?"

충가는 평소에 할아버지의 나라, 고려를 동경해 왔다. 마침 고려 왕세자가 원나라 황실에 입조해 숙위 중에 있다고 한다. 이 틈에 가까이 다가가서 친분을 맺고, 신뢰를 쌓아 두고 싶다. 그러면 그 왕세자가 고려왕이 되어 환국할 때 따라갈 수 있을 것이다. 충가는 자신의 속셈을 털어놓고 도와주기를 청했다.

"그래 그럴 수도 있겠구나. 그런데 네가 굳이 고려로 가려는 연유는 무엇이냐?"

"우리 변 씨의 뿌리를 찾아 그곳에서 저의 뜻을 펼쳐 보고 싶습니다. 이곳 원나라에서는 아무래도 출신으로 인한 한계가 있을 것 같아서요. 이것은 아버님께서도 늘 하시는 말씀이기도 합니다."

"그래 알았다. 정녕 네 뜻이 그렇다면 내 언제 기회를 잡아보마. 다른 할 말은 더 없느냐?"

"더 없습니다. 편히 주무십시오."

걷었던 잠자리를 다시 살펴 드린 뒤에 충가는 아버지 침소에서 물러 나왔다. 충가의 말이 맞았다. 원나라에 와 있는 고려 왕세자는 언젠가는 고려로 돌아가 고려국 왕이 될 것이다. 그때를 놓치지 않는다면, 충가도 할아버지의 고향 나라로 갈 수 있을 것이다.

그로부터 며칠 후, 충가는 아버지를 따라 황실로 들어갔다. 그리고, 고려의 왕세자를 만나게 된다. 아버지가 심양후라는 자리에 있었기에 가능했다. 아무리 부마국에서 인질로 잡혀 왔다고는 할지라도 상대방은 일국의 왕세자가 아닌가?

"소신의 자식이옵니다. 이 아이의 할아버지는 고려 황주에서 태어나고 자랐습니다. 할아버지로부터 늘 고려 이야기를 들어서인지, 고려에 대한 동경심이 큰 아이옵니다. 왕세자님을 뵙고 싶어 하기에 소신이 황공하옵게도 알현을 청하였던 것입니다. 물리치지 않으시고 알현을 허락해 주시니 그 은혜가 크옵니다. 소신은 이만 물러나 있겠사오니, 많이 귀여워해 주시면 그 은혜 고이 간직하겠습니다."

심양후는 왕세자에게 예를 올린 후, 충가에게 잠시 후에 데리러 오겠으니 왕세자를 잘 모시라고 당부하고 알현 장을 먼저 빠져나갔다.

"소신, 변자 성을 쓰는 충가라 하옵니다. 왕세자님을 처음 뵙습니다."

열 살 된 아이답지 않게 예를 잘 차린다. 왕세자는 주위를 물리친다. 한결 분위기가 부드러워진다. 왕세자가 충가를 위하여 배려하는 것이 틀림없다.

"지금 나이가 몇이나 되느냐?"

"열 살이옵니다."

"그래? 나보다 네 살이 어리구나. 나는 올해 열네 살이고, 강릉부원대군이라 한다. 이곳에서 부르는 이름은 바얀 테무르(Bayan Temur)이다. 그런데 나를 만나고 싶은 연유가 무엇이냐?"

"네, 소신의 할아버지 고향 나라인 고려국의 왕세자님을 꼭 뵙고 싶었습니다. 외람되게 알현을 청하여 송구하옵니다."

"아니다, 나도 너를 이렇게 만나고 보니 무척 반갑구나. 너만 괜찮다면 앞으로 자주 보았으면 좋겠구나. 그래 요즘은 무엇을 하고 지내느냐? 무예를 닦는다든가, 글을 익힌다든가…."

"예, 무술을 익히면서 틈틈이 글을 읽고 있습니다. 별로 신통치 않사옵니다."

"그렇구나, 그래, 네 생각은 어떻느냐? 나와 자주 만나는 시간을 가져보겠느냐?"

"자주 뵐 수 있는 기회를 허락하신다면 저로서는 다시없는 영광이겠습니다. 감읍할 따름이옵니다. 언제든지 하명만 하시옵소서."

왕세자와의 만남은 이렇게 이루어졌다. 1344년 왕세자가 열네 살, 충가가 열 살 때였다. 두 사람 모두 고려국에 대한 향수를 간직하고 있다. 대화가 쉽게 통하고 서로 가까워질 수 있을 것이라는 예감이 들었다. 고려국 왕세자와의 만남은 무척 성공적이었다고 생각하면서 충가는 아버지 심양후와 함께 집으로 돌아왔다.

"강릉부원대군과의 만남은 어떠했느냐? 혹시, 예를 그르치는 일이라도 있지 않았느냐?"

심양후가 걱정스러운 표정을 지우지 못하고 조심스럽게 묻는다.

"걱정하실 일은 없었으니 안심하십시오. 왕세자께서는 자주 만나기를 바라셨고, 저는 흔쾌히 동의하였습니다. 물론 예를 갖추어 말씀을 나누었으니 아버지께서는 안심하시고 자리에 드시옵소서. 소자는 이만 물러가겠습니다. 오늘 많이 긴장을 한 탓인지 좀 피곤하군요."

충가는 지금도 가슴이 뛰는 것을 느낀다. 징검다리를 건너면서 첫 번째 징검돌을 밟은 셈이다. 충가는 고려로 가기 위해 무예와 글쓰기에 더욱더 매진한다. 공주와의 약속을 지켜가면서 한편으로는 왕세자와의 신뢰를 쌓고, 자신의 실력을 보여주고 인정받아가는 가운데 빈 가지에 눈꽃을 피우며 한 철 겨울을 보냈다.

충가는 부다시리와 한 약속을 충실히 지키려고 무척 많은 노력을 했다. 예전 같으면 넉넉한 시간을 가지고 부다시리를 만났지만, 왕세자를 만나기 시작한 뒤부터는 그렇지 못했다. 왕세자가 부르면 언제든지 달려가야 했고 그 횟수가 점점 더 많아졌다. 왕세자와 같이 보내는 시간이 많아지면 많아질수록 충가가 고려로 갈 수 있는 확률은 그만큼 더 커지는 것이다. 그러나, 부다시리를 만나는 일도 충가에게는 대단히 중요했다. 한꺼번에 두 마리 토끼를 잡으려니 여간 힘이 드는 게 아니다. 무슨 뾰족한 수가 없을까? 충가는 행복한 고민에 빠진다.

"부다시리, 할 말이 있어."

충가가 왕세자를 처음 만나고 보름 정도 지나, 부다시리와 오랜만에 말타기 연습을 했는데, 자주 들리던 선녀탕 가에서 잠시 숨을 돌리고 있을 때, 충가는 머뭇거리면서 말을 꺼낸다.

"할 말? 해봐."

부다시리는 무슨 대단한 일이라도 있는 것 같은 충가의 표정을 보고 웃으면서 대답한다. 한참을 머뭇거리던 충가가 어렵사리 말을 꺼낸다.

"나, 고려국 왕세자님과 만났어."

툭, 내뱉듯이 말을 해버리고 부다시리의 표정을 살핀다.

"뭐라고? 금방 너 뭐라고 했어?"

이번에는 부다시리의 두 눈이 똥그래진다. 놀란 토끼 눈이다.

"그래? 언제? 어디서? 어떻게?…."

단숨에, 육하원칙을 나열하며 부다시리는 충가 옆으로 바짝 다가선다.

충가는 잠시 호흡을 가다듬는다. 며칠 전에 고려국 왕세자를 만났고, 요즈음은 만나는 횟수가 잦아진다는 말을 한다.

"어머, 잘됐네. 그러고 보니 충가, 너 정말 대단한 아이구나. 고려국 왕세자를 그렇게 자유자재로 만나다니…. 그래서, 왕세자는 어떻게 생겼는데? 마음씨는 어떨 것 같았어?"

부다시리는 숨 가쁘게 묻는다. 궁금한 보따리를 한꺼번에 확 풀어놓는 것 같다. 충가는 하나하나 자세하게 답변해 준다.

"그래서 말인데, 앞으로는 우리가 둘이서만 만날 수 있을 기회가 자주 올 것 같지 않아. 왕세자가 나를 찾으면 즉시 달려가야 하거든. 나, 어떻게 하지?"

"그럼 우리가 못 만나게 될 수도 있겠네? 애, 그건 안돼. 절대 안 된다구!"

부다시리의 목소리가 갑자기 커진다.

"내가 곰곰이 생각해 봤는데, 너만 좋다면, 그리고 왕세자가 허락한다면 셋이 같이 만나면 어떨까? 글 쓰는 이야기나 고려국 이야기는 무척 재미있어. 다만, 무예는 능숙하지 못한 것 같애. 나보다 네 살이나 위인데도 형편없는 실력이야. 무예에 흥미를 가진 것 같지도 않고….”

"셋이 같이 만난다면? 에이 나는 좀 싫다. 나는 너하고만 같이 있고 싶어. 무슨 좋은 방법이 없을까?”

부다시리가 난처하다는 표정을 짓는다. 갑자기 목소리를 낮추면서 또박또박 분명하게 자기 생각을 밝힌다. 난처한 것은 오히려 충가 쪽이다. 왕세자와의 만남도, 부다시리와의 밀회도, 놓치고 싶지 않다. 한참 침묵이 흐른다.

"충가, 이렇게 하면 어떨까? 내가 생각해 보니까, 너는 지금 왕세자를 계속 만나야만 할 것 같아. 너는 항상 말했지. 할아버지 나라에 꼭 가 보고 싶다고. 그러니까 네가 고려국 왕세자와 만남을 가지는 것은 너의 그 희망을 실현시키는 기회를 만드는 일이야. 너는 이 기회를 놓쳐서는 안 돼. 아니 네가 놓치기 싫어할 거야. 그런데, 너는 어떤지 모르지만, 나는 너와 못 만난다면 못 살 것 같아. 나는 항상 너와 같이 있고 싶거든. 그렇다고 내 욕심만 채우려고 너의 희망을 꺾을 수도 없잖아. 그것은 너를 위하는 일이 아니니까.”

"네 말이 맞아, 나도 너와 함께 보내는 시간이 무척 소중해, 지금으로서는 내가 살아가는 유일한 보람이야. 나도, 너랑 같이 있을 수 없다면 못 살 것 같아. 그런데, 나에게는 지금 왕세자와 만나는 일도 중요해. 내가 오래도록 꿈꾸어 온 소원을 이룰 수 있다는 생각이 들어. 물론, 나의 꿈을 접으면 되겠지만, 나는 두 마리

토끼를 다 잡고 싶어. 어떻게 좋은 방법이 없을까? 아무리 머리를 짜내도 묘안이 떠오르질 않아. 부다시리, 너라면 나를 도와줄 수 있을 거야, 생각 좀 잘 해봐, 응?"

 충가는 사뭇 애원하는 모습이다. 충가가 하는 말도, 부다시리가 하는 말도 모두 솔직한 심정을 토로한 것임이 틀림없다. 다시, 정적이 흐른다.

"그러면 충가. 네가 왕세자님께 양해를 구해보면 어떨까?"

"양해? 어떻게?"

"왕세자와 만나는 날짜를 미리 정하는 거야. 그러면, 나하고 만나는 날이 정해질 수 있겠지…. 그렇게 시간을 보내다가, 세 사람이 함께 만나도 좋겠다는 판단이 설 때, 네가 말한 것처럼, 왕세자의 허락을 받으면 나도 동의할 수 있을 것 같애. 이것은 내가 너를 위해서 할 수 있는 최선이야. 그 이상은 안 돼, 절대로."

"알았어, 다음에 왕세자를 만나면, 우선, 만나는 날짜를 미리 정하도록 허락받아 볼게. 일이 잘 풀렸으면 좋겠다."

 며칠 후 충가는 고려 왕세자의 허락을 받아 냈다. 정기적인 만남은 매월 초 열흘, 스무날 그리고 그믐날로 정하고 특별한 일이 있을 때는 사흘 전에 미리 알려 주기로 했다.

"어머, 잘 됐다. 나 그럴 줄 알았지. 역시 너는 대단한 능력을 가졌어. 그러면 우리는 그날만 빼면 아무 때나 만날 수 있겠네, 정말 너무 좋다, 날아갈 것만 같애."

"왕세자님께는 우리가 만나서 무예를 익히기 때문이라는 말은 하지 않았어. 그렇게 알아."

"걱정하지마, 내가 왕세자를 만날 일도 없고, 설령 만난다고 하더라도 그 말은 비밀로 할게."

　충가와 공주 그리고 왕세자는 자칫 혼선을 빚을 것 같던 일정을 깔끔하게 정리했다. 그 대신 충가는 더욱 바쁜 나날을 보내야 했다. 서로 만나서 할 일을 미리 계획하고 빈틈없는 준비를 해야 했기 때문이다. 그러나 이렇게 바쁜 일상이 충가를 더욱 힘 솟게 해 주었다.

　충가와 부다시리는 무술의 수준을 점점 더 높여 갔다. 부다시리는 역시 징기스칸의 피를 이어받은 여걸이다. 징기스칸은 부다시리의 선조이면서 세계 최초로 유라시아 전역을 휩쓸고 통일된 몽골제국을 창건한 불세출의 영웅이다. 그분의 유명한 일화 중의 하나, 그분은 열두 명의 딸을 두었는데 그 열두 명 모두를 장군으로 길러냈다. 여자로 태어난 사람은 집안에서 살림과 육아를 도맡고 남자는 사냥을 해 오거나 외적의 침입을 막기 위해 체력과 전투력을 길러야 한다는 사고방식을 깨뜨려 버린 분이다. 그러니, 온몸에 돌고 도는 그 피가 어디로 가겠는가? 황야를 누비는 기마민족의 기질을 유감없이 발휘하는 부다시리였다
　말타기, 칼쓰기, 창쓰기, 활쏘기 그리고 수박희까지 종목별로 고르게 실력을 길러 갔고, 말을 타고 달리면서 하는 창검술과 궁술에도 능했다. 더욱 놀라운 것은 원나라에서는 널리 보급되지 않은 수박희의 열네 가지 기초 동작을 거뜬히 소화해 냈을 뿐만 아니라, 여자의 핸디캡인 체력의 열세를 극복하고 눈부신 기술을 개발하기까지 부다시리가 흘린 땀은 몇 동이가 되는지 모른다. 충가의 입은 다물어질 줄 몰랐고, 때로는 부다시리가 무서워질

때도 있었다.

　그렇게 보내는 세월 속에서 두 사람은 친구 그 이상의 신뢰를 구축하면서 둘도 없는 우정을 꽃 피워 가고 있었다. 친형제 같은, 가족과도 같은 사랑, 이 세상에 그런 사랑이 있다면, 부다시리와 충가의 사랑일 것이다. 그러나, 어쩌랴 허물 수 없는 신분의 벽을…. 그래서 그 둘은 나이가 들수록 언행에 조심하는 것을 잊지 않았다. 주위의 눈길을 의식하지 않을 수 없었다. 유일하게 해방된 자유를 만끽할 수 있는 공간은 그 선녀탕이 있는 곳이다. 그곳은 그들만의 낙원이다. 둘은 가슴 깊은 곳에 그 선녀탕을 꼭꼭 감추어 둔다.

　열두 살 어린 나이로 남의 나라에 볼모로 잡혀 와 기약 없는 귀환을 기다리며 보내야 하는 하루하루는 얼마나 지루하고 답답할까? 그때 친구가 되어 준 충가를 왕세자는 친동생처럼 아끼고 사랑했다. 그런데 충가는 무예 쪽에 관심이 더 많았고 왕세자는 그렇지 못했다. 왕세자는 충가의 무술 연습을 구경하고 있거나 기껏해야 충가를 따라서 무술의 기본자세를 취해 보는 수준에서 그치고 만다. 그러나 다행인 것은 충가가 고려국에 대하여 궁금한 것이 많았고 특히 고려국 민속과 민요에 대한 이야기를 할 때면 시간 가는 줄 몰라 한다는 점이었다.
　"마마, 고려국에는 전래 민요라든가 민담과 설화가 많다고 들었습니다. 그 이야기를 듣고 싶습니다."
　"나도 겨우 열두 살 때 원나라로 왔기 때문에 많은 것을 알지는 못한다. 비록 들은 바가 있어 조금씩 기억을 더듬어 볼 수는 있지만, 그것이 맞는지 틀리는지도 모른다. 그래도 듣고 싶은 게냐?"

"네, 듣고 싶습니다. 듣고 있으면 고국 냄새가 나기도 한답니다. 소신은 그 고국 냄새를 좋아합니다."

"그렇다면, 내가 알고 있는 시를 생각나는 대로 골라서 들려줄 테니 잘 들어라. 우선 노래 한 수를 먼저 들어 보아라. 마침 여기 그 노래가 적힌 책이 있구나."

主乙完乎白乎(주을완호백호)
心聞際川乙及昆(심문제천을급곤)
魂是去賜矣中(혼시거사의중)
三烏賜敎職麻又欲(삼오사교직마우욕)
望彌阿里刺(망미아리자)
及彼可二功臣良(급피가이공신량)
久乃直隱(구내직은)
跡烏隱現乎賜丁(적오은현호사정)

님의 목숨을 온전하게 하신
마음은 하늘 가에 미치고
넋은 가셨지만
내려주신 벼슬은 또 대단하구나
바라보면 알리라
그때의 두 공신이여
오래되었으나
(거룩한) 자취는 나타나시도다.

"이 시는 고려 예종 15년에 지어진 향가 형식의 노래로서 향찰로 표기되어 있다. 제목은 도이장가(悼二將歌)라고 한단다. 이 시의 배경은 고려 태조를 위해 죽은 김락, 신숭겸 두 장군을 추도하는 것이지. 향찰로 표기된 점에서 그 가치가 높이 평가된단다. 이 작품은 '정과정'과 함께 신라 향가의 맥을 잇고 있는 중요한 역할을 한단다."

비록 짧은 시지만 고려국에서 전래하는 시 중에서 작자가 밝혀진 유일한 시로서 팔관회를 열 때는 꼭 불렀다는 것을 덧붙인다. 왕세자는 고려국의 시가와 이야기를 적어 놓은 책 몇 권을 가지고 있었다. 충가는 그 책이 무척 신기했다. 비단에 글을 쓴 것, 종이에 글을 쓴 것도 있는데 그것은 길이가 두 자(尺)씩이나 되는 두루마리였다. 왕세자께서 지금 읽어 주신 도이장가는 나무로 만들었다는 목독(木牘)에 적혀 있는데 모두 열 조각이다. 제일 첫째 조각에는 제목이, 마지막 조각에는 지은 사람의 이름이 적혀 있었다.

"이것은 아주 귀한 것이란다. 내가 열두 살 때 원나라로 왔다고 했지? 그때 부왕(父王)께서 이 목독에다 쓴 도이장가, 비단에 쓴 황조가(黃鳥歌) 그리고 이 종이에다 쓴 청산별곡(靑山別曲)을 주시면서 부지런히 읽으라고 하셨단다."

"그렇군요, 다음에 올 때는 종이를 가져와서 베껴 가고 싶습니다. 허락하여 주시면 좋겠습니다. 마마."

충가는 두 눈을 반짝거리면서 간절히 청한다.

"그래라. 아니다, 네가 다음에 올 때는 내가 이 글을 필사해 두었다가 선물로 주마. 지금 목독과 종이는 구하기 어려우니, 비단에다가 써 주마."

"고맙사옵니다, 마마."

그다음 왕세자를 만날 때까지의 열흘 동안이 충가에게는 그렇게 길게 느껴질 수가 없었다. 그리고 그 선물을 받을 때까지는 비밀에 부쳐 두기로 했다. 아버지를 깜짝 놀라게 해 드리고, 부다시리도 깜짝 노래키며 자랑하고 싶었기 때문이다.

그 열흘이 지루하고 느리게 흘러가면서 충가의 애를 태웠다. 드디어 왕세자로부터 그 선물을 받아 들고 충가는 뛸 듯이 기뻐하며, 무엄하게도, 왕세자를 덥썩 껴안았다. 눈물까지 주르르 흘렸다. 칼을 휘두르고 말을 달리던 충가의 모습 이면에는 이런 점도 있었던 것이다.

"고맙습니다. 마마, 소신의 집 가보로 삼아 자손만대 전하도록 하겠습니다. 감사합니다."

충가는 감격에 겨워 목소리까지 떨었다. 왕세자는 그런 충가를 꼭 껴안아 주면서 묻는다.

"그렇게 좋으냐?"

"네, 한없이 좋습니다. 좋아서 하늘에라도 닿을 것 같습니다. 마마."

"그래, 내가 더 고맙구나. 앞으로는 나를 보러 올 때마다 이 비단 책을 가지고 오너라. 같이 공부를 하기로 하자. 그렇게 하겠느냐?"

"네, 그렇게 하겠습니다. 그렇게 하고 말고요. 가문의 영광이옵니다."

그날 저녁 충가는 아버지 침소로 들어 왕세자로부터 받은 비단

책을 보여 드리고 자초지종을 말씀드리며 자랑에 자랑을 그치지 않았다.

"이거 가문의 경사로구나, 내일 당장 일가친척들을 모이라고 해야겠다. 이 영광을 그냥 보낼 수는 없지 않으냐? 그리고 왕세자께는 응분의 보답을 해 드려야겠다. 그것은 내일 다시 말해 줄테니 오늘은 그만 물러가거라. 밤이 깊었구나."

충가는 그날 밤을 거의 뜬 눈으로 새웠다. 내일 날이 밝기가 무섭게 부다시리를 만나야지. 어떻게 자랑을 해야 좋을까. 궁리에 궁리를 거듭하다가 자신도 모르게 깜빡 새벽잠이 들었다.

"충가는 아직도 일어나지 않았느냐?"

아버지 심양후가 헛기침을 하면서 충가를 깨운다.

"어허, 늦게 잠이 든 게로구나, 하기는 그럴 만도 하지. 엊저녁에 잠인들 잘 수 있었을까? 충가가 깨거든 내 방에 들리라고 전하거라."

심양후는 마당을 쓸고 있는 돌쇠에게 일러두고 안방으로 건너간다. 심양후는 아내에게 충가의 이야기를 전하면서 잔치준비를 시킨다. 충가가 심양후를 뵙는다.

"찾으셨습니까, 아버님. 충가이옵니다."

"들어 오너라."

심양후는 충가를 앞혀 놓고, 왕세자로부터 귀한 선물을 받아 온 일을 다시 한번 칭찬한다. 그리고 이 선물은 가보로 간직할 것이니 특히 조심하라고 당부한다. 덧붙여 너무 소란을 떨어서 외부사람들로부터 눈총을 받는 일이 없도록 조심하라는 말도 잊지 않는다.

"왕세자께는 내가 직접 뵙고 답례를 올려야겠다. 기별을 넣어 볼 수 있는 때를 알아보고 그때 너와 함께 입궐하자꾸나. 답례품은 아비가 알아서 준비하마."
"그리하겠습니다, 아버님."
 충가는 아버지 앞을 나왔다. 좀이 쑤시는 것을 참느라고 혼이 났다. 부다시리를 만나야 한다. 촌각을 다투는 일이다.

"어머, 축하해, 네 말대로 이것은 큰 경사가 아닐 수 없구나."
 충가는 으쓱해진다. 목에 힘이 너무 들어가지나 않았나 걱정이 될 정도였다. 부다시리는 진심으로 축하했다.
"충가, 기회를 놓치면 안 되는 것 잘 알지? 이것은 너에게 두 번 오기 힘든 기회야. 이렇게 한층 한층 쌓아 올리다 보면 그 끝이 하늘에 닿을 거야, 반드시…. 너의 소원이 할아버지의 고향엘 가 보고 싶은 거랬지? 바로 그거야, 이제 그 소원이 이루어질 날도 멀지 않았을 거야 다시 한번 축하해."
"오늘은 선녀탕으로 가 볼까? 가본지 너무 오래된 것 같애, 갑자기 가고 싶어지네. 선녀탕에 가면, 내가 왕세자님으로부터 배운 고려 노래를 하나 들려줄게."
"그래, 그게 어떤 노래인데?"
"선녀탕에 가서 말해 줄게, 그때까지는 참아."
"무슨 노래길래 그렇게 비싸게 구니?"
"꾹 참고 있어, 참는 자에게 복이 온다고 하더라."
 둘은 각자 자기 말을 이끌고 나오기로 했다. 그런데, 부다시리가 말을 끌고 나오지 않았다.

"왜, 말을 끌고 나오지 않았어? 말이 아프기라도 한 거야?"

충가는 갑자기 궁금해진다. 여태까지 이런 일이 한 번도 없었기 때문이다.

"응, 내 말은 지금부터 조심해야 된대. 임신 후기에 들어섰기 때문이야."

그 말을 듣고 보니, 지난 초여름에 말들이 은밀한 사랑을 나눈 것이 생각났다.

"벌써 새끼를 낳을 때가 된 거야? 새끼는 언제쯤 낳게 된대? 이제 겨우 여덟 달째 들어선 것 같은데…. 말은 열 한 달 동안 뱃속에 새끼를 품는다던데."

"그래, 아직 두어 달 남았기는 하지만, 지금이 임신 말기라서 무리한 운동은 시키지 말아야 된대. 내년 봄까지는 내 말을 타지 않는 게 좋대. 그래서 그냥 나왔어."

"그래? 그렇다면 할 수 없지. 내 말을 같이 타자."

"네 말이 고생하겠네. 하지만 곧 아빠가 될 테니까 그만한 대가는…."

두 소년 소녀는 까르르 웃었다. 경사는 충가에게만 온 것이 아니었다. 부다시리에게도 큰 경사가 눈앞으로 바짝 다가온 것이다. 충가와 부다시리는 선녀탕 앞에서 내리고 말은 풀이라도 뜯으면서 기다리라고 갈기를 빗겨주었다.

"어서 말 해 봐, 그 비싼 노래에 대하여."

"그래, 들려주고말고. 자, 잘 들어 봐. 고려국을 눈앞에서 보는 듯하고 고려국 냄새를 맡는 듯한 느낌을 받게 될 거야."

충가는 소매 주머니에서 종이 뭉치를 꺼내면서 말했다.

"이것은 세자저하께서 나에게 선물로 주신 것이야. 이것을 배우느라고 한 달도 더 걸렸지. 그러니까 너는 횡재하는 거야. 남은 한 달씩이나 걸려서 배운 노래인데, 너는 불과 몇 식경 만에 배우게 될 테니까 말이야. 값은 후하게 쳐주어야겠어."

"값을 내놓으라고? 그래, 주고말고. 얼만데? 미리 말해. 너무 비싸면 안 살 수도 있어."

"나는 안 팔아도 손해 볼 게 없어, 그러나 너는 손해가 꽤 클걸. 평생에 이런 기회는 또 없을 테니까."

"그러니까 얼마냐니까?"

"값은 다 끝나고 말할게, 우선 듣기나 해."

충가는 가지고 온 두루마리를 펼쳐 놓고, 그와는 별도로 깨알같이 적은 비단 꾸러미를 또 꺼낸다. 충가의 이야기는 대략 이러했다. 하긴, 이것은 이야기를 한다고 하기도 곤란한 것이었다. 이야기책을 읽는다는 표현이 오히려 맞을 것 같다.

"이 노래는 지은이를 알 수 없는 고려의 가요야. 백성들 사이에서 널리 불려지고 있대.

우선 가사부터 들어 봐. 제목은 청산별곡(靑山別曲)이라고 해."

　　살어리 살어리랏다 청산(靑山)애 살어리랏다
　　멀위랑 ᄃ래랑 먹고 청산(靑山)애 살어리랏다

　　얄리 얄리 얄랑셩 얄라리 얄라

　　우러라 우러라 새여 자고 니러 우러라 새여
　　널라와 시름 한 나도 자고 니러 우리노라

얄리 얄리 얄라셩 얄라리 얄라

가던 새 가던 새 본다 믈아래 가던 새 본다
잉무든 장글란 가지고 믈아래 가던 새 본다

얄리 얄리 얄라셩 얄라리 얄라

이링공 뎌링공 ᄒ야 나즈란 디내와손뎌
오리도 가리도 업슨 바므란 쏘 엇디 호리라

얄리 얄리 얄라셩 얄라리 얄라

어듸라 더디던 돌코 누리라 마치던 돌코
믜리도 괴리도 업시 마자셔 우니노라

얄리 얄리 얄라셩 얄라리 얄라

살어리 살어리랏다 바ᄅ래 살어리랏다
ᄂᆞ자기 구조개랑 먹고 바ᄅ래 살어리랏다

얄리 얄리 얄라셩 얄라리 얄라

가다가 가다가 드로라 에졍지 가다가 드로라
사스미 짒대에 올아셔 히금을 혀거를 드로라

얄리 얄리 얄라셩 얄라리 얄라

가다니 빈브론 도긔 설진 강수를 비조라
조롱곳 누로기 미와 잡스와니 내 엇디 ᄒ리잇고

얄리 얄리 얄라셩 얄라리 얄라

"이 노래는 모두 8연으로 되어 있어. 서경별곡(西京別曲), 만전춘별사(滿殿春別詞)라는 다른 고려 노래와 함께 고려에서 가장 유명한 작품이야. 그런데 이 노래 작가의 신분 계층이나 제작 동기, 작품 성격, 작중 화자 등에 대해서는 이렇다 할 정설이 세워지지 않은 문제작이기도 하지. 특이한 점은 남녀 간의 애정을 주로 다루었던 다른 고려국 가요에 비해, 삶의 비애와 고뇌가 주된 내용이라는 점이야."

충가가 청산별곡을 설명하기 시작하자 부다시리가 말을 자르고 불쑥 끼어든다.

"그래? 참 슬픈 노래겠네. 그런데 그 종이를 안 보면 안 돼?"

"안 돼. 이 이야기는 사실상 보는 눈에 따라서 여러 가지로 해석이 갈라지고 있어. 통일된 감상문이 없다는 말이야. 그런데 이 노래를 이야기하다가 보면 이것저것 뒤죽박죽이 되는 경우가 많아. 그러니까 한 가지 견해를 처음부터 끝까지 일관되게 지킬 필요가 있는 거야. 내가 이것저것 섞어서 뒤죽박죽 이야기해 주면 좋겠어?"

"그야 일목요연한 것이 좋기는 하지만…."

"그러니까 불쑥 끼어들지 말고 조용히 잘 듣기나 해."

충가는 침을 한번 꼴깍 삼키고 나서 다시 청산별곡 해설에 열을 올리기 시작한다. 부다시리는 약간 불만스러웠지만, 꾹 참고 설명을 듣는다. 이야기의 내용이 무척 흥미로웠기 때문이다.

"이 노래는 '청산'으로 시작하는 연이 5연, '바다'로 시작하는 연이 3연으로 되어 있는데, 3·3·2의 기본 음수율을 바탕으로 병행법·반복법을 쓰고 있고, '청산' 연과 '바다' 연, 제3연과 제7연, 그리고 제4연과 제8연이 정확히 대응관계를 이루고 있음을 알 수 있지. 그리고 이 작품의 제5연과 제6연이 교체되어 기사(記寫)되었으리라고 보는 견해도 있어. 이렇게 될 경우에, 총 8연 2장의 노래가 되고, 이는 4연 1장의 정형성을 지니게 되며, '청산' 연과 '바다' 연은 완전히 대응 관계를 이루게 되는 것을 알게 될 거야."

"이 가사가 밖으로는 거란·여진·몽고족 등 외적의 침입이 끊임없이 계속되고, 안으로는 이자겸(李資謙)의 난, 묘청(妙淸)의 난에 이어, 무인정치가 계속되는 시기의 것이라는 인식과 깊이 관련 맺고 있어. 이와 같은 내우외환 속에서 고달픈 삶을 살아가는 민중 또는 지식인의 고뇌를 그리고 있다고 보는 것이야. 이밖에도 이 노래에 관한 여러 가지 이야기를 들었지만, 내가 그것을 다 기억할 수는 없어. 지금까지 말한 것도 사실은 왕세자께서 일러 주신 내용을 내가 받아 적은 것일 뿐이야. 나의 이야기는 여기까지야."

"잘 들었어. 고려 백성들은 모두 노래를 좋아 하나 봐."

"그럴 테지. 그러나 그보다는 외환과 내우로 백성들의 삶이 그만큼 핍박해졌다는 반증이 되기도 해. 내가 이 노래를 너에게 들려준 깊은 뜻을 알겠어?"

"글세, 무슨 깊은 뜻이 있을까? 감이 쉽게 잡히지 않는데."

"그것은 말이야, 내 생각에는 네가 고려국 왕비가 될 것 같은 예감이 자꾸 들어. 한 나라의 국모가 되는 거 아니겠어? 국모라면 자기가 다스리는 나라의 백성들에 대하여 잘 알고 있어야 할 거 아니야?"

"… 국모는 무슨 …, 누가 고려국 왕비가 되겠대?"

부다시리는 충가에게 눈을 흘기며 입을 비쭉 내민다. 그러나 부다시리도 자기에게로 다가오고 있는 어떤 운명의 그림자를 이미 감지하고 있었다.

"충가, 네가 나에게서 받고 싶은 청산별곡 설명 값이 무엇인지 알 것 같애, 그러나 그것은 하나의 가정일 뿐이야. 만일 그 가정이 현실이 된다면, 후한 값으로 보답할게."

충가와 부다시리는 더 이상 말이 없다. 손과 손이 살그머니 포개지더니 아무도 모르게 손깍지를 끼었다.

충가는 어릴 때부터 재기가 충만하여 촉망받는 젊은이였다. 특히 무술을 매개로 하여 부다시리와 사랑 같은 우정을 풋풋하고 아름답게 가꾸어 갔다. 고려국 왕세자 바얀 테무르와는 군신의 연을 맺어 내일을 향하여 힘차게 질주하고 있었다.

왕세자와 살을 맞대고 비비면서 고려국 관습을 익히고 풍물에 접했다. 할아버지 나라 고려국의 뜨거운 숨결을 그대로 느끼면서이다. 어렸을 적부터 할아버지의 무릎 위에 앉아 배우던 고려나라 말, 이제는 유창하게 구사할 수 있다. 이보다 더 좋은 무기가 다시 있을까?

"충가야, 너 요즘 무얼 먹고 사니?"
부다시리가 충가에게 알쏭달쏭한 질문을 던진다.
"밥 먹고 살지 무얼 먹고 살아?"
별걸 다 묻는다고 생각하면서 충가는 건성으로 대답한다.
"어째 대답에 진정성이 없는 것 같다. 나는 진지한데…. 너는 이 몇 년 사이에 키도 부쩍 커진 데다가 근육에 알통도 나오고, 그 곱던 얼굴에 뾰족뾰족 빨갛게 튀어나오는 것은 또 뭐니? 그뿐이냐? 고려국 말도 잘하고, 시도 잘 외우고, 무예까지 잘하지 않니? 온통 잘하는 것뿐이니 나는 주눅이 들어서 살 수가 없다. 언제부터인지는 모르지만 네가 미워지려고 해, 막 질투 같은 것도 나고…. 예전엔 네가 좋아 죽을 것 같았는데 요즘에는 안 그래. 그래서 걱정이야. 어느 날 갑자기 내 곁을 훌쩍 떠나버릴 것 같은 생각이 자꾸 들어. 때로는 네가 나의 오라버니라도 된 것 같은 생각이 들기도 하고…."
"그럼, 내가 오라버니가 아니었던가? 나는 네가 내 동생인 줄 알고 있는데…."
"까불고 있다. 얼마나 혼이 나야 정신을 차리겠니?"
"아이구 무섭기도 해라, 네, 네, 잘 알겠습니다, 누이님."
두 사람은 오랜만에 만난 반가움을 이렇게 풀고 있었다.
"그러고 보니 너하고 말달리기 경주를 한 지도 꽤 오래되었구나. 참, 너의 말은 숫망아지를 낳았다면서? 꽤 자랐겠지? 뜀박질은 잘하니? 한번 보고 싶다."
충가는 꿈 많은 소년답게 꿈결 같던 그 시절을 그리며 깊은 생각에 잠긴다.

"그런데, 부다시리, 섭섭한 소식이 하나 있어."

"섭섭한 소식이라니? 이건 또 무슨 날벼락이야? 그게 뭔데? 빨리 말해 봐."

"내가 탈탈(脫脫) 선생님의 사사를 받게 됐어. 무예를 더 익혀야 된대. 앞으로 너하고 자주 만나지 못할 것 같고, 왕세자 마마와도 마찬가지가 될 것 같애."

"… 그렇구나, 너무 갑작스러운 일이네. 나도 섭섭해, 뭐가 뭔지 통 모르겠어…."

"지금 나는 내 정신이 아니야. 너도, 왕세자 마마와도 멀어지는 것은 정말 싫어. 어쩌면 좋을지 모르겠어."

두 사람은 잠시 할 말을 잃는다. 부다시리의 눈가에 이슬이 맺힌다. 툭! 떨어지는 눈물방울. 주루룩 볼을 타고 흘러내린다. 충가도 눈시울이 붉어진다. 둘은 서로를 꼭 껴안는다. 긴 침묵 속에서 부다시리의 어깨가 가늘게 떨고 있다. 이럴 때는 멋있는 말 한 마디쯤 생각이 나와줘야 하는데 …, 말문이 막힌다. 침묵을 먼저 깬 것은 부다시리였다.

"충가, 섭섭하지만, 우리는 헤어져 멀리 떠나는 게 아니지? 생각해 보니까 이것은 축하해야 할 일인 것 같애. 눈물을 보여서 미안해."

눈물이 미처 마르지도 않은 눈매가 전에 없이 예뻐 보인다.

"고마워, 그리고, 너는 늘 나와 함께 있게 될 거야. 내 가슴 속에 네가 거처할 깨끗한 방 한 칸을 항상 준비하고 기다리고 있을게. 너는 언제든지 자유롭게 드나들 수 있어. 어쩌면 내가 너에게 종신형을 선고하고 영원히 가두어 버릴지도 모르지만…."

"그래, 나는 네 가슴 속이라면 그곳이 감옥이라도 좋아. 내게도 너를 가둬버릴 감옥이 있어. 그러니까 조심해야 할 거야. 평생 못 나올 수도 있는 아주 튼튼한 감옥이니까."

두 사람이 나누는 밀어를 충가의 애마가 엿듣고 있다가 갑자기 긴 울음소리를 낸다. 어지간히들 하라는 투다. 바라보는 눈이 여느 때와 다른 것 같다. 앞발로 툭툭 땅을 찬다. 질투하는 모양이다.

왕세자 바얀 테무르는 1344년 강릉부원대군 칭호를 받는다. 그보다 한 해 앞에 황실에서는 이 두 사람의 국혼을 선언했다.

이 소식은 충가에게도 전해졌다. 충가는 진심으로 이들의 만남과 부부로 맺어짐을 축하해 주었다. 어찌 아쉬운 마음이야 없었을까마는, 충가는 대범하고 사리에 밝으며 매듭이 분명한 사람이었다. 더군다나 그에게는 반드시 이루어 내야 할 책무가 있었다. 그 책무를 어찌 소홀히 할 수 있을 것인가? 충가는 공주를 부다시리라고 부르지 말아야겠다고 다짐한다. 이제부터는 승의공주라고 불러야 될 터이다. 이렇게 세 젊은이는 각자의 역할을 가지고 각자의 길을 찾아서 자기가 딛고 선 자리를 지켰다. 삼각형을 가장 튼튼한 다각형이라고 한다. 두 개의 빗변과 한 개의 밑변, 그리고 세 개의 꼭지점이 제 몫을 다할 때 얻게 되는 안정감이다. 세간에는 어긋난 남녀관계를 삼각관계라고 부른다. 그리고 그 끝은 대개 비극으로 끝난다고 믿는다. 그러나 이들은 서로의 길에 쓸모 있는 사람이 될 수 있도록 노력하자고 다짐한다. 아름다운 다짐이다.

국혼이 있은 지 두 해가 되던 1351년 봄이었다. 충가가 17세 되던 해, 그러니까 고려의 연령 셈법으로는 18세 때, 원나라 무과 과거시험인 호방(虎榜)에서 일등으로 합격했다. 요하강 깊은 물에 몸을 담그고 있던 용 한 마리가 드디어 승천하는 순간이다. 마침, 시험장에 참관하고 있던 강릉부원대군과 승의공주가 달려와서, 함께 찬사를 보낸다. 시험장 가득 모여든 사람들이 보는 앞에서 강릉부원대군은 충가를 와락 껴안았고 승의공주는 충가의 두 손을 꼭 잡아 주었다. 승의공주의 두 눈에는 눈물까지 핑 돌았다. 워낙 많은 사람들이 보고 있는 앞이라서 치솟는 감정을 다 표현할 수는 없었지만, 이 세상에서 가장 행복한 표정을 지으며, 진심으로 축하에 축하를 거듭했다.

"황공하옵니다. 작은 재주를 높이 사 주신 황실의 은혜를 입은 덕이옵니다. 그리고 두 분 마마께옵서 항상 저를 아껴 주시고 채찍질해주신 은덕이옵니다. 은혜에 보답할 수 있도록 정진을 멈추지 않겠습니다."

강릉부원대군과 승의공주가 이미 부부의 연을 맺었고, 이제 곧 상감마마와 왕비마마가 되어 만백성을 다스리게 되는 이때, 그리고 충가 자신도 이제는 어엿한 대장부의 길로 들어선 지금, 세 사람은 더이상, 바얀 테무르도 부다시리도 충가도 아니었다. 오랜 세월을 캄캄한 땅속에서 애벌레로 살다가, 비로소 껍질을 벗고, 한 마리 매미가 되는 순간이다. 참매미, 애매미, 유지매미…, 이 세상에 살아 있는 1,500종의 매미 중에서, 나만의 모습으로 나만의 사명을 띠고 이 세상에 첫발을 내디디는 순간이다. 그래서 호칭도 달라져야 할 것이었다. 언제까지나, 소년 소녀의 애틋한 가슴앓이 속에 머물러 있을 수는 없지 않은가.

　변안열은 스승인 탈탈을 찾아뵈옵고 저녁 빛이 짙어진 다음에야 집으로 돌아왔다.

"아버님."

"오냐, 내 아들."

　아버지와 아들은 긴말이 필요 없었다. 아버지 변양은 아들을 와락 껴안고 뜨거운 눈물을 흘린다. 약비가 소나기처럼 내려 먼지를 잠재운다.

"장하구나, 내 아들."

　아버지 변양은 소식을 듣고 찾아온 많은 친척과 가족들 앞에서 위엄도, 체면도 다 팽개치고 아들을 끌어안고 덩실덩실 춤까지 춘다. 충가는 일찌기 아버지의 이런 모습을 본 적이 없었다. 항상 근엄하고 작은 실수에도 호되게 질책하던 아버지가 눈물까지 흘리는 것을 언제 한 번이라도 본 적이 있었던가? 충가는 아버지의 손에 이끌려 아버지 방으로 들어갔다. 아버지도 따라 들어 왔다.

"아버님, 절 받으십시오."

"그래, 그래. 절을 받아야지, 암 받아야 하고말고. 어디, 우리 아들 큰절 한 번 받아보자."

　충가는 아버지에게 절을 올렸다.

"그래, 고맙구나. 그리 참 이제부터는 충가라는 이름은 쓰지 않도록 하여라. 한 사람의 어엿한 장군이 되었으니 앞으로는 안열(安烈)이라는 이름을 쓰도록 하여라."

"네, 잘 알겠습니다, 아버님."

　변안열은 아버지께 큰절을 올린 다음, 어머니를 비롯한 집안 어른들께도 일일이 큰절을 올렸다. 그리고 선영의 영전에 제를 올렸다.

변안열이 등과하여 황실을 드나든 지도 벌써 달포가 지났다. 관직에 나아간 지 얼마 되지 않은지라, 배우고 익혀야 할 것들이 많았다. 늦은 저녁까지 궁궐에 머물렀다가 귀가하는 일이 잦았다. 부드러운 바람결이 이제 막 돋아나기 시작한 풀잎 냄새를 싣고 춘심을 흔드는 어느 봄날 저녁이었다. 달빛은 조요하고 젊은 가슴에 조수 같은 시심이 밀려들었다가 밀려 나가기를 거듭하고 있었다.

지금쯤 두 분 마마께서는 한창 깨를 볶고 계시겠지. 까닭 모를 애수가 깃을 튼다. 우수에 젖어 드는 마음을 달래고 있을 때, 아스라한 노랫소리가 끊어질 듯 이어진다. 변안열은 그 소리에 이끌려 발길을 옮긴다. 연못이 있는 아담한 누각이었다. 생소한 복장을 한 여인이 처음 보는 악기를 연주하고 있었다. 변안열은 걸음을 멈추고 그 노래가 끝나기를 기다린다.

"어흠"

헛기침 소리를 내어 가까이에 사람이 와 있음을 알린다. 그 여인은 사뿐히 일어나서 곱게 허리를 숙여 예를 갖춘다.

"어인 사람이기에 이 밝은 달빛 아래에서 노래를 부르고 있는 것이요?"

변안열이 고개를 들어 누각을 올려다보며 물었다.

"소녀가 공의 발걸음을 어지럽게 해 드렸나 보군요. 송구하옵니다. 바쁘시지 않다면 잠시 누 위로 오르시지요."

"소저가 방금 부른 노래에 대하여 나에게 말해 줄 수 있겠소?"

고요한 달빛이 작은 연못 위에 떨어져, 바람결에 일렁이는 물결에 부서지는데, 여인은 마치 하늘나라에서 금방 내려온 선녀와도 같았다. 그러나 정작 변안열의 관심을 끄는 것은 그 여인이 부른 노래와 반주를 한 악기에 있었다. 여인의 말이 이어진다.

"제가 부른 노래는 저의 할아버지가 이 세상에 남기신 고려국 말로 된 유일한 노래로서 고려국에서는 시조(時調)라고 부른답니다. 악기는 옛날부터 전해 내려오는 거문고인데 고구려인 왕산악이 발명하였다고 합니다."

"그랬군요. 그러면, 이 노래를 지으신 분이 할아버님이라고 하셨는데 혹시 이씨 성을 가지시고 조(兆)자 년(年) 자를 쓰시는 시인이 아니십니까?"

"맞사옵니다."

변안열은 생각지도 못한 곳에서 귀인을 만났다. 시조에 대해서는 강릉부원대군으로부터 일찍이 들어 본 적이 있었지만, 자세한 내용을 알지는 못했다.

"괜찮으시다면, 그 노래를 한 번 더 들어 볼 수 있겠습니까? 그 노래가 품고 있는 이야기도 듣고 싶군요. 어렵겠지만 정중히 청을 드립니다."

변안열의 말투가 금방 달라진다. 비록 공녀로 잡혀 와서 지금은 궁인으로 살고 있지만, 근본 있는 가문의 규수임을 알게 된 마당에, 더 이상 낮춤말을 쓸 수가 없다고 생각했다. 더군다나 이렇게 놀라운 시재까지 갖추고 있음에랴.

"그러면 다시 한번 불러올리겠습니다. 노래 속에 담긴 이야기도 곧 말씀해 올리지요."
 그 여인은 노래를 부르기 시작한다. 거문고 소리에 얹힌 목소리가 청아하다.

> 이화(梨花)에 월백(月白)ᄒ고 은한(銀漢)이 삼경(三更)인제,
> 일지춘심(一枝春心)을 자규(子規)야 아랴마는,
> 다정(多情)도 병인 양 ᄒ여 줌 못 드러 ᄒ노라.

"이 노래를 한시 형식으로 바꾸어 쓰면 이렇습니다. 시제는 자규제(子規啼)라고 하구요."

> 梨花月白三更天(이화월백삼경천), 啼血聲聲怨杜鵑(제혈성성원두견)
> 儘覺多情原是病(진각다정원시병), 不關人事不成眠(불관인사불성면)

 흐드러지게 피어 있는 배꽃 위에 휘영청 달이 밝아 배꽃은 더욱 희고, 달빛은 환상적이다. 밤은 깊어 은하수도 기운 삼경, 온 천지가 깊이 잠들었다. 그 고요를 깨고 소쩍새가 구슬프게 울어댄다. 배꽃 가지에 서린 봄날의 애상을 소쩍새가 어찌 알까마는 이렇듯 다정다감한 내 마음도 병인 듯하여 전전반측, 잠을 이룰 수가 없구나.
 "이 시를 한시(漢詩) 형태로 바꾸어 놓고 본다면 근체시의 7언 절구 형식이 되겠지요. 그런데 고려국의 시조는 3장 6구로 되어 있답니다. 형식상의 특징과 주의할 점이 많이 있지마는 대략 이렇게 말하고 있습니다. 첫 줄을 초장, 가운데 줄을 중장, 마지막

줄을 종장이라 하고, 초장과 중장에서는 눈에 비치는 사물이나 자연 경치를 묘사하여 형상화한 다음, 종장에서는 작자가 느낀 점이나 독자에게 전하고 싶은 뜻을 새긴답니다."

시조에 대한 상식이 풍부하다는 것을 느끼면서 변안열은 그 여인의 분위기 속으로 점점 휩쓸려 들어가고 있었다.

변안열과 이소저는 시가를 매개로 서로의 교감을 나누고, 이것을 다시 은은하게 울려오는 산사의 종소리처럼 사랑으로 승화시키고 있었다.

그해 겨울, 강릉부원대군과 승의공주는 드디어 고려로 돌아가는 길을 잡는다. 변안열은 공민왕과 노국대장공주의 호위군배행수장(護衛軍陪行首將)이 된다.

지난해 봄 어느 날 연못가 누각에서 고려 시가 한 수가 맺어 준 인연으로 만나게 된, 고려국 시인 이조년의 손녀 이소저도 공주의 시중을 들면서 고향으로 가는 장도에 함께 오를 수 있었다.

"이 은혜 백골난망이옵니다. 어찌 갚아야 할지…"

시인의 손녀는 그녀 자신이 또한 훌륭한 시인이었다. 어린 나이에 겪어서는 안 될 일을 겪으면서 내면으로 성숙해진 감성미가 아무나 범접할 수 없는 높은 경지에까지 이르렀음을 변안열은 익히 알고 있었다. 그래서 공주께 주청을 드려 시녀로 발탁하게 되었고 고운 심성을 인정받아 이번 환국 행렬에 끼일 수 있었다. 환국하는 길이 험하고 멀더라도 고향을 향한 그녀의 마음은 벌써 압록강을 건너 개경으로 달려가고 있었다.

04
원주변씨(原州邉氏)

 청석령 고개에서 만난 불청객은 결코 가볍게 볼 수 없는 무술을 지니고 있었다. 삽시간에 두 사람의 목숨을 앗아 간 그들, 비록 도둑이기는 하지만 이들의 잔당을 잘 순화시킬 수만 있다면 나라를 위해 요긴하게 쓸 수도 있겠다는 엉뚱한 생각을 하면서, 고려의 인재 등용 실태가 무척 궁금했다. '이 마당에 내가 무슨 생각을 하고 있는 거야?' 변안열은 정신을 가다듬고 청석령을 마저 내려와 내친김에 회령령까지 쉬지 않고 넘었다.
 "마마, 이제 머지않아 책문이옵니다. 평안히 모시지 못한 불충을 꾸짖어 주시옵소서."
 "배행 수장의 노고가 컸소. 공이 아니었더라면 그 큰일을 겪고도 내가 어찌 무사할 수 있었겠소. 내 결코 그 공을 잊지 않을 것이오."
 "그러하오나, 귀한 생명을 둘씩이나 잃었사옵니다. 모두가 소장이 불민한 탓이옵니다."

변안열은 호위 군사와 이소저를 구하지 못하여 가슴이 미어지는 듯했다. 그러나, 사람의 힘으로써는 어쩔 수 없는 일이었다. 상대방은 워낙 무술이 뛰어났고, 그 험한 산을 자기 집 안마당처럼 훤히 꿰뚫어 보고 거칠 것 없이 뛰어다니는 자들이었다.

환국 행렬이 첫새벽 어둠을 타고 그 험한 고개를 넘을 줄이야 꿈에도 생각지 못하다가, 충분한 준비도 없이, 갑자기 덮칠 수밖에 없는 상황에서 그 불청객들은 달리 손을 써 볼 틈도 없었을 것이다. 더욱이 배행 수장의 무예는 신의 경지에 달했다. 전광석화란 이를 두고 한 말일 것이다. 선두에 서서 뒤쫓아 가던 세 명이 한칼에 쓰러졌고 그와 동시에 그 좁고 험한 길을 두 대의 마차로 가로막는 통에 바짝 뒤따르던 불청객 네 명이 그대로 수십 길 낭떠러지로 곤두박질을 치고 말지 않았던가? 귀신도 놀랄 작전이었다. 그러나 꽃다운 청춘 두 사람을 희생시키고 말았으니 변안열의 가슴은 마냥 무겁고 어둡기만 했다.

변안열은 전사한 군사와 참변을 피하지 못한 이소저의 시신을 마차에 싣고 압록강을 건너 고려 땅을 밟았다. 그리고 양지바른 언덕에 두 사람을 묻고 비목을 세웠다. 요동 벌을 등지고 멀리 산 너머 개경이 있는 쪽을 바라보는 언덕이다. 비록 국경 지역이기는 하지만, 그토록 돌아가고 싶던 고국 땅에 묻어 줄 수 있어서 그나마 다행이었다. 변안열로서는 자신이 할 수 있는 최선을 다했다. 영혼이나마 편히 잠들기를 기원하며 향불을 피워 올렸. 변안열은 문득 시 한 수를 읊는다. 심양에서 이소저가 들려준 노래인데, 이소저는 친절하게도 그 노래를 짓게 된 배경까지 세세하게 일러주어 변안열은 어렵지 않게 읊을 수 있었다.

翩翩黃鳥(편편황조) 雌雄相依(자웅상의)
念我之獨(념아지독) 誰其與歸(수기여귀)

펄펄 나는 저 꾀꼬리 암수가 정다운데
외로운 이 내 몸은 뉘와 함께 돌아갈까?

압록강을 건너면서부터는 조정에서 마중 나온 사신의 안내를 받으며 무사히 환국 행차를 마칠 수 있었다. 성대한 환영 행사가 연일 베풀어졌다.
"폐하, 여독은 좀 풀리셨사옵니까?"
"많이 좋아졌소. 모두 공의 덕이오."
"황공하옵니다."
"그래, 어인 일이오? 불편한 일은 없는 게요?"
"성은이 망극하옵니다. 소신이 오늘 폐하께 한 가지 소청이 있어 배알하게 되었사옵니다."
"소청이라…. 무엇이든지 말해 보시오, 변 공."
"고려의 강토를 한 바퀴 돌아보고, 민심도 살펴보고자 하옵니다. 윤허하여 주시옵소서."
변안열은 심양으로 돌아가고 싶지는 않았다. 할아버지의 나라에 오기까지 얼마나 그리워하고 마음을 졸였던가? 처음 와 본 할아버지의 고향 나라, 그 구석구석을 살펴보고 싶었다. 그리고 자신이 어떻게 쓰이는 것이 바람직할 것인가를 생각해 보는 시간을 먼저 가지고 싶었다.
"그렇게 하시오. 그러나 이 고려 땅을 돌아본 다음에 심양으로 돌아갈 생각은 하지 마시오. 공은 내 곁에서 나를 계속 도와주어야겠소. 앞으로 국사를 논함에 있어 경의 뜻을 자주 묻게 될 것이오. 그때를 대비하여 미리 산 지식을 쌓는다는 마음으로 이 나라 방방곡곡을 샅샅이 뒤져 보고 오시오. 특히, 백성들의 생활이 어떠한지, 백성들의 마음이 어디에 있는지를 살펴보고 오기 바라오. 잘 다녀오시오."

공민왕은 오랜 친구이기도 한 변안열에게 백성의 마음을 읽어 오라면서 이에 필요한 모든 것을 꼼꼼히 챙겨 주었다. 변안열은 다시 노국대장공주를 찾아 이 계획을 말씀드렸다.

"몸조심해서 다녀오시오. 나도, 공과 같이 이 나라를 한번 둘러보고 싶은 마음이야 간절하지마는 사정이 여의치 않을 것 같구려. 공이라면 믿고 의지할 수 있어서 참 좋은 기회인데 말이오. 그러면, 당분간 뵙지 못하겠구려. 부디 몸조심 하기 바라오. 그리고 혹시라도 내가 필요하거든 지체없이 알려 주오. 내 힘껏 공을 돕겠소."

"황공하옵니다. 마마의 큰 그늘에 의지하여 마음 놓고 잘 다녀오겠사옵니다. 부디 강녕하옵소서."

"그리고 이것은 얼마 되지 않지마는 노자에 보태시오."

"망극하옵니다."

충가와 부다시리가 말을 달리던 심양, 그 석양은 지금도 아름답게 불타오르고 있겠지. 노국대장공주는 변안열의 두 손을 잡았다. 아름답게 타오르던 심양의 석양을 등에 지고 눈앞으로 확 다가오는 어린 소년, 충가를 보았다.

변안열은 먼저 이소저의 할아버지인 이조년(李兆年)과 그 후손에 대하여 알아보았다. 이조년은 고려 원종 10년, 1269년에 출생하여 충혜왕 복위 4년, 1343년에 작고한 문신이요 시인이며 학자였다. 마침 그의 손자 이인임이 벼슬길에 올라 있었는데 이인임은 이소저의 둘째 오라버니가 되었다. 변안열은 이인임을 만났다. 심양에서 이소저를 만난 일이며 환국 중 변을 당하여 압록강 변에 묻혀 있다는 이야기를 전했다. 이인임은 이소저의 생김새와 할아버지가 이조년이라고 했던 말, 그리고 할아버지의 작품이라는 다정가(多情歌)를 즐겨 읊었고, 거문고를 잘 탄다는 등 여러 가지를 전해 듣고, 이 소저가 자신의 막내 누이동생임을 확신했다.

"제가, 이소저의 시신을 모셔 오겠습니다. 종중 선산에 유택을 마련해 주시겠습니까?"

"그렇게 하겠습니다. 그렇게 하고 말고요. 이렇게 마음 써 주시니 그저 감읍할 따름입니다."

변안열은 불청객의 화살에 맞아 전사한 그 군사와 이소저의 시신을 함께 개경으로 옮겨와서 각각 그 가족에게 보내 주었다. 그리고, 배행수장을 맡았던 자신이 영민하지 못하여 아까운 목숨을 잃었다고 탄식하며, 유족들에게 깊은 사죄를 드렸다. 특히, 군사의 유족에게는 위로금을 전달하기도 했다.

변안열은 두 사람의 시신을 운구하려고 개성과 의주를 오고 가는 사이에도 지형을 익히고 민심을 읽기에 소홀하지 않았다. 중원에서 명멸해 간 여러 왕조와 만주 지방에 기반을 두었던 변방국들과 고려의 통로가 되었던 행로는 그다지 험하지 않았다. 그러나 오랫동안 외침에 시달린 탓으로 백성들의 삶은 피폐할 대로 피폐했다. 변안열은 관(館)과 역참(驛站)을 경유하면서 많은 도움을 받았기에 어려움은 별로 겪지 않았다.

개성을 출발하여 청석동발소－대현－금천－의현－평산－차령－보산역－석우발소－안성발소－상차령－서흥－토교－산수원－봉산－동선령－황주－구현－중화－대동강－평양－순안－냉정발소－숙천－운암발소－안주－광통원－대정강－가산－효성령－정주－당아령－곽산－선천－철산－서림산성－용천－관진강－전문령 등을 경유하여 의주에 이르렀다. 의주에서 압록강을 건너면 책문에 이르고 책문과 심양 사이에는 동팔참(東八站)이라 하여, 변안열 일행이 환국했던 길과 계속 이어졌다.

여기서 눈여겨보아 두어야 할 곳이 바로 책문과 황주 그리고 몇 개의 강과 고개였다. 변안열은 책문까지만이라도 가 보기로 하고 길을 계속 따라갔다. 길은 험하지 않았으나 인가를 찾아보기 힘들 만큼 허허벌판이 펼쳐져 있었다. 왕을 모시고 환국 행차를 이끌고 온 길인데도 낯설어 보이기만 했다. 환국 행차 시에는 변안열이 잔뜩 긴장하고 있었기 때문이 아닐까 싶기도 했다. 마침, 드물게나마 책문으로 드나드는 상인을 가끔 만날 수 있어 그나마 다행이었고 안심이 되었다.

압록강과 책문 사이 구현성 벌판에서 천막(Ger)을 치고, 옹기종기 화톳불을 피워 추운 날씨에 얼어붙은 몸을 녹이던 환국 시의 숙영 장면이 떠올랐다. 그때는 추위도 잊었던 것 같다. 임금과 왕비를 모시고 행차한다는 막중한 책임감 때문이었을 것이다. 그러나 지금 다시 생각하니, 하나의 작은 마을을 이루고 살다가 온 것 같은 환상에 젖는다. 지금은 이 세상에 없지만 이소저와 바짝 붙어서, 새하얀 눈으로 덮인 광활한 들판 위로 쏟아지는 달빛 속에서, 다정가를 함께 부르던 그때가 눈앞에 어른거려 감회가 더욱 깊었다.

산해관은 기자문 또는 고려문이라고도 불리는 관문인데, 압록강이 공식적인 국경이라고 한다면, 이곳은 실질적인 국경으로 인식되는 곳이며, 국경무역이 이루어지는 곳이다. 만주벌판 쪽에 자리 잡은 나라에서는, 책문을 중심으로 하여 산해관에서 철령을 거쳐 압록강 입구까지 경계를 설치하고 인마의 접근을 금지하며 나무 울타리를 세웠다. 사람이 출입하는 문을 별도로 내었으므로 책문이라는 이름이 붙었다고 한다. 인접하는 국가에서 독자적인 검문을 하기도 하는 곳이다.

변안열은 할아버지의 고향인 황주를 들려 보았다. 수소문 끝에 변 씨의 씨족이 터를 잡고 살던 흔적은 찾을 수 있었으나, 이미 반백 년도 훨씬 넘어 할아버지가 말씀하시던 그런 고향이 아니었다. 몇몇 자손들이 남아 있기는 했으나 대부분이 할아버지를 기억하지도 못했으며, 느닷없이 불쑥 나타나서 같은 핏줄이라고 우겨대는 이 낯선 사람을 반겨 주는 사람은 아무도 없었다.

황주는 더 이상 변안열이 동경하던 할아버지의 고향이 아니었다. 십 년이면 강산도 변한다는 말이 그냥 있는 것이 아니다. 너무나도 당연한 현실 앞에서 변안열은 무거운 발길을 돌릴 수밖에 없었다. 문득 당나라 시인 하지장(賀知章)의 시 한 수가 떠올랐다. 회향우서(回鄕偶書)라는 시다.

少小離家老人回(소소이가노인회)
鄕音無改鬢毛催(향음무정빈모최)
兒童相見不相識(아동상견불상식)
笑問客從何處來(소문객종하처래)

젊어서 집을 떠나 늙어서 돌아왔네,
고향사투리 여전하지만 귀밑머리는 희끗희끗,
집안 아이들도 날 알아보지 못하고,
웃으면서 물었다네 어디서 온 뉘시냐고.

　한가한 마음으로 산천경개를 완상하며, 세상인심도 살피러 나선 길이라서 바쁘게 서두를 이유가 없었다. 급할 때는 향리들의 도움을 청하면 되었으니 이 또한 얼마나 편한 여행인가? 그러나 국토의 이곳저곳을 둘러보면 볼수록 변안열의 마음은 바빠지기 시작했다. 살아온 세월은 비록 얼마 되지 않았지만, 나라 사정이 이처럼 눈 뜨고 보기 힘들 정도일 것이라고는 미처 상상도 못했던 것이다. 그러나, 그럴수록 한 가지라도 더 보고, 백성들의 소리 한마디라도 더 듣기 위하여 바쁜 걸음을 옮겼다.
　북방 변경을 둘러본 변안열은 발길을 하삼도로 옮겼다. 겨울의 한복판이라서 바람결은 맵고 차가웠다. 심양에서 시베리아 설한풍을 맞으면서 자라난 변안열이라 남쪽 지방의 겨울은 견딜만 했다. 서쪽 지방은 몇 줄기의 큰 강이 서해로 흘러들면서 유역에 농경지를 적시고, 평지에 올망졸망한 취락을 형성하며 식수를 제공하고 있었다. 곡창지대인지라 먹거리가 풍족할 것 같았으나 오랜 병란과 외침, 특히 왜구의 침탈로 생활이 궁핍하기는 다른 지역과 마찬가지였다. 더욱이, 전란에 징집되어 건장한 남정네들은 찾아보기가 힘들었고, 가는 곳마다 늙은이와 아이들과 아녀자들 뿐이었다. 노동력 부족 현상이 뚜렷했다.

국토의 동쪽 지방은 큰 산줄기가 남북으로 길게 누워 있고 갈비뼈 같은 작은 줄기가 주로 서향하며 흐르는데, 산줄기의 동쪽 면은 기울기가 급했다. 농경지가 발달할 조건이 못 되었다. 토산물의 부족은 보다 더 강인한 생활력을 필요로 했고 공격적인 성품을 지니게 되었다. 다행스럽게도 남북으로 길게 누워 있는 산맥을 따라서 낙동강이 유역에 기름진 농경지를 이루면서 남쪽으로 흘러가고 있었다. 그 강줄기를 따라서 예닐곱 개의 부족국가가 형성되어 한때는 철기문화의 꽃을 피우기도 했다.

내륙지방의 사정이 이와 같은데 서해, 남해, 동해를 둘러싸인 삼 면의 어민들은 어떠한가? 그들 역시 그 한계를 벗어나지 못하고 있었다. 시도 때도 없는 해적들의 빈번한 출몰은 대소탕전으로 이어졌고, 그 와중에서 백성들이 치러야 하는 희생은 너무나도 큰 것이었다. 특히, 진도를 중심으로 한 몇몇 섬은, 몽골족, 그러니까 원나라의 침략에 끝까지 대항하던 삼별초의 난이 평정된 지 오래지 않은 탓으로 민심까지 흉흉했다. 섬나라 제주 또한 다를 바 없었으니 변안열이 둘러본 고국의 속살은 갈갈이 찢겨진 상태로 방치되어 있었던 것이다. 무거운 가슴을 안고 국토 일주의 대장정을 마친 변안열은 이제 그 마지막 순회지인 강화도로 발길을 돌렸다.

한양에서 출발한 변안열은 해가 질 녘에야 이곳에 도착하여 가까스로 염하강을 건널 수 있었다. 심신이 모두 지쳐 있었지만 마침 초저녁 달빛이 대낮같이 밝아 변안열은 한곳에 그대로 머물러 있을 수 없었다. 가까운 곳에 고려 궁터가 있고 멀지 않은 곳에 연미정이 있는데 풍광이 일품이라고 객주 집 주인 아낙이 호들갑을 떤다. 이른 저녁 식사를 마치고 술도 한 잔 곁들인 다음에 변안열은 주인 아낙이 일러준 대로 언덕 같은 산길을 올랐다.

연미정에 올라 동쪽을 바라보니 김포와 한강 하류가 한눈에 들어오고, 북쪽을 바라보니 개성이 아스라이 바라보인다. 어디 그뿐인가? 연미정에서는 연미정에서나 즐길 수 있는 소리와 가락이 있었다. 그중 하나가 조강이 바다로 뛰어들 때 얽히면서 요동치는 소리, 숭어 떼가 수면을 박차고 뛰어오르는 소리는 손 익은 장고잡이가 휘몰아치는 중모리장단 같기도 했다. 멀리 개성이나 한양에서 배를 타고 몰려온 한량들이 이곳에서 풍류를 즐기며, 어부들의 시선뱃노래 가락을 즐기는 것 또한 여간 흥겨운 일이 아니었으리라. 시선배란 물고기나 땔감 따위를 육지로 내다 팔던 상선인데 그 뱃사람들이 부르는 노래는 이곳 연미정 앞바다에 이르러 절정을 이룬다고 한다. 아니나 다를까, 그 노랫가락이 해풍에 실려 이곳 연미정까지 들려 오고 있었다.

    어거차닷차 닻감아미고 엥평바다로 죄기실러간다
    (뒷소리) 에~에헤 에헤야 어 어그여 어~어 에헤에헤 에헤요

    어허 명복을 빌었소 어허 명복을 빌었소
    장군님 전에다 명복을 빌었소

비임자네 아주매 거동을 보소
약주술 동이를 들쳐 이고 다리발 밑에서 엉덩이춤 춘다
간다 간다 나는 가 엥평바다로 죄기실러 간다
날물 따라서 날오는 조기 들물 따라서 날오는 조기
우리 유덕선 다잡아낸다
오동추야 달 밝은데 죄기 잡이가 재미가 난다
올라가는 시선배 내려오는 당두리배 우리배 꽁무니를 다둘러 섰다
나갔던 유덕선 들어 오드니 강화일경에 돈풍년 들었다

 변안열은 강화도를 한 바퀴 휙 돌아보고 싶었으나, 몸이 너무 피곤함을 느끼고 그 이튿날 염화강을 다시 건너 개경으로 돌아왔다.
 고려의 구석구석을 돌아보고 개경으로 돌아온 변안열은 여독도 풀 겸 개성을 품고 있는 송악산(松岳山)을 올랐다. 송악산 북쪽에는 천마산과 박연폭포가 있고, 남쪽으로는 진봉산과 용수산이 솟아 있다. 남쪽 기슭에는 만월대(滿月臺), 산 동쪽 기슭에는 자하동(紫霞洞), 서쪽 기슭에는 광명사정(廣明寺井)의 명승지가 있다.
 개경이 한눈에 들어온다. 송악산의 넓은 품속에 안겨 오백 년 도읍지로 위용을 떨쳐 온 개경, 그 개경이 지금 변안열의 발아래에서 지는 해의 마지막 열사(熱絲)를 받으며 산 그림자 속으로 서서히 묻혀들고 있다. 변안열은 뭐라고 형언할 수 없는 야릇한 기분에 취해 든다.
 산을 내려, 궁성으로 돌아오는 길목에서, 해지는 줄도 모르고 놀고 있는 한 무리의 아이들과 만난다. 더러는 제기를 차고, 한쪽에서는 여자아이들이 널을 뛰고 있다. 해가 지는데도 아직 하늘

높이 올라가 날고 있는 연을 바라보면서 신나 하는 아이들도 있다. 그런데 해가 산 너머로 숨어들 무렵, 또 한 무리의 아이들이 모여들었다. 움막 같은 것을 짓는데, 작업은 금방 끝났다. 드디어 밝고 큰 달이 둥실 떠오른다. 어둠이 채 들기도 전에 세상은 다시 대낮처럼 밝아졌다. 그와 동시에, 애써 지은 움막에다가 아이들이 불을 지른다. 삽시간에 활활 타오르며 달빛보다 더 환하게 세상을 밝히면서 제 몸을 아낌없이 태운다. 그 주위를 뛰고 도는 아이가 있는가 하면, 어느새 몰려든 아낙들은 두 손을 모아 무엇인가를 빌기 시작한다. 알아보니 오늘이 정월 대보름날이라고 한다. 그래서 달집을 짓고 다시 태우는 것이라고 한다. 저 아낙들은 대체 무슨 소원을 빌었을까?

며칠이 지나자 이제 여독도 풀린 것 같아 변안열은 공민왕과 노국대장공주를 찾아뵙는다. 노국대장공주의 처소에서였다.
"마마, 강녕하옵니까? 왕비마마께옵서도 강녕하셨사옵니까?"
"잘 다녀왔소? 변 공. 그래, 순행 길에 어려움은 없었소?"
"성은을 입은 몸이온데 무슨 어려움이 있었겠사옵니까? 무탈하게 잘 다녀왔사옵니다."
공민왕과 노국대장공주 그리고 변안열은 주안상을 차려 놓고 밤이 이슥하도록 이야기꽃을 피웠다. 공민왕과 노국대장공주가 번갈아 가면서 변안열이 국토 일주로 살핀 민심과 나라의 실정 그리고 변안열 자신의 소견 등을 묻고 변안열은 이 물음에 대답을 올리는 형태로 진행되었다. 변안열의 국토 순례기는 밤이 이슥해서야 그 끝이 보였다.

"그래, 노고가 컸구나. 그런 만큼 좋은 공부도 된 것 같아서 내 기분이 좋다. 참, 한 가지 물어볼 말이 있다. 늦었지만 오늘 마저 듣기로 하자."

"무슨 말씀입니까?"

"내, 진즉부터 생각하고 있던 일인데, 너는 다시 심양으로 돌아갈 생각이냐?"

"…"

공민왕의 물음에 변안열은 금방 대답하지 못한다.

"어찌, 망설이는 눈치구나. 어렵게 생각하지 말고 솔직하게 말해 보아라. 심양으로 다시 돌아가고 싶은 게냐?"

"그건 아직 깊이 생각해 보지 못한지라…."

"그래? 어찌 쉽게 결정을 내릴 수야 있겠느냐? 내 다 이해한다. 허나, 나는 너의 답변을 꼭 지금 듣고 싶다. 잠깐씩이나마 한두 번은 생각을 해봤으리라고 믿는다. 지금 답변을 해라."

"그래요, 충가 오라버니. 나도 무척 궁금하던 참이요. 나도 같이 들을 수 있게 지금 대답해 주시지 않으려오?"

왕과 왕비가 느닷없는 화두를 던져 놓고 미처 생각을 다듬을 틈도 주지 않은 채 다그친다.

"며칠만이라도 말미를 주세요, 형님."

"말미는 무슨 말미. 내가 이렇게 궁금해하는데 오라버니는 꼭 뜸을 들였다가 대답을 해야 겠어요?"

성미 급한 노국대장공주가 불만이라는 표정을 지으며 재촉한다. 노국대장공주는 늘 그랬다. 성미도 급하지만 고집도 여간 아니다. 그런 점에서는 공민왕보다 더하면 더했을 것이다. 심양에서 같이 뛰어놀던 부다시리가 개성에서라고 성품이 변할 까닭은 없다. 변안열은 덫에 걸린 짐승처럼 빠져나갈 도리가 없음을 잘 안다.

"그럼 한 말씀 여쭈워도 되겠어요?"

"좋다, 무슨 말이든지 어려워 말고 물어보아라."

변안열은 정색을 하며 군신 간의 예로 질문을 한다.

"두 분 마마께옵서는 소신이 심양으로 돌아가고 싶다고 여쭙는 다면 허락하시겠사옵니까?"

"…"

"…"

이번에는 공민왕과 노국대장공주의 말문이 막힌다.

"윤허하시겠사옵니까?"

변안열이 답변을 재촉한다. 왕과 왕비 또한 변안열의 성미를 잘 알고 있는 터라, 굳이 에둘러 말하지 않고 대답한다.

"안 되오. 변 공을 결코 심양으로 돌려보내지 않을 것이오."

"나도 같은 생각이오, 변 공을 돌아가게 그저 놔둘 수는 없소. 우리 곁에 남아서 우리를 지켜 주시오. 우리는 죽마지우가 아니오? 돌아갈 생각이었다면 당장 접기 바라오."

노국대장공주는 감정이 격해지는 것을 숨기지 않고 말한다. 심양의 소녀 부다시리를 오랜만에 다시 보는 것 같았다.

"마마, 소신을 '충가'라고 한 번만 불러주시옵소서, 공주마마께옵서도 저를 옛날 심양의 그 '충가'라고 여겨 한 번만 불러주시겠사옵니까?"

"내 아우, 충가야!"

"네, 강릉부원대군 형님."
"충가 오라버니!"
"그래, 내 누이, 부다시리."

여기에 무슨 말을 더하겠는가? 개경의 밤은 그렇게 깊어 가고 있었다.

변안열이 심양으로 돌아가기를 포기한 것은 공민왕과 노국대장공주의 간곡한 만류도 있었지만, 사실은 호위군 배행수장이 되어 심양을 떠나올 때 이미 마음을 굳힌 것이었다. 할아버지 변순이 꿈속에서도 그리워했던 고국, 그런 할아버지를 보며 자라난 아버지 변양은 말할 것도 없고, 심양으로 이주한 황주변씨 일가의 숙원이었기 때문이다. 더욱이 노국대장공주와는 철부지 시절부터 풋풋한 사랑을 키워 오던 사이였고, 금상인 공민왕과도 심양의 석양을 함께 보고 자랐으며 청석령 험한 고개를 넘어 생사를 함께 해 온 사이가 아닌가?

"변 공"
"네, 마마"
"고맙구려. 내 그럴 줄 진즉 알고 있었소. 공은 내 곁을 떠날 수 없을 뿐만 아니라, 심양의 철부지 소녀, 부다시리의 곁에서도 결코 떠날 수 없다는 것을 나는 잘 알고 있었다오. 지금은 군신관계가 되었지만, 나는 앞으로 변 공을 만날 때는 이 용포를 벗고, 심양의 소년 충가와 이국의 하늘 아래에서 외로움을 달래야 했던 바얀 테무르가 친구이자 형제이던 시절로 돌아가 보려고 하오. 변 공의 뜻은 어떻소?"

"황공하옵니다. 그저 감읍할 따름이옵니다."

그때 노국대장공주가 공민왕과 변안열이 나누는 대화의 틈새를 비집고 끼어든다.

"아니, 나를 따돌려 놓고 두 분께서만 꽃구름을 타고 계시다니, 이래도 되는 것이옵니까?"

누구에게 하는 말이랄 것도 없다. 짐짓 토라진 표정을 지으며 공민왕과 변안열에게 고운 눈을 흘긴다.

"미안하구려, 이거 단단히 경을 치게 되었구려. 제발 부탁이오니 넓은 아량으로 용서해 주시옵소서, 중전마마."

공민왕이 장난끼 어린 어투로 분위기를 돌린다.

"마마께서 그러하시다니 내 이번만은 눈을 감겠사옵니다. 향후 다시는 나를 따돌리는 일이 있어서는 아니 될 것이옵니다. 부디 유념하옵소서, 마마."

"알겠사옵니다, 유념하다마다요. 뼈에 새기겠사옵니다. 중전."

이렇게 변안열이 심양으로 돌아가는 일이 매듭지어졌다. 공민왕과 노국대장공주 그리고 변안열은 두어 잔씩 술을 더 마셨다. 노국대장공주는 귀밑 볼이 달아오르는 데도 술 따르기를 멈추지 않는다.

"오늘 변 공이 이렇게 큰 선물을 나에게 주었으니 나도 그에 상응하는 보답을 해야 하지 않겠소? 중전."

"그럼요, 이보다 크고 값진 선물이 세상에 다시 있을까요? 보답도 아주 큰 보답을 하셔야 될 것 같습니다. 전하."

공민왕과 노국대장공주는 자기들끼리만 죽이 잘 맞아서, 변안열은 숫제 그림자 취급도 아니 하고 대화를 이어 간다.

"그래서 말이오, 변 공. 내가 오래전부터 변 공을 위해서 준비해 온 선물이 하나 있소, 사양치 마시기 바라오. 이 선물은 임금이 신하에게 내리는 선물일 수도 있지마는, 형이 아우에게 주는 선물이기도 하니 꼭 받아 주셔야겠소. 미리 약조를 해 주시구려. 꼭 받겠다고⋯."

공민왕이 갑자기 정색하며 나지막한 소리로 다짐을 한다.

노국대장공주도 자기는 이미 다 알고 있다는 표정을 지으면서 변안열과 눈길을 마주친다.

"어떤 선물이든지 감사하게 받겠사옵니다. 전하."

"고맙구려, 변 공. 그러면 수일 내로 다시 연락을 하겠소. 우선 나와 함께 다녀올 데가 있구려."

"선물은 언제 내리시려구요?"

성미 급한 노국대장공주가 답답하다는 듯이 재촉한다.

"워낙 좋은 선물이기에 주기 전에 다시 한번 살펴보고 싶소. 너무 재촉하지 마시오, 중전."

밤이 꽤 깊었고, 세 사람의 술기운도 많이 올랐다.

"소신은 이만 물러가서 분부를 기다리고 있겠사옵니다. 침수 편히 드시옵소서."

공민왕이 내리겠다는 선물에 대해서는 깜깜이가 된 채로 변안열은 그 자리를 물러 나왔다.

그리고 며칠이 지났다. 공민왕의 부름을 받은 것은 해가 뉘엿뉘엿 질 때였다. 저녁 식사를 하지 말고 오라는 전갈이었다.

"오늘은 나와 같이 가 볼 데가 있소. 잠깐 바깥 구경을 하고 오려는 것이니, 캐묻지 말고 따라오시오."

공민왕은 선비 차림으로 호위 무사 서너 명만 데리고 길을 나선다. 변안열도 선비 차림이다. 다만, 두루마기 안에 칼 한 자루씩을 숨겼을 뿐이다. 말을 타고 너덧 마장을 갔을 때에야 제법 크고 말끔한 기와집 대문 앞에 이르렀다.

"멈추어라."

일행은 모두 말에서 내렸다. 대문을 두드려 주인을 찾았다. 기다리고 있었다는 듯 깨끗한 의관을 정제하고 주인인 듯한 중늙은이가 직접 나와 대문을 열어 예를 올린다. 뒤를 따라 나온 식구들이 모두 예를 갖춘다. 아랫것들은 얼굴을 내밀지도 못하고 쭈뼛거리며 손님 일행을 훔쳐보고 있다. 임금님의 용안을 보는 영광은 평생에 두 번 누리지 못할 기회일 테니까, 이 기회를 누군들 놓치고 싶었겠는가. 설사 다음 날 주인어른이 경을 치더라도 말이다.

"어서 납시옵소서, 삼감마마."

미리 연통을 받은 것이다. 변안열은 공민왕을 따라 깨끗하게 단장된 너른 방안으로 인도되었고 호위 무사들은 밖에서 경계를 섰다.

방으로 들어서 임금을 맞이하는 예가 끝나고 자리를 잡아 앉은 다음 공민왕이 소개를 한다.

"이쪽은 추밀원사 원의(元顗)라는 분으로 나와는 외숙벌이 된다오. 이쪽은 내가 말하던 변 공이오. 원나라 심양 천호후 변양의 둘째 아들로 열여덟에 원조의 호방에 급제하고 형부상서까지 벼슬이 올랐는데, 내가 환국할 때 호위배행수장을 맡아 같이 왔다오. 인사들 나누시오."

그리고는 원씨 일가의 원로들을 소개한 뒤 주위를 물리고, 공민왕, 변안열, 추밀원사 세 사람만이 남게 되자 공민왕이 입을 열었다.

"변 공, 오늘 아주 귀한 분을 소개하려고 하오. 미리 말해 주지 못한 점 이해해 주시오."

공민왕이 눈짓을 하자 추밀원사가 딸을 불러왔다.

"상감마마이시다. 예를 올리거라. 우리 집안과는 외척 간이니라."

추밀원사의 딸, 원소저가 나비처럼 예쁜 절을 올려 예를 갖춘다.

"이쪽은 변안열 원나라 형부상서 님이시다. 상감마마를 모시고 원나라에서 함께 환국하셨단다. 형부상서, 이 아이는 제 딸아이옵니다."

원소저는 다시 큰절을 올려 예를 갖추고 조용히 뒷걸음질로 그 자리를 물러났다.

"참으로 고운 딸을 두셨군요. 덕성스럽게 생겼구요. 변 공이 보시기에는 어떠하오?"

공민왕이 변안열을 돌아보며 '내 말이 맞지?'라고 압박하는 눈짓을 준다.

"소신도 그렇게 생각하옵니다, 마마."

변안열의 얼굴이 잠깐 붉어졌다. 술잔은 겨우 두어 순배 돌린 뒤라서 술기운 탓은 아니었을 것이다.

"곱게 보아주시니 그저 감읍할 따름이옵니다. 애써 가르친다고는 했사오나, 미숙하기 이를데 없는 아이옵니다."

원의의 집안은 본관이 원주로서 운곡 원천석(耘谷 元天錫)이라는 시인을 배출한 집안이다. 운곡은 고려 말에 정용별장(精勇別將)을 지낸 열(悅)의 손자, 종부시령(宗簿寺令)을 지낸 윤적(允迪)의 아들이다. 시집 '운곡시사(耘谷詩史)'를 남겼다.

세 사람은 주안상을 사이에 두고 앉아 세상 돌아가는 이야기를 나누다가 자정이 다 되어서야 자리에서 일어섰다. 변안열은 공민왕의 침소까지 배행했다. 그때까지 노국대장공주가 침수 들지 않고 그들을 기다리고 있었다.

"어찌 되었사옵니까? 마마"

공민왕이 자리에 앉기가 바쁘게 노국대장공주가 묻는다. 오늘 원씨 가문의 규수를 대면한 양측의 반응이 궁금했던 것이다. 특히, 변안열의 마음이 그 규수에게 꽂혔는지가 궁금했다.

"허허, 눈치 없기는⋯. 변 공의 얼굴에 큰 글씨로 씌어 있지 않습니까?"

공민왕은 즉답을 피한다.

"변 공, 원씨댁 규수가 마음에 들었소? 답답하오, 어서 대답해 주시오."

노국대장공주의 목청이 높아진다.

"중전마마께옵서 하신 일인데 그 결과야 당연히 좋지요, 망극하옵니다. 중전마마."

변안열은 에둘러 대답을 올린다.

"그렇다고 그렇게 노골적으로 티를 내는 것은 또 뭐요, 좀 아닌 척하면 아니 되오? 입이 귀에 걸렸네, 귀에 걸렸어."

노국대장공주는 심술이라도 부리고 싶다는 기세다.

"그렇게 보이십니까? 그렇다고 너무 허물치는 마옵소서, 마마."

변안열은 쑥스러워하기는커녕 활짝 밝아진 얼굴이다. 세 사람은 큰 소리를 내며 함께 웃는다. 변안열의 혼인은 일사천리로 진행되었다. 공민왕과 노국대장공주가 서둘러 준 덕이다.

비록 할아버지의 나라, 고려에다 뿌리를 내리는 일이었지마는 변안열에게는 혼사를 주관해 줄 사람이 없었다. 황주 땅에 아직 조상의 흔적이 남아 있고 씨족들이 살고 있다고는 하지만, 어느 하나 아는 얼굴이 없었고, 마음 풀어 놓고 상의할 사람도 없었다. 오로지 공민왕과 노국대장공주만이 형님 내외가 되어 일을 처리해 주었다.

변안열은 외로웠다. 고국이라고는 하지만, 사고무친한 처지이다. 더군다나 아직 스무 살도 되지 않았고, 집을 떠나 살아 본 적도 없는 사회 초년병이다. 그러한 그가 열아홉 살 어린 나이에 결혼을 하게 되었고, 인생길 함께 가 줄 동반자를 맞이한 것이다. 해가 질 무렵 집으로 들어오면 아름다운 색씨가 정성스런 밥상을 손수 차려 왔다. 어디 그뿐인가, 아직은 기승을 부리고 있는 동장군에 쫓길 때면, 아랫목 이불 밑에서 그 보드라운 몸으로 변안열의 가슴 속까지 녹여주며 곁을 지켜주니, 무릉도원이 따로 없었다. 별빛이 총총거리는 밤이면 곡주 한 잔 따라 올리며, 권주가를 읊어, 멀리 심양으로 달리는 향수를 달래 주기도 했는데, 만당(晩唐)의 우무릉(于武陵)의 시 권주가(勸酒歌)도 그중의 하나였다

權君金屈巵 (권군금굴치)　滿酌不須辭 (만작불수사)
花發多風雨 (화발다풍우)　人生足別離 (인생족별리)

낭군께 권합니다, 귀 달린 금 술잔을
가득 따르겠사오니 사양치 마옵소서.
꽃 피면 비바람도 심하게 분다지요?
인생 백 년이라지만 이별 없는 날이 얼마나 될까요?

원 씨 부인의 권주가가 끝나자 변안열의 답가가 뒤따랐다. 이번에는 도연명(陶淵明)의 산중문답(山中問答)이다. 두 사람에게는 노래를 풀어서 말하는 것은 새삼스러운 일이 되었다. 그만큼 시문에 통달해 있음을 뜻한다.

問余何事 捿碧山 (문여하사 서벽산)
笑而不答 心自閑 (소이부답 심자한)
桃花流水 杳然去 (도화유수 행연거)
別有天地 非人間 (별유천지 비인간)

그대에게 묻노니 어이해 산에 사나
웃고 대답 않으니 마음은 한가롭다
복숭아꽃 시냇물에 아득히 흘러가니
정녕 다른 천지라, 인간 세계가 아니로다.

변안열은 고려에 따로 가족이 없었기 때문에 신부가 신행(新行)을 갈 곳이 없었다. 그래서 공민왕과 노국대장공주를 시댁의 본가 삼아 두 분을 배알하는 것으로 신행을 대신했다. 그리고 신랑과 신부가 친정에 근친(覲親)을 다녀왔다. 원주원씨의 친정은 개경에 있었으나, 원주까지 가서 조상 묘소에 혼인하였음을 신고한 것이다.

그리고 공민왕은 처향(妻鄕)인 원주에 변안열을 사적(賜籍)케 하였는데 이로써 변안열은 원주에 뿌리를 내리게 되고 원주변씨(原州邉氏)의 시조가 되었다. 유념할 것은 성 씨를 한자로 표기할 때는 갓변(邊)자가 아닌 성변(邉)자를 써야 한다는 사실이다. 변안열이 원주변씨의 시조가 되기 이전의 혈통을 보면 황주변씨 및 장연변씨와 같은 혈통이었는데 황주변씨와 장연변씨가 모두 성씨를 한자로 표기할 때 갓변자가 아닌 성변자로 표기하였기에 원주변씨 또한 이에 따르는 것이 합리적이기 때문이다. 따라서 대은 변안열은 한자로 大隱 邉安烈로 표기해야 옳다는 것이다.

변안열의 처가인 원주원씨의 중시조 원천석(元天錫)은 1330년 충숙왕 17년에 출생하여 진사가 되었고, 조선조 태종 이방원을 가르친 적도 있었으나, 벼슬에 흥미를 잃고 치악산에 들어가 농사를 지으며 부모를 봉양하고 살았다. 목은 이색(牧隱李穡)과 교류하며 칠봉서원(七峯書院)을 세우고 후학을 기르며 유학의 발달에 힘쓰기도 했다.

원천석은 말년에 야사(野史) 6권을 썼고, 운곡시사(耘谷詩史)에 많은 시를 남긴 분으로 우리민족의 전통시가인 시조(時調)도 두 수를 남기고 있다.

興亡(흥망)이 有數(유수)하니 滿月臺(만월대)도 秋草(추초)로다.
五百年(오백 년) 왕업이 牧笛(목적)에 부쳤으니
夕陽(석양)에 지나는 客(객)이 눈물겨워 하노라.

눈 마자 휘어진 대를 뉘라셔 굽다튼고
구블 절(節)이면 눈 속에 프를소냐
아마도 세한고절(歲寒孤節)은 너쑌인가 ᄒ노라

첫 번째 노래는 세월의 덧없음을 노래한 것이고 두 번째 노래는 고려왕조에 대한 충성심을 노래한 것이다. 이 두 수의 시조와 대민음(代民吟)이라는 한시는 고려와 조선의 왕조교체기 백성들의 피폐한 삶을 노래한 시로 유명하다. 물론 이 시조와 한시는 시대 차이의 문제는 있지만 원천석의 인품을 잘 나타내 주고 있어 시간을 앞으로 당겨서 미리 감상해 보는 것도 의미 있는 일이라고 여긴다.

生涯寒似水(생애한사수)	賦役亂如雲(부역난여운)
急抄築城卒(급초축성졸)	兼抽鍛鐵軍(겸유단철군)
風霜損和稼(풍상손화가)	縷雪弊衣裙(누설폐의군)
未忘妻孥養(미망처노양)	心煎火欲焚(심전화욕분)

생애는 물처럼 차갑기만 하고	부역은 구름인 양 헝클어졌네
성 쌓는 졸개들 급히 뽑더니	대장장이도 함께 징발하네
바람과 서리가 농사일을 망치고	줄곧 내리는 눈에 옷마져 해졌네
처자 부양하는 일을 잊을 수 없어	마음이 조급해 불타 들어가려 하네.

심양에서 이조년의 손녀를 만나고, 다시 개경에서 원천석의 혈족과 만났는데 두 쪽 모두 문학적 소양이 풍부한 집안으로서, 변안열 시심의 불씨를 꺼뜨리지 않게 해서 좋았다.

변안열은 원나라로 돌아가지 않고 할아버지 나라에서 다시 뿌리를 내리기 위해서는 고려에 대한 이해의 폭을 더 넓혀야겠다는 생각을 한다. 그래서 변안열은 부인 원 씨의 의향을 물어서 고려를 이해하는 공부를 당면과제로 삼기로 했다. 그러나, 시국이 평화롭지 못한지라, 주변의 눈을 의식하지 않을 수 없었으니 참 난감한 일이기도 했다.

"저의 집안에 먼 친척뻘 되시는 분이 계시는데 천자(天) 석자(錫)를 쓰시는 운곡 어른께 가시어 사사하심은 어떠신지요? 처가에 왔다가 잠시 쉬어 가게 되었다는 구실을 붙인다면 크게 소홀함이 없을 것 같사옵니다."

부인 원 씨의 말이 타당하다고 생각했다.

"그렇군요, 그리고 내가 변 씨의 중시조로 원주변씨(原州邊氏)를 사적(賜籍)을 받은 터이니, 그 핑계를 함께 대어도 좋겠구려. 그러나, 그 어른께서 저와의 면담을 허락해 주실는지 모르겠구료."

"허락해 주실 것입니다. 다만, 지내기가 어려운 형편이니 곡식이라도 좀 준비하여 인사차 들렸다고 하며 길을 여는 것도 괜찮은 방법일 것 같습니다마는….",

변안열은 처가와 본인이 사적(賜籍)을 받은 원주를 다시 한번 더 돌아보고 오겠다고 공민왕께 주청하여 윤허를 받고 원천석을 찾아갔다.

마침 원천석은 칠봉서원(七峯書院)을 세우고 후학을 가르치고 있었다. 변안열은 낮으로는 주변 경관을 살펴보고, 저녁이 되면, 운곡과 더불어 세상 돌아가는 이야기, 특히 원나라와 고려 사이의 국제관계와 양국의 문화교류 및 그로 인해 파급되는 현안 문제점 등을 토론하는 시간을 가졌다. 먼저 고려국 왕족의 혈통과 정치사적 흐름과 원나라를 비롯한 중원과의 관계를 통시적으로 살펴보고 향후의 국제정세를 점쳐 보는 시간을 가졌고, 이어서 대륙국과 고려국과의 문화교류를 통한 양자 간의 변화 양상을 짚어 보았다.

민족혼이 얼마나 살아 있느냐에 따라 그 민족을 바탕으로 하는 국가의 운명이 결정되기 때문에, 이 부분은 정치적인 측면 못지않게 무거운 비중을 차지하는 것임을 변안열은 잘 알고 있었다.

고려 500년사는 국권을 지키기 위해 주변국들과 화전 양면의 교착 관계를 유지하며 다양한 교류를 펼쳐 온 역동적 과정이다. 특히 후반기에 강화도로 도읍까지 옮기는 국난 속에서도 29년에 걸친(1231~1259년) 몽골의 내침을 막아내고, 근 백 년(1259~1351년)의 원 간섭기를 슬기롭게 넘김으로써 몽골의 주변국 중에서 고려는 유일하게 나라의 자주권을 지켜냈다. 복잡한 환경 속에서 전개된 양국 간 교류는 그 내용이나 형식이 실로 다양하여 문명교류의 본보기 전시장을 방불케 한다.

고려인들의 29년 항몽전쟁은 몽골인들로 하여금 고려는 '비록 작은 나라지만 수십 년 동안 공격했어도 복속시킬 수 없는' 강한 나라로서 더 이상의 전쟁은 무모하다는 것을 깨닫게 했다. 물론 고려 쪽에서도 장기 전쟁으로 인한 피해가 이만저만이 아니었다. 그래서 양국 간에 마침내 강화 분위기가 조성되었다. 1259년 24대 원종은 태자 신분으로 송나라를 멸하고 원나라를 세운 세조 쿠빌라이를 찾아갔다.

이 만남에서 태자는 몽골이 고려의 풍속을 고치도록 강요하지 않겠다는 이른바 '불개토풍(不改土風)'이라는 약속을 받아낸다. 이 말은 단순히 풍속을 유지하는 데 그치지 않고, 그 풍속이 존재하는 고려의 왕실과 제도, 영토와 주민을 유지하는, 이를테면 왕조의 존재를 인정하는 사대관계로 폭넓게 이해되었다. 중국 왕조로 군림한 원제국의 세조 쿠빌라이는 중국의 전통적 외교정책인 사대관계를 표방했던 것이다. 그러나 '몽골 천하'를 꿈꾸는 원나라로서는 양국 관계에 대한 일시적 타협에 불과한 이 강화 약속에 만족할 리가 만무했다. 그래서 약속의 여운이 채 가시기도 전에 인질과 식량을 보내라느니, 군사 지원을 하라느니, 호구조사 결과를 보고하라느니, 다루가치를 설치하라는 등을 요구하면서 고려에 대한 간섭을 본격화했다.

이러한 난국을 타개하려고 원종의 아들인 충렬왕은 원 세조의 공주를 맞아들여 부마의 신세가 되었다. 하지만 구국의 일념으로 1278년 쿠빌라이를 찾아간 그는 협상 끝에 원의 주둔군과 다루가치를 철수시키고 조세 징수의 권한을 돌려받는 등 몇 가지 국권 회복 사항에 합의한다. 20년 전 원 세조가 부왕에게 한 '불개토풍'의 약속과 그 연장선상에서 고려의 존속을 보장받는 사대관계의 기조를 재확인한 것이다. 이렇게 원 세조 때 양국 간의 관계를 규제하려고 모색된 체제를 '세조구제(世祖舊制)'라고 한다.

이 '세조구제'는 향후 양국 교류 관계에 큰 영향을 미쳤다.

일반적으로 군사적 정복과 정치적 경략, 간섭은 일종의 강제적 행위이므로 이에 따른 교류는 대체로 일방적 강요에 의한 전통문화의 파괴나 동화 같은 역기능적 접변을 낳는 것이 상례다. 그러나 적어도 '불개토풍'이나 '세조구제' 같은 사대관계의 기조를 대의명분으로 한 이상, 고려와 원나라 간에는 역기능적 접변과 더불어 전통문화와 융합하는 순기능적 접변도 공존했다. 이 사실은 문명 교류사에서 주목할 만한 사례로 역학관계에서 한때나마 수동적 입장에 설 수밖에 없던 고려가 오히려 전화위복의 기회로 삼아 능동적으로 대처한 데서 비롯된 것이다.

원은 고려로부터 인삼을 비롯한 특수 약재와 청자, 비단, 종이, 담비 가죽, 사냥매 등 진귀품을 조공의 명목으로 토색하고, 해마다 양곡을 징발해 갔다. 또 세자들을 인질로 잡아놓고 세뇌 교육을 시킬 뿐 아니라, 세조의 딸을 비롯해 모두 7명의 황실 공주를 고려왕의 비로 삼게 했으며, 왕에게도 몽골식 이름을 쓸 것을 강요했다. 관직 이름에서도 부대를 '애마', 역체관을 '탈탈화손', 상관을 '나연'이라고 하는 따위의 몽골식 직명이 난무했다.

양국 간 인적 교류에서 특이한 것은 고려 여자를 진공하는 이른바 '공녀(貢女)'다. 원 세조 쿠빌라이는 충렬왕에게 보내는 조서에서 고려와 원은 이제 한 집안이 되었으니 통혼해야 한다고 강조하면서 태조 칭기즈칸이 13개국을 정복했을 때 그 나라들이 다투어 미녀를 바쳤다고 하면서 은근히 양국 간의 통혼과 공녀를 종용했다. 정사에 기록된 것만도 간섭기의 약 80년 간 원으로부터 '처녀 진공 사신'이 50여 차례나 고려에 와서 해마다 약 150

명의 여자를 징집해갔다. 수시로 뽑아간 여자는 부지기수다. 순결성과 정조 관념이 유달리 강한 고려 여인들에게 공녀는 참을 수 없는 치욕이었다. 징발 사신이 한번 오면 나라가 소란하여 목매달아 죽는 자가 속출했다. 공녀를 피하려고 조혼하고 여아를 숨기는 등 난데없던 폐습이 창궐했다.

원에 끌려간 공녀는 대개 원의 황제나 황후, 황족의 궁인이나 시녀가 되었다. 원 말에는 궁중의 급사나 시녀는 태반이 고려 여성이었으며, 지방관까지도 고려 여성을 처첩으로 거느렸다. 그러나 모든 공녀가 이런 비운에 빠진 것만은 아니었다. 순제의 정비가 된 기황후처럼 일세를 풍미한 여걸도 있었다. 그래서 원나라 천지에 고려식 복식과 음식, 기물이 유행하게 되었는데, 이를 두고 고려양(高麗樣) 또는 고려풍(高麗風)이라고 했다. 물론 공녀들이 고려풍을 일으키는 데 한몫을 한 것은 사실이지만, 원에 유입된 선진 고려문물도 그 선양에 중요한 몫을 담당했다.

원 세조는 고작 세금이나 거두고 시나 읊조리는 한인들보다 고려인들이 기술 면에서 낫고 유학경서에도 능통하다고 찬사를 보내면서 고려국 유학제학사를 설치해 고려 유학을 전문적으로 연구하도록 했다. 충선왕은 원나라 수도에 만권당이란 학당을 열어 두 나라 석학들이 만나 학문교류를 하는 장으로 만들었다. 원에 고려의 뛰어난 불전 사경본이 수출되고, 명의사 설경성(薛景成)이 원나라 세조와 성종의 병을 고쳐주었으며, 고려의 바둑 고수들이 초빙된 사실은 선진 고려문물의 전파를 말해 준다.

이 고려풍에 대해, 고려에 들어와 유행한 몽골의 여러 이색풍속인 이른바 몽골풍도 기세가 만만치 않았다. 몽골풍은 주로 복식과 음식, 언어 등 생활문화 영역에서 일어났다. 대표적인 것으로 철릭이 있다. 원래 고려인들은 웃옷과 아랫도리를 하나로 잇고 소매가 헐렁한 포를 입었는데, 이때부터 웃옷과 아랫도리를 따로 재단하여 이어 붙이고 아랫도리에 주름을 많이 잡아 활동에 편한 몽골식 철릭이 유행했다. 상투 대신 정수리부터 앞이마까지 머리를 빡빡 깎고 가운데 머리카락은 뒤로 땋아 내리는 이색적인 개체 변발도 일시적으로 선보였으며, 신부의 뺨에 연지를 찍는 풍습도 몽골에서 들어온 것이다. 먹거리에서도 원래 불교국가인 고려는 육식을 꺼렸으나, 유목민 출신 몽골인들이 들어오는 바람에 고기소를 넣은 만두 같은 고기 음식을 접하게 되었으며, 설렁탕도 양을 잡아 대강 삶아 먹는 몽골의 슐루라는 음식에서 유래했다는 설이 있다.

우리말로 굳어져 버린 낱말들에서도 몽골어의 잔재를 찾아볼 수 있다. 왕과 왕비에게 붙이는 '마마', 세자와 세자비를 가리키는 '마누라', 임금의 음식인 '수라', 궁녀를 뜻하는 '무수리' 등은 주로 몽골 출신 공주들이 살았던 궁중에서 쓰이던 말들로 몽골어에 뿌리를 두고 있다. 벼슬아치나 장사치, 속어인 양아치에서 어미격인 ~치는 다루가치, 조리치, 화니치, 시파치 등 직업을 나타내는 몽골어의 끝 글자 ~치를 취한 것이다. 매와 말과 관련된 보라매나 송골매, 아질개말, 가라말 등도 몽골어에서 비롯된 것들이다.

몽골풍에 따라 한때나마 고려가 원나라 중심의 세계유통시장 구조에 편입된 것은 특기할만한 사항이다. 원에서 발행한 지원통행보초 같은 교초, 즉 지폐가 고려에서도 유통됨으로써 고려는 통일 통화에 의한 국제교역에 동참할 수 있었다. 이는 우리 역사에서 전무후무한 일이다. 이와같이 고려풍과 몽골풍으로 대변되는 고려와 원나라 간의 교류에서 우리는 비록 이질 문명이지만 생산적 융합이 이루어질 때, 문명 본연의 상부상조적 교류가 가능하게 되며, 문명은 모방성이란 근본 속성으로 인해 불개토풍 같은 인위적인 제어에도 무릅쓰고 사방으로 전파되고 필요에 따라 선택적으로 수용된다는 문명교류의 유의미한 원리들을 터득하게 되었다.

원천석은 변안열 같은 인재를 얻게 된 것을 고려국을 위하여 무척 다행스럽게 생각했다. 토론을 마치면서 다음과 같은 당부를 잊지 않았다.

"왕(王)씨로 세습되어 온 고려는 그 지정학적인 특수성 때문에 항상 외침에 시달려 왔고, 특히 몽골족인 원나라의 수탈과 반인륜적 수탈은 이런 지경까지 이르고 말았소. 국가의 존망이 경각에 달린 아주 위태로운 지경이란 말이지요. 이럴 때 변 공과 같은 인재가 나라의 기둥이 되어 굳건히 받쳐주고, 땅에 떨어진 왕권을 회복하는데 한 몸을 바쳐 주시기 바라겠소."

05
홍건적(紅巾賊)

　1351년 원(元)나라 혜종(惠宗) 19년, 고려 충정왕(忠定王) 3년, 충정왕이 원의 압력으로 강제 폐위되고 공민왕이 즉위한 해에 홍건적의 난이 일어났다. 원나라에서 가노에 의해 황하의 개수 공사를 하던 홍건적이 봉기한 것이다. 이때 한산동은 미륵불이라 자칭하며 민심을 선동했다. 그 뒤 한산동은 관군에게 붙잡혔으나 부하 유복통은 용케도 살아나 중원 각지를 노략질했는데, 그 무리가 무려 10만에 달했다. 이들은 머리에 붉은 수건을 둘렀기 때문에 홍건적이라는 이름이 붙었다.

　공민왕이 즉위한 당시 고려 주변의 국제정세를 보면 중국은 원·명 교체의 혼란기였고 일본은 둘로 쪼개진 남북조 시대였다. 당시 원나라는 한족의 반란인 홍건적의 난으로 몸살을 앓고 있었고 1354년에 원나라는 급기야 본인들이 정복했던 나라인 고려에 지원을 요청하였다. 이에 공민왕은 1354년 최영, 이방실, 안우, 김용, 정세운, 유탁 등을 지휘부로 한 병력 2천 명을 원에 파병하여 성공적으로 임무를 완성하였는데 이때 원나라의 국력이 쇠퇴일로에 있음을 알게 되었으며, 같은 해 공민왕은 최영을 보내 압록강 너머 원나라의 8참을 격파하고 파사부 등 3참을 점령하였다. 이 사건은 고려 시대 최초의 요동 정벌로 평가되고 있다.

홍건적 일당이던 주원장은 절강 심만삼의 도움을 받아 서수휘, 진우량, 장사성 등의 세력을 격파했다. 주원장은 남경을 근거지로 하여 다른 반란자들을 차례로 쓰러뜨리고 장강 유역의 화남을 통일하는 데 성공한다. 1368년 그는 난징에서 황제로 즉위하여 명나라를 건국하고 연호를 홍무라 정했으며, 스스로 홍무제가 되었다. 홍무제는 건국하자마자 북벌을 개시했고 원 순제는 대도를 버리고 북쪽으로 도망침으로써, 만리장성 이남의 중국이 명나라로 통일되었다.

이에 앞서 1357년 홍건적은 유복통의 인솔 아래 3개 군으로 나누어 북벌을 개시하여 초반에 큰 승리를 거두기도 했다. 그러나 원군의 반격과 내부 갈등으로 북벌은 좌절되었고 홍건적 일부는 중앙의 통제를 벗어나 독자적인 행동을 벌이기 시작했다. 이 과정에서 관선생과 파두반의 홍건적이 상도와 주변 지역을 함락시키기도 했다. 1359년 거점인 변량을 다시 원나라에 빼앗기면서 요동으로 이동했고 급기야 원군에게 쫓겨 같은 해 12월 홍건적 장수 모거경이 병력 4만을 이끌고 얼어붙은 압록강을 건너 의(義)·정(靜)·인(麟)·철(鐵)의 4주(州)를 함락시키고 이어 서경을 점령했다. 이에 1360년 음력 1월 하순, 고려군은 안우, 이방실, 최영 등이 지휘하는 2만의 군사로 서경 탈환을 시도했다. 이 싸움에서 비록 고려군 사상자가 1천여 명에 달하기는 했지만, 홍건적은 수천 명의 전사자를 내고 서경에서 북쪽의 용강과 함종 방면으로 퇴각했다. 그 뒤 수군으로 황해·평안도의 해안지대를 산발적으로 노략질하다가, 1361년 10월, 원나라의 대대적인 공세에 밀리게 되었고, 홍건적은 하북 지방의 퇴로가 차단되자, 20만 대군을 이끌고 고려로 제2차 침입을 해 왔다. 조정에서는, 이방실 등 제 장을 출전시켜 대전하였으나 역부족이었다. 전세는 빠른 물결을 타고 불리하게 전개되고 있었다. 금세 서경이 함락되고 개경이 위협을 받는 지경에 이르렀으며, 홍건적이 지나가는 곳마다 약탈과 겁탈, 방화로 고려국토가 유린 되었다. 2차 침입 때는 1차 침입 때와는 달리, 왕의 몽진이 논의되기에 이르렀다. 이에 공민왕은 문무 대신들을 긴급 소집했다.

"홍건적이 물밀듯이 침입해 오고 있소. 비록 중원에서 쫓겨 오는 도적 떼라고는 하지만, 그 위력이 대단하다고 들었소. 경들의 의견을 듣고자 하오."

문무 대신들은 여러 가지 의견을 내놓았다. 그중에는 화친책도 끼어 있었다. 그러나 변안열은 화친책에 동조하지 않았다.

"아뢰옵기 황공하오나, 단연코 마주 나아가 토벌해야 한다고 생각하옵니다."

다시, 문무백관들이 웅성거리기 시작했다. 어떻게 싸워 이길 수 있느냐는 것이다.

"지금, 고려는 왕권 회복과 내정개혁을 시도하고 있습니다. 홍건적에 의하여 나라가 흔들리고 왕실이 몽진을 한다면, 백성들은 조정의 나약함을 무척 애석해할 것이고 이제 막 시작된 개혁 운동이 그 힘을 잃게 될 것입니다. 소장이 비록 재주는 없사오나 소장을 홍건적 토벌군으로 보내 주시면 반드시 승전고를 울리면서 돌아오겠사옵니다. 윤허하여 주시옵소서."

"오, 변 공이구려. 고맙소, 변 공."

공민왕은 변안열이 고마웠다. 그러나 자신과 노국대장공주의 몽진은 어떻게 한단 말인가? 무예와 전술을 떠나서 자신을 지켜 줄 가장 믿을 수 있는 사람은 변안열보다 더 적합한 사람이 없다고 생각되었기 때문이다.

"그러나 변 공, 공은 따로 할 일이 있지 않소?"

변안열은 공민왕의 의중을 알 수 있을 것 같았다. 그래서 필요에 따라 공민왕을 모시는 일과 홍건적을 쳐부수는 임무를 겸하면 어떻겠느냐는 의견을 제시하면서 홍건적을 대적하기에 가장 적합한 사람은 변안열 자신임을 강조했다. 변안열 자신이 심양에서 원나라뿐만 아니라 중원의 패권을 다투는 주변의 여러 세력에 대하여 남다른 안목을 가지고 있음을 전면에 내세운 것이다. 공민왕은 조정 대신들과 신중한 논의 끝에 결국 변안열의 주청을 받아들이기로 하였다. 우선 공민왕의 몽진 호위 책임을 수행하다가 공민왕의 안위가 안심해도 될만한 여건이 조성되면 그때 전황에 따라 홍건적 토벌에 합류한다는 것이었다. 변안열은 퇴궐하여 부인 원 씨와 마주 앉았다.

"이번에 침략해 온 홍건적은 제1차 때와는 사뭇 다르답니다. 벌써 서경이 함락되었고 개경이 위협을 받고 있습니다. 임금이 몽진해야 할 지경에 이르렀어요. 몽진은 복주로 정해졌구요. 나는 우선 임금님을 복주까지 모셔드린 뒤에 전황에 따라 홍건적 토벌 부대에 합류하게 될 것 같습니다. 부인께서는 원주로 돌아가서 잠시 그곳에 머물러 있도록 하면 어떻겠소? 나와 함께 복주로 간다는 것은 아무래도 위험부담이 더 클 것 같아서 드리는 말씀이요. 어쩌면 부인을 복주에 홀로 남겨 둔 채 내가 훌쩍 떠나야 하는 경우가 생길 수도 있으니 말입니다. 그렇게 되면 부인의 안위를 걱정하지 않을 수 없게 될 것이요. 제 말을 따라 주시면 좋겠소. 원주는 산세가 험한 깊은 산중이고 외진 곳이라 홍건적이 그곳까지는 넘나들지 못할 것으로 생각되는구려."

"잘 알겠습니다. 말씀대로 저는 친정에 가서 머물겠사오니, 부디 몸조심하십시오."

변안열은 집안을 정리하고 지체없이 공민왕과 노국대장공주의 몽진 행렬을 지휘하기 시작했다. 2차로 침공한 홍건적의 주역은 반성, 사류, 관선생, 주원수, 파두반 등이며, 군사는 20만이었다. 홍건적은 11월 11일에 철령 방어선을 돌파하는 데 성공하고 수도 개경으로 육박해 왔다. 이에 공민왕은 복주를 향하여 파천의 길을 잡았다.

행렬이 한양성을 지나 이천 땅에 어가가 도착할 무렵 급한 파발이 왔다. 홍건적이 개경을 점령했다는 것이다. 이대로라면 어가 행렬이 홍건적 무리에게 따라 잡히는 것도 그다지 많은 시간이 남지 않은 것이 틀림없었다.

"마마, 사태가 급해지고 있습니다. 개경이 점령당했다는 파발이 금방 도착했사온데 … "

변안열은 공민왕을 급히 배알한다. 늘 그렇듯이 노국대장공주도 함께였다.

"오, 변 공이시군요. 그래, 무슨 급한 전갈이라도 있는 게요?"

변안열의 당황해하는 모양이 심상치 않음을 공민왕은 눈치를 챈다.

"… 그게 다름이 아니오라 …"

변안열은 쉽게 말을 꺼내지 못하고 공민왕과 노국대장공주의 눈치를 살피면서 머뭇거린다.

"답답하오. 어서 말씀해 보시오, 변 공"

이번에는 노국대장공주가 채근을 한다.

"아뢰옵기 황공하오나, 개경이 적군의 손에 떨어졌다 하옵니다. 개성 수비대의 일부만이 살아남아 지금 뒤따라오고 있을 뿐, 군사가 전멸하다시피 했다고 하옵니다. 소장의 불충이옵니다. 마마."

"아, 그렇게 급해졌다는 말씀이군요."

공민왕도 적이 놀라는 눈치다.

"그래, 어쩌면 좋겠소, 변 공."

공민왕의 몽진 행렬은 이천에서 하룻밤 묵어갈 계획이었다. 그러나 홍건적이 지척에 닿았으니 한가롭게 쉬고 있을 틈이 없었다. 공민왕과 노국대장공주 그리고 변안열을 비롯한 호위군 대장들이 긴급 어전회의를 열었다.

"사정이 급박하게 되었으니 어가의 행차를 멈출 수가 없소. 아니 더욱 행차의 속도를 내야 할 것이요. 그리고 행렬을 나누어야 할 것 같소. 먼저 소수의 선발대를 앞세워 길을 살피도록하고, 대왕마마와 왕비 마마는 어가 대신 말을 타시고 선발대를 쫓아가시되 무예가 출중한 호위병을 거느리고 행차하십시오. 그리고 나머지 인원은 보병의 호위를 받으며 뒤따라오도록 하겠습니다. 물론 소장은 두 분 마마님 곁을 지키겠습니다. 이렇게 하여 가장 빠른 시일 내에 복주까지 계속 행진하도록 하고 향후 일정은 상황의 변동에 따라 다시 검토하는 것이 옳을 듯 하옵니다."

긴급 어전회의는 대략 이렇게 가닥을 잡고 몽진 작전을 전개하기로 하였다. 심양에서 고려로 환국할 때 변안열은 공민왕과 노국대장공주의 안위를 책임져 본 경험이 있었다. 그뿐만 아니라 홍건적과 크고 작은 싸움을 치르면서 적에 대한 지식을 터득해 둔 바가 있었다.

"너무 심려치 마시옵소서. 소장이 비록 재주 없사오나 목숨을 다 바쳐 두 분 마마의 안위를 책임지겠사옵니다. 마마."

어둠이 내리기 시작했다. 몽진 행렬은 최소한의 휴식과 취식에 필요한 시간을 제외하고는 잠시도 멈추지 않았다. 그렇게 천 리 길을 달려 선발대는 드디어 이상 없이 복주까지 도착하였다. 그런데 이상한 일이 있었다. 금방이라도 덮쳐 올 것 같던 홍건적 무리가 추격해 온다는 파발이 뜨지 않는다는 것이었다. 변안열은 전후의 사정과 적의 동태를 살펴 오도록 명령했다.

의외로 파발이 가져온 전갈은 희소식이었다. 개경을 점령하여 갖은 노략질을 일삼던 홍건적 일당이 몽진 행렬을 뒤쫓아 올 기미가 보이지 않고 오히려 흐트러지는 모습을 보이기 시작하더니 영문도 모르게 북쪽으로 퇴각하기 시작했다는 것이다.

"까닭이 무엇이더냐? 알아 온 것이 있느냐?"

변안열은 발 앞에 엎드린 파발을 손수 일으켜 세우며 조용히 물어 보았다.

"얼핏 들은 바는 있사오나 정확하지 않은 바라서 감히 아뢰기가 어렵사옵니다."

파발은 아직도 가쁜 숨을 헐떡이며 띄엄띄엄 변안열에게 보고하기를 망설인다.

"정확하지 않아도 괜찮으니 어서 아뢰거라. 죄를 묻지 않으마. 어서 말해 보아라, 어서."

변안열은 파발의 상체를 잡아 흔들고 있었다.

"홍건적의 본부에서 반란이 일어났다는 소문을 들었사옵니다. 그러나 그 진위를 파악할 길은 없었습니다. 홍건적들은 개경에서 노략질한 전리품을 챙겨 감추며 우물쭈물 눈치를 보다가 삼삼오오 개경을 떠나고 있다 하옵니다, 장군."

파발의 전갈은 사실 그대로였다. 중원에서 홍건적 내부에서 큰 내분이 일어난 것이었다. 그래서 홍건적 잔당들은 배후 세력이 뒤를 바쳐 주지 못하게 되자 지레 겁을 먹고 각자가 흩어져서 망명도생의 길을 서둘러 찾느라고 감히 몽진 행렬을 뒤쫓지 못하고 퇴각하고 있었던 것이었다. 이렇게 하여 공민왕의 복주 몽진은 허실 없이 끝나고 말았다.

"마마, 전황이 이러할진대 도주하는 적의 잔당을 남김없이 소탕해야 되겠사옵니다. 소장이 그들을 추격하여 섬멸케 윤허하여 주시옵소서. 반드시 적의 잔당을 섬멸하겠사옵니다."

변안열은 뜻밖에 찾아온 절호의 기회를 놓칠 수가 없었다. 공민왕 또한 마찬가지였다. 할 수만 있다면 이 기회에 홍건적의 뿌리를 죄다 뽑아서 후환을 없애는 것도 상책이라고 여겼다.

다시 야전에서의 긴급 어전회의가 열렸다. 결론은 변안열이 기마병을 주축으로 추격대를 조직하여 먼저 출정하고 왕의 행렬이 개경에 도착하는 즉시 다시 지원병을 모아 변안열에게 힘을 보태기로 하였다. 두 군사는 책문 앞에서 합류하기로 했다.

변안열은 까마득하게 먼 옛날 고구려 명장 을지문덕(乙支文德)이 612년 수나라 장수 우중문(于仲文)에게 지어 보냈다는 시 한 수가 생각났다. 이 시를 받은 우중문은 피로하고 굶주려 전의를 잃은 군사를 거두어 돌아가는데 을지문덕이 이를 추격하여 청천강에서 대승을 거두었다는 내용으로 제목은 여수장우중문시(與隋將于仲文詩)이다.

神策究天文 (신책구천문)　妙算窮地理 (묘산궁지리)
戰勝功旣高 (전승공기고)　知足願云止 (지족원운지)

그대의 신기한 책략은 하늘의 이치를 다 했고
오묘한 계획은 땅의 이치를 다 했노라
전쟁에 이겨서 그 공 이미 높으니
만족함을 알고 그만두기를 바라노라

이 시는 대몽골제국을 건설한 칭기스칸이 점령했던 유럽의 각국에서도 이미 그 점령지의 나라말로 번역되어, 고구려 을지문덕 장군의 통쾌한 전쟁 승리와 함께 전해지고 있었다. 변안열은 이번 홍건적과의 싸움에서도 대승을 거둘 것이라는 예감이 들었고, 이 시를 적장에게 보내 주고 싶은 충동을 느꼈다.

To Sui General Yu Zhongwen
Heaven knows how marvelous you are in your strategy,
Earth knows how shrewd you are in your calculation.
Your name already knows no bounds in this war,
Time to know satisfaction in your toil.

　기세가 꺾인 홍건적은 개경에서 도망쳐 그대로 압록강을 건너 요동으로 후퇴했다. 고려군은 그들의 퇴로를 열어둔 채 계속 추격하여 홍건적을 괴롭혔으며, 그해 여름에는 수장인 파두반을 사로잡는 성과를 거두기도 했다. 공민왕과 고려 조정은 11월 24일 개경으로 환도했다. 이때 이성계는 휘하의 친병 2천 명을 거느리고 수도 탈환작전에 처음으로 참가했다. 그는 선봉에서 적장들에게 직접 공격을 가하여, 마침내 홍건적의 괴수 사유와 관선생을 죽이고, 수도에 제일 먼저 입성했다. 이로써 중국의 북서지방에서 만주 방면으로 진출한 홍건적은 고려에서 전멸 상태에 빠지게 되었다. 공민왕이 개경으로 환도한 뒤 변안열은 당초 계획대로 패주하는 홍건적 잔당 소탕 작전의 선봉을 맡고 1361년 12월 변안열은 기병 1천 기로 토벌대를 조직했다. 전원이 기마병으로 마상 전투 특히 궁술에 능한 병사를 엄선하였다. 승마에 능한 원나라 군사와의 싸움에서 다져진 홍건적은 기병이 아니면 이길 수 없다는 것을 변안열은 잘 알고 있었기 때문이다.
　"패주하는 홍건적의 잔당을 깨끗이 소탕하여 다시는 침략해 오지 못하게 뿌리를 뽑아야 한다. 도둑들은 극도로 지쳤고 사기도 떨어져 있을 것이다. 우장수는 기병 1백 명을 이끌고 달려가 적의 퇴로와 현재 상황을 알아 오라. 기병 3인 1조로 한나절 단위로 보고토록 하고 계속 추격하라. 적군을 발견하거든 접전하지 말고 본진이 합류할 때까지 기다려라. 나는 본진을 이끌고 뒤따라 쫓아갈 것이다. 즉시 출발하라."

　10여 년 전, 공민왕을 모시고 환국하던 때가 엊그제 같다. 그때의 환국 길은 초행인 데다가 공민왕을 모시는 호위군 배행수장의 신분이었다. 그 후 10년이 지난 오늘은 홍건적을 토벌하는 책임을 맡은 홍건적 잔당 토벌을 맡은 수장의 신분으로서 그 환국 행렬이 걸어왔던 길을 거슬러 달리면서 홍건적을 추격하는 중이다. 만감이 교차하지 않을 수 없었다. 공민왕의 환국 행차에 끼어 고국으로 돌아오던 이소저, 설원에 피어난 한 송이 배꽃 같던 여인, 변안열에게 시심 한 톨을 심어 주고 은은하게 싹트게 해 준 그 시인을 끝내 홀로 떠나보내야 했던 길이다. 압록강을 건너 멀리 개경 하늘을 바라보며 그녀가 잠시나마 누워 쉬던 곳을 어찌 무심하게 지나칠 수 있었겠는가. '이화에 월백하고……' 아련히 들려 오는 노랫소리가 변안열의 귓속으로 스며든다. 하나둘 솟아나기 시작한 별들이 메밀꽃처럼 흩어진 하늘, 살을 에는 추위에 떨고 있다. 그 맑던 이소저의 눈망울이 변안열의 가슴 속에서 은하수만큼이나 많은 사연을 속삭이며 그 또한 추운 듯 작은 어깨 떨림으로 명멸하고 있었다. 변안열은 그 별들을 그의 넓은 품속에 꼭 안아주고 싶어졌다. 별이 된 이소저를……. 참 그리운 추억이다. 그러나 지금 이 자리에 서 있는 변안열은 마냥 아련한 꿈속에 젖어 있을 수만은 없었다. 침략자 토벌이라는 막중한 임무를 띠고 공민왕을, 노국대장공주를, 고려의 명운을 짊어지고 이 황량

한 벌판을 질풍처럼 달려야 했다.

"장군, 선발대의 척후병이옵니다. 홍건적 잔당이 책문을 지나는 것을 보고 돌아왔습니다. 행군의 대열은 뿔뿔이 흩어져 있었고 그 행군 속도 또한 빠르지 못했습니다."

척후병의 보고를 받고 변안열은 잠시 쉬면서 군사들에게 저녁 식사를 하게 했다. 그로부터 한 식경이 지났을 무렵 다시 척후병의 보고가 날아들었다. 홍건적 잔당이 책문을 지나자마자 행군을 멈추고 야영을 준비하고 있다는 보고였다. 변안열은 좌 장수를 불렀다.

"좌 장수, 군사 3백 기를 선발대로 이끌고 지금 출발하시오. 홍건적이 책문 근처에서 야영할 것 같다고 하오. 달빛도 없으니 설원의 눈빛만으로는 추격하는 우리 군사가 쉽게 발각되지는 않을 것이요, 길을 재촉하여 홍건적 야영지를 에돌아서 그 배후로 잠입하시오. 홍건적 야영지로부터 두 마장 정도 떨어진 곳에서 은폐물을 찾아 군사를 매복시키시오. 본대에서 보내는 횃불 신호를 기다리시오. 횃불은 세 개의 불화살로 하겠소. 불화살 세 개가 솟아오르거든 지체없이 홍건적의 퇴로를 막도록 하시오. 소탕전은 좌 장수가 이끄는 선발대와 본대를 이끄는 내가 쌍방으로 협공할까 하오."

"알겠습니다, 장군."

"홍건적은 틀림없이 퇴로를 산세가 험한 회령령과 청석령으로 잡을 것이오. 그렇게 판단되면 거짓으로 쫓기는 척하면서 홍건적의 퇴로를 열어 주시오. 그러면 홍건적은 퇴각하다가 회령령이나 청석령 두 고개 중 어느 한 곳에서 진을 칠 것이요. 좌 장수는 그대로 내버려 두되 때를 놓치지 말고 본대에 즉각 상황을 보고해 주시오. 지체 말고 출발하시오."

척후 순찰대 100명, 선발대 300명, 본대 600명 규모로 군사를 나눈 뒤 변안열은 홍건적 일당을 일망타진할 계획을 세웠다. 선발대를 출발시킨 다음 본대를 이끌고 변안열은 보통 속도로 선발대를 뒤따랐다. 척후 순찰대는 적정을 쉴 새 없이 보고해 왔다. 자정 무렵, 홍건적이 회령령과 청석령 사이를 흐르고 있는 개울가에 진을 쳤다는 보고가 들어왔다. 변안열은 척후 순찰대와 선발대에게 현 위치에서 군사를 쉬도록 조치하고 본대는 회령령 정상 부근까지 진군시켰다. 변안열이 회령령 정상에 올라 살펴보니 회령령 쪽 개천 가에 홍건적의 진지가 내려다 보였다. 변안열은 본대 600명 중 500명으로 홍건적 야영지를 에워싸고 매복시키고 1백 명을 따로 떼어 회령령 고개에서 본대의 지휘부를 지키게 하였다. 토벌군은 한 식경 정도 현지 상황을 유지하면서 말과 함께 충분한 휴식을 취하게 했다. 드디어 하늘의 북두칠성이 기울어져 온 세상이 깊은 잠에 떨어져 있을 때, 본대에서 불화살 셋이 솟아 올랐다. 우레 같은 함성과 돌바닥을 박차는 말발굽 소리가 뒤엉키면서 청석령의 남쪽 비탈과 회령령의 북쪽 비탈에서 동시에 합동 공격이 시작되었다. 척후 순찰대는 청석령 고개에서 전황을 지켜보면서 만일의 사태에 대비하였다. 불화살이 홍건적 진지에 우수수 떨어졌다. 삽시간에 불바다가 된 홍건적 진영에서 말 울음소리가 요란하게 울려 퍼지고 홍건적 잔당들이 갈피를 잡지 못하고 허둥대는 모습이 훤히 내려다보였다. '미련한 놈들, 그런 곳에다가 야영할 진을 치다니 ….' 비록 적이지만 변안열은 안타깝다는 듯 혼잣말로 핀잔을 퍼부었다. 그러나 중원을 휩쓸면서 다져진 홍건적이었다. 그 아수라장 속에서도 전투 준비를 서둘러 마치고 대항하는 놈들이 꽤나 많았다. 불시에 기습을 당한 것을 고려하면 홍건적은 결코 만만찮은 군사들이었다. 담배 두어대를 피울 만큼의 시간이 흐르자 홍건적이 흐트러지기 시작하였고 이내 청석령 쪽으로 기마병을 앞세워 달아나기 시작하였다. 토벌군 본대에서 다시 불화살이 날아올랐다. 도망치는 척하다가 군사를 숨기고 매복하라는 변안열의 군령이었다. 갑자기 토벌군의 선발대가 청석령 비탈길을 거슬러 오르면서 후퇴하기 시작하더니 이내 자취를 감추었다. 홍건적의 기마병이 그 뒤를 쫓는 듯싶더니 토벌군 선발대가 자취를 감추자 그대로 청석령 비탈길을 거슬러 올라 고개를 넘고 있었다. 그 사이 토벌군 본대는 홍건적의 보병을 전멸시켰다. 홍건적의 보병은 거의 몰살되고 일부는 포로로 잡혔다. 홍건적의 시체가 아직 온기를 다 잃지 않은 채 개울가를 메웠고 하얀 눈으로 뒤덮인 냇물을 붉게 물들이며 얼음 위에 두껍게 쌓인 눈 위에 빨간 물방울무늬를 무수히 그려 놓았다. 어느새 먼동이 트기 시작하였다. 시야가 밝아오기 시작했다. 선발대와 본대와 다시 만났고 척후 순찰대 또한 곧 합류하였다. 고려군 토벌대는 1백여 명의 희생자를 냈다. 어둠 속에서 백병전을 치른 탓이리라. 이 싸움에서 홍건적은 보병의 대부분과 절반 이상의 기병을 잃은 것으로 추산되었다. 변안열의 대승이었다. 특히, 홍건적의 보급품을 송두리째 빼앗아 잔당 섬멸에 유리한 위치를 점하게 된 것 또한 적지 않은 전리품이었다.

"장군, 뒤쫓지 않으시렵니까?"

"뒤쫓아야지요. 그러나 잠시 전황을 살펴보기로 합시다. 홍건적 잔당의 향방이 묘연해졌습니다. 그리고 우리 병사들도 많이 지쳐 있습니다. 우선 우리 병사들부터 배불리 먹이고 잠시라도 숨 돌릴 틈을 주어야 할 것 같소. 척후 순찰대는 서둘러 군비를 재정비하고 홍건적 잔당들의 행적을 계속 수색하시오. 아마 청석령 산속에 숨어 있거나 청석령을 넘었을지도 모릅니다. 그러나 멀리 가지는 못했을 것 같소. 그들은 몹시 지쳐 있을 것이고 군량도 거의 잃게 되어 어쩌면 주린 배를 채우지도 못하고 어딘가에 숨죽이며 숨어 있을지도 모릅니다."

토벌군의 척후 순찰대가 돌아왔다. 홍건적의 잔당들은 청석령을 넘어선 것이 분명한데 패주한 길에 뚜렷한 흔적을 남겨놓지 않았다는 것이었다. 눈밭을 어지럽게 돌아다닌 말 발자국만이 희미하게 남겨져 있을 뿐이라는 보고였다. 그러고 보니 치열하던 전투가 끝나갈 무렵 갑자기 휘몰아친 눈바람이 생각났다. 홍건적의 잔당들이 청석령을 넘어 패주할 때 바짝 쫓아가지 못한 것이 그들의 행방을 묘연하게 만들어 버린 실책임을 변안열은 뒤늦게야 깨닫게 되었다. 그러나 이미 엎질러진 물이었다. 군사를 나누어 한편으로는 숲속과 청석령 너머 벌판까지 샅샅이 수색하고 한편으로는 청석령 고개에 올라 산 아래 동태를 살피게 하였다. 바람은 북서풍이었다. 설상가상으로 하늘 저 끝에서 검은 구름이 잔뜩 몰려오고 있었다. 한바탕 눈이 쏟아질 것만 같았다. 그럴수록 토벌군은 홍건적 잔당들이 달아난 길을 찾느라고 비지땀을 흘려야 했다. 예상한 대로 함박눈이 한차례 신나게 쏟아졌다. 눈보라는 하얗던 대지에 더 새하얀 물감을 흠뻑 뿌려 놓았다. 희미하게나마 남아 있던 말발굽의 흔적은 삽시간에 자취를 감춰버리고 말았다. 눈에 덮인 벌판이 길게 누워 있다. 더러는 낮은 구릉도 있었고 더러는 썩다 남은 등걸도 비쭉 비쭉 솟아 있지만, 그저 막막하고 끝없는 하얀 벌판이었다. 이제 눈발은 멎었으나 북서풍은 변함없이 차갑게 불어왔다. '다 잡은 쥐새끼를 놓치다니…' 변안열은 안타깝기만 했다.

"장군, 이상한 점을 발견했습니다."
"이상한 점이라니, 무슨 말이요?"
"저 아래 산자락 끝을 보십시오. 다른 곳은 온통 하얀 눈밭인데 유독 마른 갈대꽃이 휘날리고 있는 곳이 있습니다. 넓기가 작은 평야만 하겠는데요. 갈대밭 위를 철새 무리가 날아다니는데 그 새들의 움직임이 이상하다는 말씀입니다. 갑자기 놀란 듯이 후두둑 날아올라서는 그 근처로 다시 가지 않고 아예 멀리 날아 가버립니다."

변안열은 그 수상한 갈대밭을 수색하도록 했다. 과연 그곳에서는 홍건적의 잔당들이 숨어 있었다. 겨울철이라 바싹 말라버린 갈대가 바람에 흔들리는데 키 큰 갈대가 워낙 무성하게 우거졌기 때문인지 바람이 세게 불어온 탓인지 주변과의 미세한 차이점을 쉽사리 구별하지 못하고 있었음을 알게 되었다. 변안열은 이곳이 10여 년 전 공민왕 환국 행차 시에 1박 2일 동안 야영을 했던 곳이기에 주변의 지형지물을 대략 짐작할 수 있었다. 청석령 고개에서 요동 벌판을 들어서는 길 중에서 주된 도로가 청석령 서쪽길이다. 이 길은 개경과 심양 사이에서 가장 험준한 고개로 비적들의 출몰도 잦은 곳이다. 길이 좁은 데다가 청석이라고 하는 단단하고 날카롭게 깨진 돌이 촘촘히 박혀 있어 사람들의 통행이 지극히 불편한 길이었다. 변안열은 압록강을 건너 요동 쪽으로 길을 잡았는데, 이는 홍건적 잔당이 패주하는 길을 따라서 뒤쫓다 보니, 우연히 이 길로 들어서게 된 것이다. 그래서 변안열이 이끄는 토벌군이 진군하는 데는 큰 어려움이 없었다. 변안열은 청석령을 넘기 직전에 홍건적과 일대 접전을 벌였고 다시 패주하는 홍건적 잔당들이 숨어 있는 듯한 곳, 청석령 서쪽길을 택하여 요동벌로 들어선 것이다. 아직 날이 훤하게 밝지는 않았지만 요동벌의 눈밭을 거쳐온 바람은 살을 에는 듯 맵기만 했다.

"병사를 풀어서 말똥을 주워 모으게 하라."

변안열은 한가지 묘책이 떠올랐다. 심양에서 탈탈 사부님으로부터 무술을 배울 때였다. 장수들은 각자의 특징을 가지고 있다. 육박전에 강한 장수, 지략에 능한 장수, 덕망 있는 장수 등등 여러 유형이 있는 것이다. 이들은 상황에 따라 각자의 쓰임새가 달라지기 마련이다. 본래 전쟁터란 생명을 걸어 놓고 서로가 죽이고 죽는 곳이다. 그러나 생명은 귀중한 것이다. 삼라만상의 어느 것 하나 그 생명을 가볍게 여길 수 없다. 하물며 사람의 생명을 두고 살생을 쉽게 여기거나 살생을 함부로 자행해서는 안 될 터였다. 싸우지 않고 이기는 장수가 진정한 장수라고도 한다. 그런데 지금 눈앞 갈대밭 속에서 숨도 제대로 쉬지 못한 채로 아사 직전에 처해 있는 무수한 생명이 숨어 있다. 샅샅이 뒤져 찾아내어 도륙을 낼 수도 있다. 이곳은 싸움터이고 지금은 저편을 죽이지 않으면 이편이 죽을 수밖에 없는 상황이기에 홍건적 잔당을 괴멸시켜 버린다고 해서 죄를 짓는 일은 아닐 것이다. 그러나 저들도 살기 위해서 태어난 사람들이 틀림없다. 고향에는 부양해야 할 부모가 있거나 보고 싶은 처자식이 있을 것이다. 이들을 포로로 잡아 다시 살아갈 수 있는 길을 열어 줄 수는 없을까? 변안열은 가슴이 답답했다. 이 청석령 고개에서 사랑하는 사람을 떠나 보낸 적이 있는 변안열이다. 그때의 그 아팠던 추억이 되살아났다. '그래, 가능하다면 저들을 죽이지 말고 사로잡기로 하자.' 그렇게 생각하고 있던 차에 옛날 스승님의 가르침이 문득 생각난 것이다. 그리고 그때 몽골제국을 건설한 칭기스칸 수하 장수들의 무용담 중 하나를 흥미롭게 들었던 것이 때마침 생각난 것이다.

"말똥은 무엇에 쓰려 하십니까?"

군사들은 무슨 생뚱맞은 짓이냐는 듯 고개를 가로저으면서도 군령이니 받들 수밖에 없었다. 눈 덮인 허허벌판에서 말똥을 구하라니 …. 어디 한 덩이라도 있기나 할는지…. 그러나 걱정했던 것과는 달리 의외로 말똥을 구하기가 어렵지 않았다. 10여 년 전 공민왕의 환국 행렬이 잠시 머물러 갔던 이곳은 그 뒤로도 이 길을 오가는 인마가 잠시 머물다가 가곤 하는 곳이었다. 그때 말들은 배변의 시원함을 즐겼을 것이다. 말똥은 순식간에 꽤 많은 양을 모을 수 있었다. 눈에 젖어 축축해진 것이 대부분이었지만 여물게 잘 마른 것도 있었다.

"군사를 이 그림대로 배치하고 내가 신호를 보낼 때까지 대기하시오."

군사는 갈대밭을 동그랗게 에워쌌다. 바람이 불어오는 갈대밭 서북쪽에 궁사들을 배치했다. 끝으로 1백여 명의 군사들은 말에서 내려 모아 온 말똥을 갈대밭 서북쪽 입구에 군데군데 나누어 쌓게 하였다. 변안열이 이 작전을 전개하기 전에 몇 차례 화살로 공격해 보았다. 그러나 간헐적인 비명만 들려 올 뿐 크게 요동치지 않고 우거진 갈대밭에서 좀처럼 나올 기색을 보이지 않았다. 군사를 풀어서 이 잡듯이 뒤질 수도 있었으나 그렇게 되면 최후의 발악을 하는 홍건적 잔당과 고려군 사이에 피를 뿌리는 혈전을 피할 수가 없을 것이었다. 그래서 탈탈 사부님이 일러 주셨던 그 전법을 써보기로 한 것이다.

"먼저 말똥을 태워라. 눈에 젖은 상태라서 마른 갈대를 모아 밑자리에 깔고 불을 붙이면 연기가 뭉텅뭉텅 솟아오를 것이다. 그 연기는 마침 불어오는 서북풍을 타고 갈대밭을 온통 연기로 뒤덮을 것이다. 말똥 연기의 냄새는 사람이 견디기 어려운 악취를 풍긴다. 말똥 연기가 갈대밭을 뒤덮으면 홍건적 잔당들이 그 연기를 견디지 못하고 갈대밭에서 빠져나올 것이다. 이때 궁사들은 불화살을 퍼부어라. 바짝 마른 갈대밭에 불이 붙게 될 것이고 홍건적 잔당들은 불과 연기를 피하려고 갈대밭을 빠져나올 것이다. 이때 갈대밭을 에워싸고 있던 군사들이 이들을 생포하면 된다. 이 전투로 무혈의 승리로 끝날 것이고 일찍이 전쟁사에 없던 대승을 거두게 될 것이다."

이 작전은 정확하게 맞아 들어갔다. 회령령과 청석령을 가르면서 흐르는 냇가에서 기습을 당한 홍건적 잔당들은 군량 등 군수품 대부분을 잃고 패주하여 그 험한 청석령 고개를 섣달그믐께의 어두운 밤에 어렵사리 넘어서기는 하였으나 추위와 배고픔을 이길 수는 없어 마침 발견한 무성하게 우거진 갈대밭에 몸을 숨기고 전황을 지켜보고 있었을 것이다. 그런데 생전에 보도들도 못한 전법을 구사한 변안열의 덫에 그만 걸려들고 말았으니……. 홍건적의 잔당 일천여 명과 전투마 등 적지 않은 전리품을 챙긴 변안열은 냅다 책문까지 군사를 진군시켰다. 책문을 넘어서야 고려인이 많이 모여든다는 책문 시장 근처에다 임시로 진을 치고 이틀간 머물면서 싸움에 지친 군사들을 쉬게 하였다. 홍건적 잔당 중 생포된 자들에게도 인도적 견지에서 최상의 대우를 해 주었다.

"칭기스칸이 유라시아 대륙 전역을 휩쓸 때였다. 몽골제국은 금나라와 전쟁을 계속하는 한편 서역의 이슬람 왕조인 호레즘 왕조와의 교역을 시도했다가 뜻을 이루지 못하고 여러 가지 문제만을 일으킴으로써 격분하여 만호 수부타이에게 명하여 3년 안에 호라즘 왕조의 제7대 술탄인 무함마드 2세를 생포해 오라는 명령을 내리게 되었다. 이로써 1221년에서 1223년 사이 3년간 수부타이와 무함마드 2세의 쫓고 쫓기는 대접전이 벌어졌다. 이때 이 전투의 최후 단계에서 수부타이가 쓴 전술이 바로 오늘 우리가 전개한 작전과 같은 것이었다."

 변안열은 말똥 연기 작전을 전개한 데 대한 부하 장수들의 물음에 이렇게 답하면서 눈이 더 내릴는지 희뿌옇게 짙어지는 하늘을 쳐다보았다. 또다시 한바탕 눈발이 쏟아져 온 세상을 덮기 시작했다.

 대륙의 기상도가 어지럽게 요동치고 있을 때 고려 조정에서는 국권회복운동이 고개를 치켜들기 시작했다. 백성들도 일상생활에서 몽고풍을 떨어내는 등 고려 강토 구석구석에서 내 것 찾기 운동과 내 발로 서기 운동이 전개되고 있었다. 원나라와의 긴 전쟁 끝에, 비록 패하기는 했지만, 고려의 전통 풍속 유지를 보장받은 것은 불행 중 다행이었다.

"변 공, 이번에 처음으로 변란을 몸소 겪었지요? 그런데도 혁혁한 전공을 세웠군요. 내 익히 변 공의 무예에 대하여는 잘 알고 있었으나, 이번 홍건적을 물리치는 변 공의 전술을 보고 깜짝 놀랐소. 요동의 지리는 언제 익혔고 용병술은 또 어느새 깨우친 것이요? 특히 말똥을 태워서 홍건적 잔당들을 소탕했다는 말을 전해 듣고 나는 놀라지 않을 수 없었소. 대체 그러한 발상은 어디에서 나온 것이요? 환국 때에, 청석령을 지나면서 공의 전투력을 이미 본 바가 있지만 이번에도 공의 실력을 유감없이 발휘해 주었구려. 내 목숨을 두 번씩이나 지켜준 공의 은혜를 어떻게 갚아야 할지 모르겠구려, 고맙소."

"황공하옵니다. 소신은 그저 소임을 다 하고자 했을 뿐이옵니다. 작은 전공은 하늘의 보살핌과 성은을 입은 덕분이옵니다."

"과공비례라 하였소. 자신을 너무 낮추지 마시오. 변 공은 이 나라의 큰 동량이자 나의 든든한 버팀목이요, 새삼스럽지만, 한없는 믿음이 솟는구려."

"과찬이시옵니다. 소신 몸 둘 바를 모르겠사옵니다."

"내가 일찍이 챙겼어야 했는데, 불민하여 아까운 인재를 아직 요긴하게 쓰지 못했구려. 우선 판내부사에 제수하니 더욱 분발하고 정진하기 바라오."

"망극하옵나이다. 견마지로를 다 하겠사옵니다, 마마."

"지난번에 고려 강토를 돌아보면서 백성을 위하여 임금이 해야 할 일을 챙겨 두었으리라 믿소. 이제 그것을 하나하나 실행해 나가도록 합시다. 공의 생각은 어떠시오?"

"외람되오나, 소신이 생각한 바를 지금 여쭙고자 하온데 들어 주시겠사옵니까?"

"그러지요, 내 기꺼이 공의 충언을 가슴으로 듣겠소. 무슨 말씀이든 괘념치 말고 해 주시오."

변안열은, 외세로부터의 완전한 자주권 회복, 몽골풍 등 외래 문물의 분별없는 수용 지양, 왕권회복을 통한 조정의 질서 확립, 그리고 나라를 지키는 상비군 설치 등을 주청하였다. 공민왕은 이 주청을 받아들였다.

홍건적의 난이 평정되자 변안열은 판내부사에 제수 되었고, 공훈 1등을 받아 추성보조공신에 책록되어 기린각의 벽상공신이 되었다. 환국 이후 벼슬을 잠시 미루어 두고, 고려 강토를 돌아보면서 그려 온 밑그림을 이제 펼쳐 보일 때가 된 것이다.

"무릇 인간이란 힘이 있어야 제 목소리를 낼 수 있는 법이고, 자기의 자유로운 의지에 따라 행동할 수 있는 법입니다. 우리 고려도 힘을 길러야겠습니다. 그래서 고려는 고려 힘만으로 지킬 수 있어야 하고 왕권 또한 왕실의 힘으로 지킬 수 있어야 할 것입니다. 그러기 위해 상비군을 설치하고 평화 시에도 군사를 조련하고 무기를 확보하며 군량미를 비축해 두어야 할 것입니다."

"그것은 참 중요한 일이요. 그러나 그 정책을 펼칠만한 준비가 하나도 되어 있지 않으니……, 나는 그저 답답할 뿐이요."

공민왕이 한숨까지 내쉬며 탄식한다.

"지금, 고려에는 사병을 보유하고 있는 권문세족들이 많습니다. 그 반면에 왕실에는 그러한 군사가 없습니다. 왕실을 지키고 나라를 지켜야 하는 군사가 없다는 것입니다. 자위책이 전혀 없는 상태에서 이번처럼 외침이라도 받는 날에는, 권문세족이나 지방 토호에게 지원을 요청해야 합니다. 그리고 전쟁에 임해서야 급조된 군사는 질서나 규율을 찾아볼 수 없으며, 전투력을 기대할 수도 없는 오합지졸에 불과하게 됩니다. 소신은 이점이 매우 중요하고 화급한 문제라고 생각되옵니다, 마마."

"변 공의 말씀이 맞는 것 같습니다, 마마. 그리고 그러한 정책은 먼저 시작부터 하고 시행 과정에서 점차 보완하거나 더 나은 정책으로 이끌어가야 한다고 생각하옵니다."

노국대장공주가 끼어든다. 노국대장공주는 공민왕이 어떤 시책을 펼치기에 앞서 지나칠 정도로 사정을 따져보는 습성을 가지고 있다는 것을 변안열은 익히 잘 알고 있었다. 그럴 때는 어김없이 틈을 비집고 들어온다.

"소신의 생각으로는 먼저, 현재 시행되고 있는 전민변정도감(田民辨整都監)을 공고히 하고 지금은 큰 효과를 거두지 못하고 있는 화포 등 병기의 제작 문제부터 해결하는 것이 좋을 듯하옵니다."

변안열이 거듭 아뢴다.

"그러면, 변 공이 이 일을 추진해 줄 수 있겠소? 전민변정도감 운영과 병기생산 문제 말이오."

"소신이 이 일을 추진할 수 없는 것은 아니 오나 그렇게 되면 큰 소란이 일어날 것입니다. 전민변정도감 운영이나, 나라의 군사

조직 창설과 운영 문제는 신중하게 많은 신료의 동참을 끌어내면서 추진해야 할 것입니다. 다만, 병장기 생산과 관련된 문제는 저에게 맡겨 주시면 빠른 시일 내에 반드시 이루어 내도록 하겠사옵니다."

"그러면 변 공은 병기 관련 문제를 추진하기 바라오. 나머지 문제는 중신들의 의견을 수렴하여 결정하기로 하지요. 고맙소, 변 공, 이렇게 좋은 의견을 내어 주시니…."

"황공하옵니다. 마마."

전민변정도감이란 고려 후기 권세가에게 침탈된 토지와 농민을 되찾기 위해 설치한 임시기구로서, 1269년 원종 10년에 처음으로 설치되었다. 그 후 우여곡절을 겪으며 현재에 이르렀으나 이렇다 할 성과를 거두지 못하고 있다. 그래서 이 문제는 중신 회의에서 논의하기로 했다.

변안열이 관심을 가지고 추진하기로 한 병기 특히 화포 제작 문제는 의외로 쉽게 풀려나갔다. 변안열은 최무선이 화약 제조를 연구하는 곳으로 직접 찾아갔다. 연구와 실습을 병행하느라고 온몸에 땟국물이 줄줄 흐르는 최무선을 변안열은 흐뭇한 표정으로 바라보았다.

"노고가 크십니다. 저는 판내부사 변안열이라고 하는 사람입니다."

"판사 최무선이옵니다. 이 누추한 곳까지 어인 걸음이옵니까?"

두 사람은 화약 제조와 화포 제작 그리고 화통도감 운영상의 애로사항과 앞으로 해야 할 사항을 폭넓게 토의했다. 그리고 금상께서 이 부분에 지대한 관심을 가지고 계신다는 점을 일러 주면서 앞으로 적극적으로 도울 것을 약속했다

화약 제조에 관한 연구는 공민왕 즉위 초부터 시작되었으나 이렇다 할 진전을 보지 못했다. 최무선은 중국 강남의 상인 이원을 자신의 집에 모셔두고 집요하게 설득하여 수십 일에 걸쳐 염초 제조술을 배웠다. 이후 그가 화약의 주원료인 염초의 제조에 성공한 뒤 그 효력을 시험하고 여러 차례 조정에 건의하여 비로소 화통도감이 설치된 것이다. 이때 변안열이 그 견인차 역을 했고 최무선 또한 아주 적극적이었다.

그 뒤 화약을 제조하고 각종 화기, 즉 대장군·삼장군·이장군·육화석포·화포·신포·화통·화전·철령전·피령전·질려포·철탄자·천산오룡전·유화·주화·촉천화 등의 제작이 급속도로 진전되었다.

화통도감 문제가 어려움 없이 풀려나갈 기미를 보이자, 변안열은 공민왕을 찾아갔다.

"상감마마, 화통도감 문제는 잘 해결되고 있사옵니다. 모든 것이 마마의 홍복이옵니다. 감축드리옵니다."

"수고하셨소, 변 공. 그러나 긴장을 늦추지 말고 잘 지켜봐 주시기 바라오. 특히, 화약과 무기가 개인의 소유물로 바뀌는 일이 있어서는 아니 될 것이오."

"명심하여 거행하겠사옵니다. 마마."

"변 공, 군사제도를 개혁한다는 일이 무척 어려운 것 같소. 눈에 보이지 않는 장애물이 한두 가지가 아니오. 혹시, 고려의 군사제

도와 관련하여 의견이 있으면 내게 알려 주시오. 어떤 내용이라도 좋소."

변안열은 처가 어른인 원천석이 들려준 말을 왕에게 옮겨 아뢴다.

"마마, 나라의 자강력을 확보하기 위한 군사제도 개혁에 관해서는 권신과 지방 토호세력들의 이해가 맞물려 있어 원만한 해결을 기대하기 쉽지 않을 것입니다."

변안열은 서두에 대전제를 깔면서 공민왕이 두 귀를 쫑긋 세우게 만들었다.

"고려의 군사제도는 중앙군과 지방군의 이원 조직으로 나뉘어 있다는 것은 마마께서도 익히 잘 알고 계시는 바와 같습니다. 중앙군은 2군과 6위로, 지방군은 양계의 주진군과 5도의 주현군으로 이루어져 있으며, 그 밖의 사병제도는 국가의 공적인 군제에 포함되지 않고 특정한 개인 또는 집단에 사적으로 예속된 무력 집단을 말하는 군사 조직입니다."

"그래요, 그 점은 나도 잘 알고 있소. 말씀을 계속하시오."

"사병은 가노나 유민들을 주요 구성원으로 하고 있습니다. 이것은 대개 중앙정부의 통제력이 이완되고 제도가 문란해지는 혼란기에 발생했는데, 특히 통일신라 하대부터 고려 초 고려 무신 집권기 고려 말인 현재에 이르기까지 여러 가지 문제를 일으키고 있습니다. 사병이 처음 발생한 신라 하대에는 유력한 진골 귀족들이 각자의 사병을 기반으로 치열한 왕위쟁탈전을 전개하기도 하였다고 알고 있사옵니다."

"아, 그런 일도 있었구려. 그 까마득한 신라 시대에도 사병이 있었다니…. 사병제도의 뿌리가 꽤 깊은 것이로군요. 그래, 그 뒤로는 어떻게 되어 갔소?"

공민왕이 한 걸음 다가앉으며 묻는다.

"신라 진성여왕 때부터 중앙정부의 지방에 대한 통제력이 약화 되자, 각지의 호족들은 성주 또는 장군을 자칭하면서 초적이나 유민들을 모아 사병을 조직하고 중앙정부에 대항했다 하옵니다. 이때 형성된 사병은 고려가 후삼국을 통일한 뒤에도, 호족들이 자신의 사병을 그대로 유지하면서 독립된 세력을 이루고 있었으므로, 중앙정부에 커다란 위협이 되었습니다. 더구나 이들은 독자적으로 병부를 두고 그 아래 병부경, 연상, 유내 등의 관직을 설치해 사병을 조직화하고 있었지요."

"그리고…?"

"이에 고려 정부에서는 중앙집권화 정책을 꾸준히 추진하면서 호족들의 사병을 해체해 나갔습니다. 983년 성종 2년에는 향직을 개정해 호족들이 설치했던 병부를 사병으로 고치고, 병부경, 연상, 유내를 각각 병정, 부병정, 병사 등 향직으로 바꾸어 호족들의 사병을 향직제도 안으로 흡수시켰답니다."

"그거 잘했군요. 그래서 사병제도가 혁파되었소?"

"물론, 즉각적인 효력을 기대하기는 어려웠습니다만 소기의 성과는 거둔 셈이랍니다. 987년에는 주 군의 병기를 거두어 농기구를 만들도록 하여 사병의 병기를 회수하기도 했으며 이러한 정책은 이후에도 계속되어 호족의 사병은 점차 소멸했던 것입니다."

"그래요? 그런데 내가 알기로는 아직도 사병제도의 흔적이 많이 남아 있는 것 같은데, 내가 잘못 알고 있는 것이요?"

공민왕은 못 믿겠다는 투다.

"자꾸 끼어들어서 말을 토막 치지 마시고 조용히 들어 보시옵소서, 마마."

노국대장공주가 핀잔을 준다. 평소 같으면 경을 칠 일이었지만, 심양의 세 친구가 만날 때는 예외적으로 묵인이 되었다.

"허허, 내가 그랬나요? 조심하리다. 변 공 어서 마저 말씀해 보시구려."

공민왕의 좋은 점은 바로 여기에 있었다. 자신의 잘못을 솔직하게 인정하고 금방 고치는 태도다.

"그러나 무신란 이후 집권한 무신을 중심으로 다시 사병이 양성되기 시작했습니다. 무신정권 초기에는 주로 악소, 가동, 문객 등이 그들의 사적인 무력 기반을 이루었다 하옵니다."

변안열은 무신 집권 시대의 사병제도 실상을 다음과 같이 요약해서 아뢰었다.

1179년 명종 9년 경대승(慶大升)이 자신의 신변 보호를 위해 백 수십 명 규모의 도방(都房)을 설치했다. 이로써 처음으로 조직적인 사병집단이 출현했다. 도방은 경대승의 죽음과 함께 해체되었다. 그러나 1200년 신종 3년에 이르러서는 최충헌(崔忠獻)에 의해 더욱 확대된 규모로 재건되었다. 주로 그의 문객으로 구성되었으며 무려 3천 명에 이르는 큰 규모였고 여섯 개의 번으로 나뉘어 있었다. 이 밖에도 최 씨 정권은 야별초, 마별초 등 별초군을 두어 자신의 무력 기반으로 삼았다.

별초군은 국가로부터 녹봉을 받으면서 치안 국방 등의 임무를 수행하는 공적인 군대였지만 실제로는 도방과 함께 최 씨 정권의 사병이었다. 이로써 고려의 군사제도는 유명무실해지고 무신정권의 사병이 가장 강력한 군사 조직이 되었다. 그러나 이러한 사병 조직은 무신정권의 붕괴와 동시에 모두 해체되었다.

"바로 얼마 전에 겪었던 홍건적 침입 때는 상감마마께옵서 몸소 겪으신 바와 같습니다."

"그렇군요, 나도 홍건적의 침입을 겪으면서 크게 깨달은 바가 있었소. 늦었지만 이제 사병 문제를 해결해야 할 때가 된 것 같구려."

"사병제도에 관한 문제해결은 이를수록 좋을 것 같습니다. 만일 이런 상태에서, 외적의 침략이라도 받는다면, 중앙정부가 군사권을 장악하지 못하고, 지방호족들에게 군대의 징발과 통수권을 위임할 수밖에 없게 될 것입니다. 그렇게 되면 그들이 각지의 군사들을 자신의 사병으로 예속시키고 말 것입니다. 만일 호족들이 군적을 관장하면서 이를 사병화해 자신의 무력 기반으로 삼는다면 큰일이 아닐 수 없습니다. 한 예로 이성계(李成桂)의 무력 기반은 그가 함경도 지방에 있을 때부터 거느렸던 사병집단에 있다는 것을 들 수 있겠습니다. 소신이 알고 있는 것은 여기까지입니다. 공연히 마마의 심기만 어지럽히지 않았는지 심히 송구스럽사옵니다."

홍건적이 원나라에 쫓기어 몸을 피하는 길목에서 고려를 제물로 희생시키려던 그 침략 행위는 고려 강토에 막대한 피해를 주었다. 그런데 그때 중원 땅이 몹시 흔들리고 있었으며 그것은 상상할 수 없는 지각변동을 가져올 수 있다는 점을 깨닫게 해 준 이점도 있었다.

"나는 고려왕이 되기 전부터, 원나라와의 기울어진 관계를 바로 잡아야 한다는 점을 깨달았소. 비록 내가 쿠빌라이 칸의 4대손이고 중전도 그분의 5대손으로 둘 다 쿠빌라이 칸의 직계 손이 틀림없는 만큼, 그 몽골족의 피가 흐르고 있는 원나라를 쉽게 배척할 수는 없겠지만, 그러나 지금의 나는 고려의 백성을 살피는 고려왕이라는 것을 늘 잊지 않고 있소."

열흘쯤 지났을까? 변안열이 알현을 청하여, 급변하는 국제정세에 신축적으로 대응하면서 고려의 실리를 챙겨야 하지 않겠느냐고 말씀을 드렸을 때 공민왕이 심각하게 답변한 내용이다. 사실 공민왕의 몸에는 몽골의 피가 상당히 많이 흐르고 있을 것이다. 칭기스칸-툴루이-쿠빌라이칸-제국대장공주-충선왕-충숙왕을 거쳐 공민왕 자신으로 이어지는 몽골족의 피를 무시할 수는 없을 것이다. 그러나 공민왕의 몸속에는 또 다른 피, 고려인의 피가 흐르고 있어, 한 몸 안에 서로 다른 두 가지의 피가 섞여 한 줄기로 흐른다. 그런 측면에서 본다면 고려와 원나라는 서로 끈끈한 관계로 이어져야 할 것이다. 그러나 현실은 어떠한가? 원나라와 고려가 보이지 않는 핏줄로 이어진 것은 사실이다. 그러나 그것은 기울어진 운동장에 설치된 줄과도 같다. 기울어져도 한참이나 많이 기울어져 있는 것이다. 이것은 바로 잡아야 한다. 바로 잡지 못한다면 과감하게 그 줄을 끊어 내야 할 것이다.

변안열은 힘주어 말했고, 공민왕은 전적으로 동의했다. 노국대장공주까지도 자신의 역할인 고려 백성의 국모 노릇을 충실히 해 내겠다고 다짐하면서 변안열의 뜻을 높이 평가했다.

"마마 심기를 불편하게 해 드렸사옵니다. 그러하오나 소신의 충정이라 여기시고 깊이 살펴 주옵소서. 혹 외람된 말씀을 여쭈었다면 벌을 내려 주시옵소서, 소신 달게 받겠사옵니다."
"아니오, 아니오. 참으로 유익한 말씀을 해 주시었소."
"황공하옵니다, 마마."
잠시 침묵이 흘렀다.
"하온 데 마마."
변안열이 한참을 망설이다가 공민왕을 올려보며 어렵게 말을 이어 간다.
"그래, 무슨 달리 할 말이 남아 있소? 말씀해 보시오."
공민왕이 재촉한다.
"아뢰옵기 황공하오나 긴히 간청드릴 말씀이 있사옵니다."
변안열이 무릎을 꿇으면서 잠시 또 뜸을 들인다.
"그래, 무엇이든지 어려워 마시고 말씀하시오."
공민왕이 답답하다는 듯이 재촉한다.
"다름이 아니오라, 이번 홍건적 잔당을 소탕하는 과정에서 많은 포로와 말과 병장기 등 전리품을 획득하였사온데 …."
변안열이 잠시 말을 멈춘다.
"그 일은 나도 잘 알고 있소. 변 공이 세운 대첩이지요."
공민왕이 차분한 목소리로 변안열의 말을 받는다.
"그 포로와 병장기를 활용할 수 있다면 좋겠다는 생각이 들어서 지금 외람되이 주청을 드리고 있사옵니다."
변안열이 허리를 굽히면서 머리를 조아린다. 평소에는 보기 드문 모습이다.
"아뢰옵기 황송하오나, 소신의 생각으로는…. 그 포로 중에서 고려에 충성을 바치고자 하는 자들을 사면하시고 고려 조정을 위하여 몸 바치게 할 수 있다면 참으로 좋지 않을까 하는 생각이 들어서 …. 무엄하게도 어려운 주청을 드리옵니다. 마마.”

“그것, 좋은 생각인 것 같습니다. 마마, 지금 고려 조정에는 왕명의 위엄을 바로 세울만한 군사조직이 없지 않습니까? 변 공의 말씀대로 저들을 사면하고 교화시켜서 고려 조정의 주축부대로 틀을 잡으심이 어떠하온지요.”

남다른 예지력을 가진 노국대장공주가 쌍수를 들고 환영하며 변안열의 의견에 힘을 보탠다. 그리고 잠시 침묵이 흘렀다.

“좋소, 내 변 공의 깊은 뜻을 잘 알겠소. 먼저 고마운 마음을 전하오. 변 공의 뜻은 노국대장공주의 뜻과 같다고 생각하오. 나 또한 고려 조정의 주축부대가 없음을 늘 걱정해 오던 바이오. 이번 기회를 잘 살려서 이 나라에 부국강병의 기틀을 마련해 봅시다. 변 공의 뜻은 어떠하오?”

의외로 공민왕은 변안열의 주청을 흔쾌히 받아들일 자세다.

“황공하옵니다. 소신의 뜻도 바로 노국대장공주의 뜻과 일치하옵고 상감마마께서 그리 칭찬해 주시니 그저 감사하고 황공할 뿐이옵니다. 마마.”

변안열이 홍건적 잔당 소탕 전에서 대승을 거두고 돌아와 처음 만난 심양 삼총사 아니 심양 삼 남매가 만난 이 자리에서 전승의 결과물을 효율적으로 활용하여 고려왕조 천년 대계의 주춧돌을 놓고 있었다. 그리고 이 사업은 변안열의 책임하에 추진하기로 결의하였다.

변안열은 나라를 위하여 한 덩이 의미 깊고 큰 주춧돌을 놓았다는 보람과 자부심을 가지고 늦은 저녁 퇴궐하는 길이었다.

  변안열의 말을 경청하며 때때로 고개를 끄덕이던 노국대장공주가 오늘따라 더욱 귀여워 보이더니 그예 결정적인 순간에 변안열의 논으로 들어가는 봇물의 물꼬를 터주는 큰일을 해냈다. 고마운 일이었다. 폭포수가 쏟아지고 있을 심양의 옥녀탕 물빛은 지금도 갈맷빛으로 달빛 아래 반짝거리고 있겠지. 아련한 추억에 잠기면서 변안열은 가벼운 발걸음을 옮겼다. 밤이 이슥한데 대궐의 뒷산 어디에선가 소쩍새 한 마리가 목청을 뽐내며 흥겹게 노래하고 있었다.

06
박연폭포(朴淵瀑布)

　변안열은 요즘 들어 정신을 가다듬기가 힘들어졌다. 화약을 사용한 신무기 발명과 제작, 홍건적을 토벌하고 획득한 전리품 활용 문제, 그리고 포로 교화를 통한 상비군 편성 등을 하명 받았기 때문이다. 변안열은 모든 것을 다 내려놓고 어디론지 훨훨 날아가고 싶어졌다. 어릴 적 심양에서 할아버지의 무릎 위에 앉아 밤이 이슥하도록 옛날이야기를 듣던 그 시절이 새삼스럽게 그리워진다. 할아버지께서 들려주시던 가족의 내력, 할아버지 나라 고려국의 동화 등이 지금도 귓전을 간질이고 있다. 그때는 귀가 아프도록 들어서인지 무척 지루하기만 했다. 그런데 지금은 그 시절이 그리워진다. 노국대장공주와 말을 타고 달리던 심양의 너른 벌판, 태어나던 그대로의 모습으로 한 쌍의 산천어가 되어 물장구치며 놀던 선녀탕, 그리고 우거진 숲속에서 실전을 방불케 한 수박희를 벌이던 부다시리의 찢어진 옷, 풋풋하게 피어오르는 아련한 연정을 품어 안은 채 그저 바라만 볼 수밖에 없던 노국대장공주에 대한 풋내나는 연정, 쓸쓸한 가을 벌판에 한 송이 들꽃으로 피었다가 이슬처럼 사라진 이 소저의 해맑은 웃음 … , 솔바람처럼 확 밀려온다. 온통 그리운 것들뿐이다.

가재 두 마리가 술래잡기를 한다. 계곡물이 일급수임을 증명한다. 옥구슬 구르는 소리로 졸졸거리며 변안열을 반겨 맞는다. 산등성이로부터 흘러내리는 빗물이 우우 몰려들어 골짜기에 넘쳐흐른다. 빗물은 제 몸피를 불리면서 개선장군처럼 함성을 지르며 바람처럼 흘러간다. 유리알 같이 맑던 물빛이 금세 붉덩물로 변하여 무서운 기세로 내리닫는다. 변안열의 시선이 흐르는 물줄기를 따라 구불구불한 골짜기를 쫓는다. 작금의 국제정세가 이 물줄기를 닮았다. 잠시도 변화를 멈추지 않는다. 예측하기도 쉽지 않다. 그저 요란스러울 뿐이다. 격변하는 국내외 정세 그 찰나의 틈새를 비집고 반짝 떴다가 소리 없이 지고 마는 별들, 뒤틀리고 헝클린 소용돌이 속에서 몸부림치다가 마침내 한 움큼 거품이 되어 사라지는 인간들, 그 인간들이 사는 세상을 변안열은 넋을 잃고 바라보고 있다.

"변 공, 참으로 아름다운 풍경이 아니오?"

박연폭포를 바라보며 이인임이 변안열에게 묻는다. 이인임은 한때나마 변안열을 달뜨게 했던 이 소저의 둘째 오라버니 광평부원군이다. 변안열은 눈을 반쯤만 뜬 채 송악의 풍광을 흠뻑 빨아들이고 있었다. 허전해지는 가슴을 달랠 길 없어 오늘도 변안열은 이 소저의 오라버니 광평부원군 이인임과 함께 개경을 품어 안은 송악산을 올랐다. 시원하게 쏟아지는 박연폭포가 그들을 맞는다. 개경이 한눈에 내려다보이는 박연폭포를 끼고 누운 너른 바위 위에 자리를 잡았다. 막혔던 가슴이 휑 뚫리며 묵은 먼지를 씻어낸다. 두 사람은 저물어가는 송도의 하늘 아래에서 곡주 한 잔씩을 기울이며 잠시나마 자신을 잊고 신선놀음에 빠져든다.

"아름답다마다요, 저 웅장한 모습 하며, 우렁찬 소리 하며, 촐랑거리고 쿵쾅거리며 흘러가는 물줄기 하며…, 어느 것 하나 버릴 것이 없습니다. 대감."

공민왕이 심양에서 고려국으로 환국할 때 불의의 변을 당하여 변안열의 품에 안겨 눈을 감던 이 소저, 활짝 피어보지도 못하고 동백꽃처럼 송이 채로 뚝 떨어져 버린 이 소저, 그렇게 떨어진 꽃을 개경까지 안고 와서 가족의 품에 안겨 준 인연으로, 변안열은 열 살쯤 위인 이인임과 친분을 쌓아 이렇게 뜻깊은 만남을 가지고 있다. 두 사람이 만날 때는 이인임의 할아버지 시인 이조년 이야기가 빠지지 않았다. 오늘도 예외 없이 이인임이 시를 적은 비단 책을 꺼내어 시를 읊는다.

日照群峯秀 (일조군봉수)
雲蒸一洞深 (운증일동심)
人言玉輦昔登臨 (인언옥련석등림)
盤石在潭心 (반석재담심)

白練飛千尺 (백련비천척)
靑銅徹萬尋 (청동철만심)
月明笙鶴下遙岑 (명월생학하요잠)
吹送水龍吟 (취송수룡음)

해가 비추니 뭇 산봉우리가 빼어나고
구름이 끼어 있으니 한 골짜기가 깊다
사람들 말이 옥련이 옛적에 왔었다더니
반석이 소 복판에 있네

천 자 솟구친 흰 비단
만 발이나 내려간 청동의 절벽
달 밝으면 학이 신선을 태우고 산봉우리에 내려와
물속의 용이 내는 소리를 불러 보낸다

"변 공, 이 노래를 알고 계시오?"
 시 읊기를 마치고, 이인임이 변안열을 돌아보면서 묻는다.
 "아닙니다, 미처 읽어 보지 못한 시입니다. 저의 짐작으로는 이곳 박연폭포의 풍광을 읊은 시 같기도 합니다마는…, 대감께서 깨우쳐 주시겠사옵니까?"
 이인임은 조금 전에 읊은 시에 대하여 설명을 한다.
 "이 시의 작자 이제현(1288.1.28~1367.8.24)은 시인이요 문신이며 성리학과 역사학에 조예가 깊을 뿐만 아니라 보기 드문 화가이기도 하지요. 호는 익재, 경주 이씨 익재공파의 파조랍니다. 이 시는 바로 이곳 박연폭포를 노래한 것입니다. 주의해 볼 점이 있어요. 이 시는 겉보기에 각 연이 다섯 자로 구성되어 있습니다. 그런데 그중 한 구는 일곱 자로 되어 있다는 점입니다. 오언 절구와 칠언 율시가 뒤섞여 있는 이상한 구조지요. 이러한 구조는 우리 고려국의 고유한 노래 '시조(時調)'에서도 가끔 발견되고 있답니다."

"그렇네요, 정말 가슴을 울리는 시입니다. 마치 박연폭포를 한 폭의 그림 속에 담아낸 것 같습니다. 그런데 이 시의 파격적인 형태와 같은 현상을 우리 시에서도 드물게나마 만나 볼 수 있는데 이에 대한 연구는 계속되어야 할 것으로 생각되옵니다. 그리고 대감께서는 이곳 박연폭포의 숨어 있는 내력에 관해서도 잘 알고 계시겠군요. 마저 가르쳐 주셨으면 좋겠습니다."

변안열은 어린아이처럼 졸라댄다.

"그렇게 하지요. 마침 일몰이 아름다워 풍광이 더욱 찬란하니, 흥이 저절로 나는구려."

이인임은 박연폭포에 관한 이야기를 들려준다.

"박연폭포는 백 척이 넘는 높이에서 다섯 자의 폭으로 떨어지고 있지요. 금강산의 구룡폭포, 설악산의 대승폭포와 더불어 고려 3대 명 폭 중의 하나랍니다. 이 폭포를 박연폭포라고 부르는 까닭은 따로 있어요. 옛날에 박 진사라는 사람이 이 폭포에 놀러 왔다가 그만 아름다운 경치에 도취 되고 말았답니다. 아스라한 꿈속에서 박 진사는 철부지 소년이 되었어요. 그만 폭포 아래 못 속에 사는 용녀에게 홀려 백년가약을 맺고 이 못 속에서 함께 살게 되었다지요. 박 진사의 어머니는 아들이 돌아오지 않자 이 폭포에서 아들이 떨어져 죽었다고 생각하고 비탄에 빠져 자신도 폭포 밑 깊은 담에 몸을 던져 죽었지요. 그래서 그 담을 박 씨의 성을 따서 박연폭포라 부르게 되었답니다. 어때요? 흥미가 없다는 눈치군요."

"아닙니다. 아주 재미있게 잘 들었습니다. 고맙습니다. 매번 이렇게 큰 가르침을 주시니…그런데 대감, 이 시에서 저는 궁금한 점을 하나 발견하였습니다. 여쭈어도 괜찮겠사옵니까?"

변안열은 아주 조심스러워하는 태도로 뒷말을 이어간다.

"괜찮고 말고요. 어서 말씀해 보시구려, 변 공."

보는 입장에 따라 어쩌면 당돌하게 느낄 수 있을 만큼 암팡지다고 생각하며 이인임은 묻기를 재촉한다.

"앞에서도 말씀했지만 이재현이 이곳 박연폭포의 풍광을 읊은 시는 한 구가 다섯 글자로 이루어졌는데 다른 두 구는 일곱 자로 이루어져 있습니다. 그 까닭이 재차 궁금하옵니다. 저의 소견으로는 人言玉輦昔登臨 (인언옥련석등림)에서 앞의 두 자를 생략해도 의미상 크게 다를 바 없을 것 같고, 月明笙鶴下遙岑(명월생확하요잠) 에서도 마찬가지로 앞의 두 자 月明(명월)을 생략해도 괜찮을 것 같은 데 말씀입니다."

변안열이 시를 보는 눈이 이만큼 날카로웠다.

"그렇구려. 그런데 변 공의 시를 보는 눈매가 무척이나 날카롭구려. 그 혜안이 부럽소이다. 어렵게 제의 하신 문제에 대하여는 저로서는 시원한 답변을 드리기가 어렵소. 다만, 이러한 현상이 우리 시조에 영향을 미쳐서 사설시조라는 색다른 형태를 창출해 내고 있다는 문학계의 흐름을 감지할 수 있을 뿐입니다. 아쉽지만 후학들의 연구 과제로 물려 줄 수밖에 없을 것 같습니다. 미안하오, 변 공."

이인임은 몹시 미안해하면서 시원하게 답해 주지 못하는 자신을 혜량해 주시라는 말만을 되풀이하고 있었다.

멀리서 가까이서 굴뚝 연기가 피어오르고 있다. 저녁을 짓고 있을 아낙네의 손길은 얼마나 아름다울까? 변안열은 갑자기 엉뚱한 생각을 한다. 이 소저가 해맑은 웃음을 지으면서 자기 오라버니와 나란히 앉아 곡주를 나누는 모습을 바라보고 있지나 않을까? 하는 생각이 드는 것이었다.

"대감, 여쭐 말씀이 있사옵니다."

"제가, 아는 것이 있어야지요. 모처럼 변 공께서 청하는 말씀이라니 들어 보기나 합시다."

변안열은 홍건적의 난 이후 대륙을 중심으로 한 국제정세와 고려 무신정권 이후의 국내 정세, 특히 원나라를 배경으로 하여 권력을 휘두르고 있는 권문세족과 지방의 토호들, 이로 인하여 고려 왕권이 흔들리고 있는 현실에 대하여 의견을 교환하였다.

"그래서, 최무선을 등용하여 화통도감을 설치하고 각종 병기를 새로 만들어 내고 있군요."

"네, 그러하옵니다. 저는 이 화통도감이 제 역할을 해낼 시기에 도달했다고 생각합니다. 그런데 이 병기가 어떤 개인의 이익을 위하여 잘못 쓰이지나 않을까 하는 점이 매우 염려스럽습니다. 바라옵건대 대감께서 이 일을 막아주셨으면 합니다."

"그건 나도 같은 생각입니다. 화통도감에서 만들어진 병장기가 어느 개인의 사유물이 된다고 한다면, 이것이야말로 큰일이 아닐 수 없겠지요. 나라를 걱정하시는 변 공을 보니 마음이 무척 든든해집니다. 저에게 무슨 힘이 있겠습니까마는 내 기필코 그런 일은 일어나지 않도록 막아보겠습니다. 변 공께서도 긴장을 늦추지 마시기를 바랍니다."

"감사합니다, 대감. 대감의 말씀에 제가 걱정하던 것이 일시에

싹 사라지는 것 같습니다."

고려에서 많은 군사를 사사로이 거느리고 있는 사람은 꽤 많았다. 그러나 대규모의 군사를 가진 사람은 변방의 경계를 맡았던 사람들이 대부분이었다. 특히 이성계가 그러했다.

"대감, 대감께서는 외적의 침략을 받으면서 고려가 감당해야 했던 참상을 익히 잘 알고 계실 것입니다. 뿌리 깊은 가문에서 태어나시고 자랐으며, 고려 왕실에서 관작을 받은 지도 오래되었는지라, 저간의 사정을 누구보다도 더 소상히 알고 계시지 않겠습니까?"

"변 공, 무슨 말을 듣고 싶어서 이렇게 뜸을 들이는 것이오? 에두르지 말고, 편하게 말씀하시오."

"네, 대감. 우선, 원나라와 고려와의 관계부터 듣고 싶습니다. 무리한 청을 올려 송구스럽습니다."

이인임은 한때나마 막내 여동생과 지고지순한 사랑을 나누었고, 먼 이국땅에서 동생의 시신까지 운구해 와 고국의 품에 안기게 해준 변안열을 열 살 이상의 나이 차이가 있음에도 불구하고 항상 친구같이 대해주고 있었다. 비록 나이는 어리지만 변안열의 고매한 인품에 매료되었으며 무한한 신뢰까지 쌓아 온 터였다. 거리낄 것이 없다는 뜻이다. 이인임은 술잔을 단숨에 쭉 들이킨다. 술 두어 방울이 긴 수염에 이슬처럼 맺힌다. 이인임은 수염을 쓰다듬어 맺힌 술 방울을 쓸어내리면서 무거운 입을 연다.

고비사막의 모래바람이 흙먼지를 일으키며 대지를 쓸고 있다. 드넓은 몽골 초원, 신라의 최치원이 딛고 간 발 냄새가 아직도 가시지 않은 비단길, 칭기스칸은 그 길을 따라 서역으로 군사를 이끌고 갔고, 세계 최대로 영토를 넓혀 통일제국을 건설하였다. 아시아의 중원에서는 그의 피가 흐르지 않는 곳이 없을 정도였고 고려도 그 영향권에서 벗어날 수가 없었다. 고려 말 무인 정권이 들어섰을 무렵이다. 몽골의 혈통을 이어받은 원나라가 끈질기게도 고려로 침략해 왔다. 고려 강토를 무참하게 짓밟았을 뿐만 아니라 고려 백성의 혼까지 빼앗아 갔다. 드디어 칭기스칸의 피는 고려국의 순수성까지도 흐려 놓기 시작했다. 그런데 어느 나라 어느 시대를 막론하고 상황이 이럴 때는 반드시 배신자가 나타나는 법인가 보다. 그 배신자는 점점 자신의 세력을 모으고 키워서 상호 간에 충돌하는 이해를 조정하고 마침내 그들만의 축제를 벌이게 된다. 이것이 인간사회가 엮어가는 역사라는 것이다. 원나라는 고려조정 내의 정치는 물론 민간생활에도 엄청난 영향을 미쳤다. 멀리 볼 것도 없이 공민왕이 태어날 무렵부터 오늘날까지의 상황만 살펴보아도 금방 알 수 있었다. 이인임은 잠시 숨을 가다듬는다. 저녁 안개를 몰고 불어오는 바람이 제법 삽상하다. 폭포 소리는 더욱 시원하게 들려 온다.

고려 제26대 충선왕(1275~1325)은 두 번씩이나 왕위에 오른 분이다. 1298년에 한 번, 1308~1313년에 또 한 번이 그것이다. 몽골식 이름은 이지리부카이다. 아버지는 충렬왕이며 어머니는 원 세조 쿠빌라이의 딸 제국대장공주이다. 비는 원나라 진왕 감마라의 딸 계국대장공주를 비롯하여 몽고 여인 의비, 서원후 왕영의 딸 정비, 홍규의 딸 순화원비, 조인규의 딸 조비, 허공의 딸

순비 등 여럿이다. 왕비의 숫자가 늘어남에 비례하여 왕권이 공고해지기는커녕 오히려 비례적으로 흔들리게 되는 이상한 현상이 나타나기도 했다.

"왕비의 수가 늘어나면 왕권도 신장 되고 안정될 것 같은데, 오히려 흔들리다니요?"

변안열이 말을 자르며 끼어든다.

"설명하자면 복잡합니다. 한마디로 왕비 또는 왕비를 등에 업은 처족들 간의 암투, 즉 세력다툼 탓이라는 정도로만 알아 두시구려."

어둠이 두 사람의 어깨 위로 내려앉는다. 하늘에는 한 송이 두 송이 별꽃이 피어나기 시작한다. 그러나 두 사람은 일어날 줄 모르고 이야기에 푹 빠져들었다. 공교롭게도 충선왕과 관련된 사건은 운곡으로부터 들은 이야기와 비슷했다. 그러나 변안열은 아는 체를 하지는 않았다. 충선왕의 일대기는 고려 말엽 여원 관계를 적나라하게 보여주고 있어 나라를 걱정하는 사람들의 가슴마다 응어리져 있다는 것을 깨달을 수 있었다. 이인임은 잠시 말을 멈추고 자리에서 일어선다.

"변 공, 잠시 실례하겠소. 아까부터 소변이 마려웠는데 이제 인내심이 그 한계점에 도달한 것 같소. 내 잠시 다녀오리다."

이인임은 박연폭포가 웅덩이에 떨어졌다가 몇 바퀴를 조리돌림 당한 뒤 그 웅덩이를 빠져나오는 물줄기에 자신의 내장에서 나온 노폐물을 아낌없이 쏟아냈다.

"이렇게 시원한 걸, 억지를 써가며 참았다니…. 나도 참 미련하지요?"

한 줌의 권력에 목을 매달고 진흙탕 싸움을 하는 개떼처럼 아귀다툼을 벌이는 사람들에게 이 같은 시원함을 가르쳐 줄 방법을 찾지 못하는 자신이 답답했다.

"도성 사람들은 내가 오줌을 싼 줄도 모르고 이 물에서 목욕하고 빨래하고 밥을 짓고 심지어 마실 물로도 쓰고 있겠지요?"

"그러게 말입니다."

변안열은 건성으로 대답했다. 하지만 다시 생각을 돌려 보면 그 말속에는 깊은 뜻이 담겨 있었다. '도성 사람들은 노비에서 임금까지 이인임의 오줌이 섞인 물을 마시지 않고는 살아갈 수 없는 거야' 변안열은 웃음이 터질 것 같았지만 가까스로 참는다. 깊은 산 그믐께의 밤, 어둠이 깔리는 송악을 바라보며 서산머리를 향하여 달리는 초승달을 등불 삼아 두 사람은 남은 이야기를 계속했다.

이러한 국내외 정세 속에서 변안열 선대의 핏줄도 요동치는 한 시절을 겪으면서 흘러왔다. 즉, 변씨는 은나라 미중의 후예로 미중이 주나라 무왕에 의해 송나라 제2대 공작이 되었고 제26대 평공의 아들 어융의 자가 자변(子邊)으로 그 후손이 자를 성씨로 삼은 이래 농서의 변송 지방에서 대대로 살아오다가 당나라가 멸망한 후 오대십국을 이은 북송 때에 연성부원군 변유영이 장연변씨(長淵邊氏)의 시조가 되었고, 그 한 갈래가 남송 말에 고려국 황주로 들어와 자리잡고 태천백에 봉해진 변려로부터 황주변씨(黃州邊氏)의 가계가 이루어졌다. 변려의 후손인 변순이 원나라 사신을 따라 원으로 건너가서 장수가 되었고 변순의 손자로 공민왕을 호종했던 사람이 바로 변안열이었다. 남송→고려→원→고려의 몇 차례 국적 변경을 일으키면서 변안열은 황주 변씨에서 빠져나와 원주를 본관으로 하는 원주변씨(原州邉氏)의 시조가 되었다. 변안열에게는 남다른 버릇이 하나 있었다. 분위기 있는 대화의 장에서는 자신 속에 흐르고 있는 피에 관한 생각에 깊이 빠져들곤 한다는 것이었다. 지금도 그러한 상황이다. 변안열은 샛길로 빠져나가려는 정신 줄을 잡아매느라고 잠시 애를 먹었다.

"대감, 외람되오나 한 가지 더 여쭙고 싶은 것이 있사옵니다. 여쭈어도 괜찮겠사옵니까?"

갑자기 변안열이 말머리를 돌린다.

"괜찮고 말고요. 개의치 마시고 말씀해 보시오."

이인임이 자세를 고쳐 앉으며 변안열을 지긋이 바라본다.

"다름이 아니옵고 조금 전에 최 씨 4대 무신정권 시대에 대하여 잠깐 말씀하셨는데 …."

변안열이 말꼬리를 흐린다.

"아, 그 최 씨 무신정권 얘기군요. 의종 24년부터 원종 11년까지(1170~1270) 100년 동안 고려조정을 무신들이 휩쓸던 시대가 있었지요. 정중부 경대승 이의민에 이어 최충헌·최우·최항·최의 4대가 62년간 집권했지요. 문신 중심에서 무신 중심으로 권력이 옮겨갔을 뿐 특별한 점은 없답니다. 몽골의 침략 시기와 겹쳐 지면서 무신들이 활개를 치던 시대였지요."

이인임이 정치적인 측면에서 간략하게 설명한다.

"그러하온데 대감, 칼과 활이 춤추던 시기에도 문학 활동을 활발하게 전개한 분이 계셨다는데 …, 그중 백운거사 이규보(白雲居士 李奎報) 선생에 관하여 …"

변안열이 조심스럽게 청을 이어갔다.

"백운거사요? 그렇소, 그분은 보기 드문 문학가이지요. 무인은 아니지만 무신정권 시대에 일익을 담당했던 사람입니다. 특히 최충헌의 총애를 받았지요. 변 공이 문학에까지 관심이 깊은 줄은 미처 몰랐구려. 우리 민족의 시인 시조(時調)에는 기본율격에서 벗어나는 작품이 더러 있다는 것을 찾아내는 안목도 높고요. 국문학자들은 이러한 특징을 가지는 시조를 사설시조(辭說時調)라고 갈래 잡기도 한답니다. 그래, 무엇을 더 알고 싶으신 게요?"

"부끄럽사옵니다. 소인이 심양에서 공민왕으로부터 고려국의 시가에 대하여 들은 바가 있어 늘 궁금하던 차 우연히 백운거사의 행적에 관심을 두게 되었사옵니다. 불편하게 해 드린 점 용서를 구하옵니다. 하오나 꼭 듣고 싶은 이야기입니다. 물리치지 마시옵소서. 대감께서는 이색 할아버님의 시심을 이어받았을 줄로 아옵니다. 이 소저도 그랬으니까요."

변안열은 조심스럽게 백운거사에 대한 질의 경위를 말씀드렸다.

"아니오, 아니오, 불편하다니요. 당치 않습니다. 다만 안타깝게도 저는 할아버님의 시심을 이어받지 못했습니다. 그러나 백운거사에 관해서라면 몇 가지 전해 들은 바가 있으니 아는 대로 말씀드리도록 하지요."

이규보는 여주 출신으로 여주 이씨 가문이다. 아버지 이윤수(李

允浮) 어머니 금란군군(金蘭郡君) 김 씨 사이에서 1168년에 출생하여 1241년까지 74세의 장수를 누렸다. 세 번의 낙방 끝에 네 번 만에 과거에 급제한 고려 말기의 문장가인데 백운거사를 과거에 합격시킨 글 「유아무와 인생지한(有我無蛙 人生之恨)」에 얽힌 이야기는 매우 흥미롭기까지 하다. 당시 시대 상황을 풍자적으로 잘 반영한 것이기 때문이다. 아이러니하게도 백운거사의 출세기와 비슷한 맥락을 가진 글이기도 하였다.

"백운거사의 작품은 많이 남아 있지요. 특히 그의 작품집인 동국이상국집(東國李相國集)은 역사적 가치가 충분한 것이라오. 작품으로는 경설, 국선생전, 동명왕편, 도소녀, 슬견설, 주뢰설, 칠현설, 영정중월, 절화행, 여귀꽃과 백로, 시월전, 청강사자현부전, 괴토실설, 이옥설, 소현명, 득흑묘아와 책묘 등 헤아릴 수 없을 만큼 많이 남아 있다오."

이인임은 이규보에 대한 이야기를 마치면서 마침 오늘 밤과 같은 정취를 풍기는 5언절구 한 수를 읊어 준다. 제목은 영정중월(詠井中月) 우물 속 달을 읊다는 뜻이다.

山僧貪月色 (산승탐월색) 산사의 승려가 달빛을 탐하여
幷汲一甁中 (병급일병중) 병 속에 물과 함께 담아가네
到寺方應覺 (도사방응각) 절에 도착하면 비로소 깨달으리
甁傾月亦空 (병경월역공) 병을 기울이면 달 또한 비는 것을

"어떻소? 기가 막히지 않소, 변 공?"
영정중월이라는 시 읊기를 마치면서 이인임이 지긋한 눈빛으로

변안열에게 묻는다.

"참으로 절묘한 비견입니다. 물속에 잠긴 달빛을 병에 담아와 두고두고 보며 즐길 요량으로 절로 돌아와 병 속의 물을 따라 냈더니 그와 함께 달도 없어지고 말았다는 해학적인 발상과 사물에 대한 투시력이 비범하게 생각되옵니다. 걸작으로 사료 되옵니다, 대감."

변안열이 깊은 감흥을 받아 탄성을 자아냈다. 옆에서 쿵쾅거리며 농탕치며 흘러내리는 박연폭포 물결 위에 마침, 지다 남은 조각달이 잠겨 닻줄에 매달린 한 척의 조각배처럼 흔들리고 있었다.

"어디 그뿐입니까? 백운거사가 지은 작품 중 술을 의인화하여 지은 국선생전(麴先生傳)이라는 가전 작품이 있답니다."

이인임은 시간 가는 줄도 모르고 이야기를 계속 쏟아낸다.

국선생전의 주인공인 국성(麴聖, 맑은 술)은 주천 고을 사람으로 아버지 차(醝)와 어머니 곡씨(穀氏) 사이에서 태어났다. 국성은 어려서부터 이미 깊은 국량이 있었다. 손님이 국성의 아버지를 찾아왔다가 국성을 눈여겨보고 "이 아이의 심기가 만경의 물과 같아서 맑게 해도 더 맑지 않고 뒤흔들어도 흐려지지 않는다"고 칭찬하였다. 국성은 자라서는 유영, 도잠과 더불어 친구가 되었다. 임금도 국성의 향기로운 이름을 듣고 그를 총애하였다. 그리하여 국성은 임금과 날로 친근하여 거슬림이 없었고, 잔치마당에서도 함부로 노닐었다. 국성의 아들 삼 형제 혹(酷), 포(醥), 역(醳)은 아버지의 총애를 믿고 방자히 굴다가 모영의 탄핵을 받았다. 이로 말미암아 아들들은 자살했고 국성은 파직되어 서인으로 떨어졌다. 그러나 국성은 뒤에 다시 기용되어 난리를 평정함에 공을 세웠다. 그 뒤 스스로 분수를 알고 물러나 임금의 허락을 받아서 고향에 돌아가 폭병으로 죽었다는 이야기다.

"백운거사는 이 작품을 통해 술과 인간과의 관계에서 빚어지는 덕과 패가망신의 인과관계를 군신 사이의 관계로 옮겨놓고 그 성패를 비유적으로 다루고 있다오. 특히 주인공 국성을 신하의 입장으로 설정하고 있음이 주목되지요. 이러한 설정은 유생의 삶이란 근본적으로 신하로서 군왕을 보필하여 치국의 이상을 바르게 실현하는 데 있음을 일깨워 주고 있는 작품이라오. 신하는 군왕으로부터 총애를 받게 되면 자칫 방자하여 신하의 도리를 잃게 되고 말지요. 그러면 신하는 한때 무소불위의 권력을 휘둘러 국가나 민생에 해를 끼치는 존재로 전락하기 쉽게 되고 만다오. 마침내 자신의 몰락까지 자초하고 …. 요약하면 국선생전은 신하는 신하의 도리를 굳게 지켜나감으로써 어진 신하가 될 수 있음을 보여주면서 동시에 때를 보아 물러날 줄도 알아야 함을 제시하고 있는 작품이지요. 백운거사를 삼혹호선생(三酷好先生)이라는 호를 붙이기도 하는데 그런 만큼 술을 소재로 하여 지은 시문도 많았다오. 술에 관한 시 한 수를 더 소개하겠소."

이인임은 다시 시 한 수를 읊는다. 폭포가 떨어지는 소리에 묻힐 듯 애잔하게 들리는 소리, 그것은 술 한 잔으로 흥겨워진 고려인들의 유장한 숨결이었다.

無酒詩可停	(무주시가정)	술이 없으면 시도 내키지 않고
無詩酒可斥	(무시주가척)	시가 없으면 술도 시들해
詩酒皆所嗜	(시주개소기)	시와 술이 모두 좋으며
相值兩相得	(상치양상득)	서로 걸맞고 서로 있어야 하네
信手書一句	(신수서일구)	손 가는 대로 시 한 수 짓고
信句傾一酌	(신구경일작)	입맛 당기는 대로 술 한 잔 마셨지

송악산의 밤은 그렇게 깊어 갔다. 실낱같이 남아서 마지막까지 희미한 빛을 띄우던 초승달도 어느새 기울고 있었다. 그 밤의 어느 마디에선가에서 두 사람은 아직도 길게 여운을 끌고 있는 송악산의 속삭임을 털고 아쉬움을 남긴 채 일어섰다.

격변하는 고려의 사계절은 제가 설 자리마저 찾지 못한 채로 혼돈 속으로 빠져들고 있었다. 가지만 남은 겨울나무의 꼭대기에 올라 변안열은 중원과 고려의 질서 없이 급변하는 사계를 한 마리 까마귀가 되어 내려다보고 있었다. 험한 산 좁고 깊은 계곡, 이것을 덮고 있는 하늘에 검은 구름이 한껏 몰려들었다가 흩어진다. 장대비가 쏟아지다가 금방 뚝 그친다. 변안열은 이와 같은 계절의 회오리바람 속에서 도무지 예측이라는 것을 할 수가 없었다. 한 치 앞을 내다볼 수 없는 국내외 정세다. 공민왕 1년 1352년 9월 29일부터 10월 4일까지 단 6일에 걸쳐 조일신이 반란을 일으킨 것을 시작으로 조정은 어지러워지기 시작했다.

조일신은 충선왕 때의 공신인 조인규의 손자이자 충숙왕 때 찬성사를 지낸 조위의 아들이다. 공민왕이 세자이던 때 원나라에서 숙위했는데 공민왕이 즉위하자 그 공으로 참리에 임명되었다. 귀국하여 찬성사가 되었고 이어 연저수종 1등 공신에 책봉되었다. 그 뒤 왕을 숙위한 공로를 빙자하여 인사권 전담기구인 정방의 부활을 요구하는 전횡을 일삼았다. 그는 공민왕이 원나라에 있을 때 원나라가 점차 쇠미해지는 반면 대륙에는 한족이 일어서는 기운을 감지했다. 공민왕이 즉위하면서 여러 개혁정치를 시행하자 이를 계기로 부원배를 제거한 뒤 국왕의 측근세력으로서의 정치적 지위를 높이려고 했다.

조일신은 판삼사사가 되어 공신으로 책봉된 뒤 같은 무리인 전 찬성사 정천기, 최화상 등과 모의하여 부원배의 중추세력인 기철, 고용보 등 기씨 세력을 암살하려 했다. 왕이 거처하던 성입동의 이궁을 포위하고 직숙을 살해한 뒤 왕을 위협하여 스스로 우정승이 되고 정천기를 좌정승에 임명했다. 나머지 무리에게도 골고루 요직을 배분했다. 그러나 그는 기철 등이 도망친 데다 자신의 지나친 행동이 지탄받을까 두려워한 나머지 자신의 무리에게 죄를 씌워 최화상을 죽이고 장승량 등을 목 베어 저잣거리에 내걸게 하고 정천기를 하옥하였다. 그리고 그 공으로 스스로 좌정승이 되고 찬화안사공신의 호를 받았다. 이에 공민왕은 단양대군의 저택으로 옮긴 뒤 삼사좌사 이인복과 그를 죽일 계획을 세웠다. 같은 해 10월 3일에 행성에 나아가 기로 대신들과 밀의하여 이튿날 김첨수를 시켜 조일신을 잡아들여 참수했다. 이로써 엿새 동안의 조일신 난은 평정되었다.

조일신의 난이 평정된 지 11년 만인 1363년 공민왕 12년 다시 홍왕사의 변이 일어났다. 1359년에 뒤이어 1361년에 홍건적 10여 만의 무리가 재차 침입하자 정세운이 총병관이 되어 안우, 이방실, 김득배, 김용, 최영 등과 함께 싸워 적을 물리쳤다. 이후 공민왕은 폐허가 된 개경으로 돌아와 궁궐이 복구되기 전까지 잠시 홍왕사에서 머물렀다. 이렇게 왜적을 물리친 지 며칠이 안 되어 고려의 장신(將臣) 사이에는 왕의 신임과 군공을 시기하여 서로 싸우는 비극이 벌어졌다. 김용은 평소에 사이가 나쁜 정세운의 공을 시기한 나머지 왕지를 위조하여 안우, 이방실, 김득배로 하여금 정세운을 죽이게 하고 그 일당에게 죄를 뒤집어씌워 모두 죽였다. 그리고 복주에서 돌아와 홍왕사의 행궁에서 거처하던 공민왕을 죽이고자 했다. 이 난 중에 환관 이강달이 왕을 업고 뒷문을 통해 도망가서 대비의 밀실에 이르러 담요를 뒤집어씌워 숨겼다. 노국대장공주가 그 문 앞에 버티고 앉았다. 도적들이 왕의 침전에 들어갔을 때 공교롭게도 왕과 비슷하게 생긴 환관 안도치가 왕의 침소에 있었다. 반란군이 그를 왕이라고 생각하여 죽이고는 날뛰면서 만세를 불렀다. 이 변란은 최영 등이 군사를 이끌고 행궁에 이르러 토벌함으로써 끝났지만 김용은 오히려 1등 공신에 봉하여졌다. 그러나 곧 홍왕사변의 진실이 밝혀져 죄를 물어야 마땅했으나 김용은 그동안의 공로를 인정받아 우선은 죽음을 면했다. 그러나 그는 밀성군으로 귀양 갔다가 다시 계림부로 옮긴 뒤 사지가 잘려 전국에 돌려지고 머리는 개성에 보내져 효수되었다.

국제정세의 변동과 고려 왕권의 쇠약으로 이러한 내국인에 의

한 변란이 일어나는가 하면 주변 국가의 알력으로 고려가 피해를 입고 고려 영토 내에서 원나라의 유목민이 난을 일으키는 경우도 있었으니 탐라의 목호들에 의한 난이 그것이다. 목호의 난은 1372년 공민왕 21년에 발발하여 1374년 공민왕 23년에 평정된 반란이다. 1273년 원종 14년 원나라는 탐라의 삼별초 난을 진압한 뒤 이곳에 총관부를 설치하고 다루가치를 두어 다스렸다. 1277년 충렬왕 3년에는 목마장을 설치하고 목호를 보내어 말을 기르게 했는데 이 목축사업은 고려 말까지 계속되었다. 그 뒤 1295년 탐라가 고려에 귀속되어 이름을 제주라 고치고 조정에서는 목사와 판관을 파견했다.

1370년 공민왕 19년 명나라와 국교가 굳어지고 제주의 말을 명나라에 보내게 되었을 때 목호들은 세조 황제의 명을 받아 방축한 말을 적인 명나라에 보낼 수 없다고 하며 소란을 일으켰다. 고려는 1372년 예부상서 오계남을 명나라에 보내 말을 바치기로 했고 명나라 유지별감 겸 간선어마사 유경원과 함께 제주에 갔다. 이때 목호 석질리, 필사초고, 독불화, 관음 등이 반란을 일으키고 유경원과 이용장을 죽였다. 그러던 중, 1374년 명나라가 북원을 치려고 제주의 말 2천 필을 요구해 왔다. 이에 조정에서는 문하평리 한방언을 제주에 보냈는데 목호들은 공출을 거부하고 말 3백 필만 내놓았다. 명나라 사신 임밀과 채빈 등은 말이 2천 필에 차지 않으면 돌아갈 수 없다고 버텼다. 이를 계기로 목호 토벌 작전이 시작된 것이다.

그리하여 문하찬성사 최영을 양광, 전라, 경상도 도통사, 밀직제학 염흥방을 도병마사, 삼사좌사 이희필을 양광도상원수, 밀직 임견미를 부원수, 판숭경부사 지윤을 경상도상원수, 동밀직사사 나세를 부원수, 지문하성사 김유를 삼도조원수 겸 서해 교주도 도순문사로 삼아 치게 했다. 이때 변안열은 최영과 함께 본진에 머물렀다. 최영이 해전 경험이 일천 하였으므로 변안열이 사실상 토벌군을 총괄 지휘하는 실질적인 토벌대장이라는 중책을 맡게 되었다. 동원된 전함 314척에 예졸 2만 6천여 명이다. 그리고 문하평리 유연을 양광도 도순문사 지밀직사사 홍사우를 전라도 도순문사로 삼아 각각 진에 유수하게 하여 불의의 사태에 대비케 했다. 당시 목호를 중심으로 하여 제주에 잔존하던 몽골인과 부원세력이 상당히 강하였음을 알 수 있다.

이 무렵 최영은 나이가 많아진 데다가 해전 경험이 없어 목호 토벌에 과감하게 대처하지 못하고 망설이고 있었다. 이에 변안열은 스스로 앞장서서 탐라에 상륙, 목호 토벌 작전을 선봉에서 주도했다. 변안열은 결국 도적의 괴수 3인을 처단함으로써 목호의 난을 평정했다.

한편 명나라 사신은 말 3백 필만을 가지고 돌아갔는데 그 중 채빈은 개주참에서 호송을 맡았던 김의에게 피살되었다. 이로 인하여 고려와 명나라의 외교 관계가 복잡한 양상으로 전개되었으며 이렇게 공민왕 때의 국내외 정세는 한 치 앞도 내다볼 수 없는 짙은 안개 속에서 창칼이 부딪치는 소리만 귀를 아프게 했다.

변안열이 탐라에서 목호의 반란을 평정하고 집으로 돌아와 전장에서 지친 심신을 쉬고 있을 때였다. 그날도 송악산을 오르고 있는데 변안열을 부르는 사람이 있었다.

"대은 어르신이 아니십니까?"

"그렇소만, 댁은 뉘시오?"

"소인은 목은 이색(牧隱 李穡) 어르신을 모시고 있는 아랫것이옵니다."

"그래, 나에게 무슨 볼일이라도 있는 게요?"

"목은 대감께서 잠깐 뵐 수 있는지 여쭈어 오라 하셨사옵니다."

목은 이색이라면 당대의 유명한 삼은 중 한 사람이었다. 변안열보다 여섯 살이 위인 문신이다. 변안열은 바쁜 일이 있던 것도 아니라서 기꺼이 만나 보기로 했다.

"그래, 지금 보자고 하셨소?"

"아무 때라도 좋다고 하셨습니다. 물론 지금 당장도 좋고요."

"그러면, 지금 뵙자고 여쭈어 주시오."

변안열은 이색의 사저로 갔다. 따로 볼 일이 있어서가 아니라 우연히 마주친 김에 술 한 잔 나누자는 목은의 제안으로 예정에 없이 이루어진 자리였다.

"탐라, 그 먼 데까지 가셔서 노고가 크셨습니다. 전공 또한 혁혁했다고 들었습니다. 자 한 잔 받으십시오."

"이렇게 초대해 자리까지 같이 해주시니 광영이옵니다. 대감."

두 사람의 대화는 처음에는 국내외 정세의 흐름, 특히 고려가 기우는 반면 새로운 왕조가 고개를 내미는 시대상을 이야기했다. 그러나 이내 이색의 인생관 문학관 등을 중심으로 대화의 물길이 흘러갔다.

"고려에는 고유한 문자가 없습니다. 대개 한자에 의존하고 있어 한문화가 큰 줄기를 이루고 있지요. 물론 향가 표기 방식인 이두가 있기는 하지만 아주 제한적이고…. 그래서 구비문학이 발달하고 있답니다."

"고려에는 별곡체 시가와 패관문학이라는 독특한 형태의 문학 갈래도 있지 않습니까? 청산별곡 같은 민속 노래도 있고 이규보의 보한집 같은 창작 문집도 있지 않습니까?"

"그야 그렇지요. 그러나 말과 글이 일치하지 않아 고려의 문예 발전에는 한계가 있다고 봅니다."

"우리 글이 있어야 하는 필요성을 말씀하시는군요."

"그래요, 우리 말은 있지만 우리 글이 없다니…. 자기의 솔직한 정서를 마음껏 펼치기 어렵다는 이야기지요. 그로 인한 백성들의 애로사항은 말로 다 표현할 수 없답니다."

"말씀을 듣고 보니 그렇습니다. 고려에도 언어의 마술사가 나왔으면 좋겠습니다. 훌륭한 대학자가 나와서 우리 글을 창제해 준다면 민족의 앞날이 더욱 창창해질 텐데요."

"그야 물론이지요. 그래서 저는 드물게나마 시를 지을 때 한시의 형식을 벗어나 요즈음 구비로나마 독특한 형태를 갖추어 가고 있는 우리 노래를 써 보고 있답니다. 마침 최근에 읊어 본 시가 있는데 들어 보시겠습니까?"

"들어 보다 말다요. 어서 들려주십시오."

"내어놓기가 부끄러우나 체면불구하고 읊어 드리겠습니다."

    白雪(백설)이 자즈진 골에 구름이 머흐레라
    반가운 梅花(매화)는 어내 곳의 퓌엿는고
    석양에 홀노 서 잇서 갈곳 몰나 ᄒ노라

"목은 대감, 내친김에 속뜻까지 풀어 주시면 금상첨화가 되겠습니다. 청을 올립니다."
"제가 쑥스러워집니다. 허나 대감께서 그리 청을 넣어 주시니 창작 경위 겸 노래의 속뜻을 말씀드리겠습니다. 너무 흉보지 마시기 바랍니다."

흰 눈이 녹아 없어진 골짜기에 구름이 험악하게 일어나는구나. 절개를 나타내는, 보기만 해도 반가운 매화는 어느 곳에 피어 있는고. 날은 저물어 가는데, 나그네가 홀로 서서 어디로 갈 것인지를 모르고 있도다.

"목은 대감, 감명 깊게 잘 들었습니다. 외람되오나, 저도 보답을 드려야 할 것 같은 생각이 드옵니다. 허락하신다면 목은 대감의 시 뒷면을 제가 상상되는 대로 말씀드려볼까 합니다. 거창한 이름을 붙일 것이 아니라 가볍게 보는 풍경화라고 생각해 주시면 좋겠습니다."
"그래요, 나로서는 아주 고마운 일이지요. 귀담아 새겨듣겠습니다."

변안열은 즉흥적으로 가슴을 파고드는 목은의 속마음을 이야기한다.

"백설과 구름, 거기에 매화를 찾아 붉게 물든 황혼의 노을 앞에 서 있는 작자 목은, 흰색과 붉은색이 조화를 이루어 마치 한 폭의 산수화를 연상케 한다. 백설이란 언제나 청초한 양심이나 정도로 비유되어 예술의 경지로 승화되었고 '백설, 골, 구름, 머흐레'

로 이어지는 인간미와 은유의 세계, 고려 말의 신하로서 황혼을 배경으로 하여, 기우는 왕조에 대한 어두운 심정을 토로하는 수법은 어떠한 시적 대조, 대구의 입장도 초월하고 있지 않은가. 지금은 존재하지 않으나 장래에 일어날 꿈과 상징으로 묘사되고 있는 매화는 작자가 추구하고자 하는 무릉도원의 탈속경인지도 모르겠다. 이렇게 새겨도 괜찮을는지 두렵습니다, 대감."

변안열의 감상평이 끝났음에도 목은은 한동안 두 눈의 초점을 바로잡지 못하고 있었다.
"제가 너무 버릇없는 일을 저질렀지요? 우민한 자의 앞뒤 모르는 행동이라 여기시고 부디 용서해 주십시오, 목은 대감."
변안열이 자세를 가다듬으며 허리를 굽혀 사죄한다.
"변 공, 용서라니요. 오히려 제가 엎드려 큰절이라도 올려야겠습니다. 오늘 진주 한 알을 발견했습니다. 어찌 이런 구슬이 자신의 몸 하나 굴릴 쟁반을 만나지 못했을까요? 그것이 안타까울 뿐입니다. 바라옵건대, 지필묵을 함께 쓰는 문우로 삼아 주신다면 큰 영광이겠습니다."
이색은 변안열의 손을 덥썩 잡는다. 고개를 반쯤 숙이며 손에 힘을 준다.
"고맙습니다. 소생을 그리 칭찬해 주시다니… 몸 둘 바를 모르겠사옵니다. 소생이 감히 문우 됨을 입에 올릴 수는 없는 일이옵니다. 앞으로 철없는 막내쯤으로 여기시고 일깨워 주신다면 더없는 광영이겠사옵니다."
이색(李穡)은 1328년에 나서 1396년에 작고한 고려말 3은 중의 한 사람이다. 원(元)의 정시에 합격하고 성리학을 연구하여 유학의 대가로 칭송받는 분이다. 우왕의 사부가 되었고 공민왕 때에 문하시중에 이르렀다. 저서로 목은 문고, 목은 시고 등이 있다.

또한 이색은 세상이 다스려지는 것과 혼란스러워지는 것을 성인의 출현 여부로 판단하는 인간 중심, 즉 존왕주의적 유교사관(尊王主義的 儒敎史觀)을 가지고 역사를 서술하기도 했다. 문하에 고려왕조에 충절을 지킨 정몽주, 길재, 이숭인 등과 조선 왕조 창업에 공헌한 정도전, 하륜, 윤소종, 권근 등의 제자를 두었다. 변안열은 밤이 이슥해서야 이색의 집을 나왔다.

변안열은 고려조정 상비군 창설에 착수하였다. 홍건적과의 전투에서 생포한 포로 중 고려에 남고자 하는 군사와 경향 각지에서 지원한 고려민을 혼합하여 새로운 부대를 창설하였다. 전리품으로 획득한 군마를 기반으로 기병 부대를 조직하고 보병부대와 함께 군사를 조련하였다. 한편 화통도감을 설치하고 최무선을 제조(提調)로 삼아 마침내 화약을 만들어 내게 되었다. 또 전함의 제도를 연구하여 제조했다.

최무선은 경상도 영천 출신이다. 일찍부터 병법에 관심이 많았고 왜구를 제압하는 데는 화약만큼 효과적인 것이 없다는 판단을 내리고 화약 제조에 나섰다. 최무선은 왜구의 침입으로 고려 백성들이 고통받는 현실을 보고 화약과 화포를 개발하기로 마음먹었다. 다만 이미 최무선이 어렸을 시절 송도에서 폭죽을 이용한 불꽃놀이가 있었다는 점에서도 알 수 있듯이 고려에서도 화약을 사용하고는 있었다. 변안열이 최무선의 이러한 뜻을 간파하고 조정의 전폭적인 지원을 아끼지 않았다.

화약과 화약 무기의 제조 초기에는 상황이 무척 어려웠다. 화약의 주요 재료는 염초, 황, 목탄인데 이 중 가장 문제가 된 부분은 염초였다. 숯이야 말할 것도 없고 황도 천연 재료인 데다 예로부터 화약을 사용해 왔기에 특별할 게 없는 재료였다. 그러나 염초는 특수한 토양에서만 채취되기 때문에 구하기가 쉽지 않을 뿐 아니라 질산칼륨으로 정제하는 공정이 필요했기 때문에 화약 제작은 정말 어려운 일이었다. 게다가 주요 제조국이었던 원이 최신 무기인 화약과 화약 병기를 함부로 주변국에 공급하지 않았다. 그뿐만 아니라 화약 제조법을 철저하게 국가기밀로 다루었다. 그저 완성된 화약만을 주변국에 판매했다. 특히 화약 계통 기술서에는 재료만 소개할 뿐 제조 방법은 모든 재료를 적절한 양으로 적절하게 섞는다는 식으로 두루뭉술하게 서술하고 있었다. 더구나 고려의 국체를 보전해 주는 대신 고려의 군사력을 의도적으로 약체화시키려는 몽골이 고려가 화약을 개발하도록 그냥 내버려 둘 리가 없었다. 따라서 최무선은 철저하게 개인적으로 제조법을 연구해야만 했다.

최무선은 여러 가지 화약과 화포 기술서를 모아 분석한 후 직접 만들어 보기 시작했는데 방법이 위험하기도 하였다. 중간에 사고사를 당하지 않은 것이 기적이었다. 다만, 고려는 정확한 제조법 및 양산법을 몰랐을 뿐, 이미 고려에서도 화약을 소규모로 운영하고 있었기 때문에 사용법이나 위험성은 잘 알려져서 무작정 밑바닥에서부터 연구를 시작한 것은 아니었다. 마침 자신과 평소

친분이 있던 강남에 살던 원나라 상인이 최무선의 국가를 위한 목숨 건 개발 행위에 감복하여 가르쳐 주었다고는 하지만 그 전에 대충 거의 다 완성했다고 한다. 화약을 양산하는 데 성공한 최무선은 이를 도평의사사에 보고하여 화통도감을 설치하고 그 제조가 되어 화약 무기를 개발하였다.

경신년 1388년 가을에 왜선 3백여 척이 전라도 진포에 침입했을 때 의 일이다. 변안열은 최무선의 화약을 시험해 보고자 그를 부원수에 임명하고 배에 화구를 싣고 곧장 진포에 이르렀다. 마침 싸움을 준비하려고 모여 있는 왜선과 만나 최무선이 화포를 앞세워 모조리 침몰시켰다. 순식간에 배를 모두 잃어버린 왜구는 육지에 올라와서 전라도와 경상도까지 노략질하고 다시 운봉에 모여들었으나 결국 격퇴당하고 말았다. 경신년 왜적 소탕 작전에서 변안열은 상비군의 전투력과 최무선이 발명한 화약과 화포의 성능을 확인할 수 있었다. 이 싸움은 변안열의 전공도 빛난 것이었지만 그와 못지않게 최무선의 공로도 크다고 아니할 수 없는 싸움이었다. 이렇게 혁혁한 전공을 세운 최무선에게 권근은 '하최원수파진포왜선(賀崔元帥破鎭浦倭船, 진포에서 왜선을 깨뜨린 최 원수를 축하하며)' 라는 축시를 써서 이를 칭송하였다.

이 시를 지은 권근(權近, 1352~1409.2.14)은 고려 말 조선 초의 학자로서 문신이다. 본관은 안동(安東) 호는 양촌(陽村) 시호는 문충(文忠)이다. 일찍이 이색의 문하에서 수학하였다.

明公才略應時生 (명공재략응시생)
三十年倭一日平 (삼십년왜일일평)
水艦信風過鳥翼 (수함신풍과조익)
火車催陣震雷聲 (화차최진진뢰성)
周郞可笑徒焚葦 (주랑가소도분위)
韓信寧誇暫渡罌 (한신영과잠도앵)
豐烈自今傳萬世 (풍열자금전만세)
凌煙圖畫冠諸卿 (능연도화관제경)

天誘公衷作火砲 (천유공충작화포)
樓船一戰掃凶徒 (누선일전소흉도)
漫空賊氣隨烟散 (만공적기수연산)
蓋世功名與日鋪 (개세공명여일포)
永誓豈惟期帶礪 (영서개유기대여)
專征應亦賜弓鈇 (전정응역사궁부)
宗祧慶賴邦家定 (종조경뢰방가정)
億萬蒼生命再蘇 (억만창생명재소)

공의 지략이 때맞춰 일어나니
삼십 년 왜란이 하루 만에 평정되었네
바람 실은 전함은 나는 새가 못 따르고
진(陣) 무찌른 화차는 우레소리가 무색하네
주유가 갈대에 불을 지른 것이 가소롭고
한신이 배다리로 건넌 것은 자랑도 못 된다네
이제부터 큰 공이 만세를 전하고 말고
능연각에 초상 걸려 여러 공경 중 으뜸이리

화포 만든 공의 지혜 하늘이 열어 주어
한번 뱃싸움에 흉한 무리 쓸어냈네
허공에 뻗친 적의 기세 연기 따라 흩어지고
세상 덮은 공명은 해와 함께 빛나도다
긴 맹세 어찌 긴 세월 후를 기약하리
응당 정벌 맡아 군사의 대권을 맡으리라
종묘사직 안정되고 나라도 안정되어
억조 창생의 목숨이 다시금 소생하리

07
풍운(風雲)

먼동 트는 송악산, 그 웅장한 위용이 점점 가까이 다가오는 것을 바라보며 공민왕과 노국대장공주는 궁정 뜨락 나무 사이를 뛰고 달리면서 온몸에서 땀이 솟아오를 때까지 운동을 계속한다. 체력으로는 노국대장공주가 공민왕에게 뒤지지 않는다. 초원을 누비는 칭기스칸의 피가 도도히 흐르고 있는 까닭이다.

쿠빌라이칸의 5대손인 노국대장공주는 고려 제31대 임금 공민왕의 제1 왕비다. 공민왕이 쿠빌라이칸의 제4대손이므로 둘은 11촌인 숙질간이 된다. 그런데 공민왕의 계모 조국장공주가 충숙왕의 제2 비이므로 노국대장공주와는 4촌 간이 되기도 한다. 고려 말엽 여몽 결혼으로 빚어진 웃지 못할 현상이다. 그래서 둘만이 있는 공간에서는 상감마마도 왕비 마마도 아닌 오라버니와 동생이 되는 경우가 많다. 파릇파릇한 사랑이 시들 줄을 몰랐다. 세상 사람들은 그들의 사랑을 '세기의 사랑'이라고 부른다.

아무튼 노국대장공주는 세계를 주름잡고 대몽골제국을 건설한 칭기스칸의 직계혈통이다. 그런데 또 다른 측면에서 보면 공민왕도 쿠빌라이칸의 4세손이 되므로 공민왕의 핏줄 속에는 칭기스칸의 피가 샛강으로나마 흐르고 있을 것이다. 충렬왕 이후 복잡한 통혼의 영향으로 고려왕조는 원 황실의 방계가 되고 만 셈이다. 이러저러한 사정은 그들에게 전혀 문제가 되지 못했다. 오직 지고지순한 사랑만이 죽순처럼 쑥쑥 커 올라 낙락장송이 되어 우뚝 솟아 사철 푸르기만 했다.

딱 하나, 공민왕과 노국대장공주 사이를 이어 주는 사랑의 다리, 왕자나 공주를 생산하지 못하고 있다는 것이 아쉬운 점이기는 하다. 그런데 이렇게 지고지순한 사랑이 드디어 그 열매를 맺는가 싶었다. 노국대장공주가 드디어 수태한 것이다. 후사를 위하여 왕과 왕비는 얼마나 정성을 쏟았던가? 이제 그 열매가 맺히려 하고 있다. 그러나 고려국의 모든 눈과 귀가 한 점으로 집중해 있을 때, 불행하게도 노국대장공주는 난산으로 목숨을 잃었다. 노국대장공주도, 새로 태어날 생명도…. 이에 영혼을 빼앗겨 버린 공민왕은 문자 그대로 미치광이가 되어버렸다. 세기의 사랑이 폭삭 무너져 내린 세상은 공민왕에게 아무런 의미가 없어졌다. 체통을 지킨다는 선을 넘어서 다시는 돌이킬 수 없는 지경의 폐인이 되고 만 공민왕도 1374년 시해당하고 말았다. 최영과 변안열이 목호의 난을 진압하기 위하여 전장으로 떠난 사이에 일어난 비극이었다. 이로써 원나라 심양에서 노국대장공주-공민왕-변안열로 이어진 인연은 그 종말을 고했다. 변안열은 공민왕의 아들 모니노를 새로운 왕으로 추대하여 뒤를 잇게 했다. 그해 9월 24일 우왕이 즉위하자 추충양절선위익찬공신 칭호를 받고 양광도와 전라도 도지휘사 조전원수가 되었다. 이후 변안열은 크고 작은 왜구의 침입을 수없이 격퇴시키며 미냥 싸움터에서 살아야 했다. 전장을 누빌 때만은 뒤엉켜 헝클린 마음을 잊을 수 있었기 때문인지도 몰랐다. 심양에서 자란 노국대장공주에 대한 사랑과 공민왕에 대한 우정의 싹이 낙엽이 되어 떨어지고 말 지경에 이르렀다. 그러나 몽골의 땅에서 잔뼈가 굵어진 탓인지 싸움터에 나갈 때마다 승전고를 울렸다. 몽골의 대장군 탈탈(脫脫) 선생님에게서 사사 받은 탄탄한 무예가 빛을 발한 덕일 게다.

1359년 기해 홍건적 격퇴 이등공신, 1363년경 경성수복 일등공신, 1364년 6월 착량의 왜구 석문성과 함께 격퇴, 1374년 7월 판밀직사사로 최영과 제주 정벌, 1375년 안성 왜구 방어, 1376년 추충양절선위익찬공신 칭호, 양광전라도 도지휘사 겸 조전원수, 부녕 행안산 전투 승리, 1377년 3월 왜구가 착량·강화를 침입하자 서강 부원수로 임명, 4월 서경서 최영과 함께 왜구 격퇴, 1377년 8월 해주 전투에서 신주·문화·안악·봉주 일대 왜구 침입, 이성계·임견미 등과 격퇴, 동년 9월 영광·장사·모평·함풍 등지와 해주 평주에 침입한 왜구를 최영 등과 함께 격퇴, 1380년 8월 진포 전투, 9월 황산대첩 승리, 1382년 4월 단양 전투 승리, 1382년 안동 전투 승리 등을 변안열이 참전한 대표적인 전투로 꼽을 수 있을 것이다.

그중에서도 황산협곡은 1380년 우왕 6년 9월 변안열, 이성계, 퉁두란, 이지란, 우인열, 이원계, 박임종, 도길부, 홍인계, 임성미 등 8 원수와 정몽주 등 4 종사관이 왜구의 두령 아지발도(阿只拔都) 일당 삼천여 명을 섬멸시키고 대승한 곳이다. 이 전투를 황산대첩이라 부른다. 황산대첩은 귀주대첩, 홍산대첩과 더불어 고려 3대첩이라고 하는 만큼 치열했고 놀라울 만한 전과를 거둔 싸움이다. 이 싸움에서는 변안열이 최무선과 더불어 미리 준비한 화포가 큰 역할을 했다. 황산대첩은 변안열의 중앙군, 이성계 등의 지방군 그리고 관민이 합동하여 이루어 낸 쾌거였다. 이 전투를 승리로 이끎으로써 변안열과 이성계는 벽상 일등 공신이 되었고 백금 50량씩이 포상되었다. 그러나 두 장군은 포상금 받기를 사양하며 이렇게 말했다.

"장수가 적을 격멸하는 것은 그 직책인데 우리가 어찌 그것을 받겠는가? "

1376년 우왕 2년 홍산 전투에서 최영의 군사에 크게 패한 왜구는 한동안 잠잠하더니, 1378년 우왕 4년 5월 대마도로부터 대거 침입하여 그 대부분이 지리산 방면으로 잠입하였다. 1380년 8월경 왜구가 금강하구 진포에 500여 척의 함선을 이끌고 와 전라도·충청도·경상도 일대에서 약탈과 방화를 일삼았다. 이때 고려 정부에서는 원수 나세·최무선을 시켜 화통·화포로써 왜선을 격파하여 전부 불태웠다. 그러자 배가 모두 불타 돌아갈 길이 없어진 왜구는 육지에서 활동하던 왜구와 합류해 한때는 부분적으로나마 작은 승리를 거두기도 했다. 왜구는 경상도 일대를 노략질한 후 사근내역참을 거쳐 황산으로 모였다.

그 무렵 진포 싸움은 최무선이 만든 신무기인 화포를 처음 사용해 묶어놓은 적의 함선을 모두 불태워 대승을 거두어 격렬했던 왜구의 만행에 쐐기를 박는 계기가 되었는데 목숨을 구한 360여

명의 적들은 옥주로 달아나 먼저 상륙한 적들과 합류하거나 상주·영동 등지로 진출해 약탈을 자행했다. 상주 방면으로 진출한 왜구의 주력부대는 다시 경산을 침략하고, 사근내역에 집결, 반격하였다. 이에 왜구를 추격하던 김용휘·지용기·오언·정지·박수경·배언·도흥·하을지 등의 원수가 출전하였다. 그러나 불행하게도 이 싸움에서 원수 박수경과 배언을 포함 5백여 명의 군사가 전사하였다. 9월 왜구는 남원 운봉현을 방화하고, 인월역참에 주둔하면서 장차 북상하여 개경을 함락하겠다고 호언하여 조정을 놀라게 하였던 것이다.

이에 고려 조정은 변안열을 양광·전라·경상 삼도도체찰사, 이성계를 삼도도순찰사에 임명하고, 우인열·이원계·박임종·도길부·홍인계·임성미 등을 원수로 삼아 왜구 대토벌 작전에 나서게 한 것이다. 토벌군과 왜구 양측은 황산 서북의 정산봉에서 치열한 전투를 벌였는데, 적들이 험지에 자리를 잡고 버티자 죽음을 각오한 이성계가 산 위로 올라가 적을 맞아 싸웠으며 모든 군사가 총공격하여 일대격전을 벌여 아지발도를 두목으로 한 왜구를 크게 물리쳤다. 이때 전사한 왜구의 피로 강이 물들어 6, 7일간이나 물을 먹을 수 없었으며, 포획한 말이 1,600여 필이고 병기도 헤아릴 수없이 많았다.

1380년의 전쟁은 고려 말기를 장식했던 왜구와의 치열한 전투 중에서 가장 극적인 반격이었는데, 황산 전투의 왜구들은 진포해전에 상륙했던 500여 척의 함대 외에도 고려의 내륙에 흩어져 있던 왜구들이 집결한 연합 세력이었다. 이때의 왜구들은 해안가나 노략질하던 과거 해적 세력과는 달랐다. 우왕 3년 1377년 왜구는 개경의 방어를 담당한 고려 수군을 전멸시켜 서부 경기 지역을 석권하기도 하였다. 우왕 4년 1378년에는 개경의 길목인 승천부에 왜구가 상륙하여, 수도 개경을 함락시키겠다고 하여 온 나라가 충격에 빠지기도 했다. 이렇듯 고려 말의 왜구는 단순한 해적 이상의 군벌 집단이었으며 고려의 존망을 위협하는 수준으로까지 발전했으니, 고려는 실질적으로 국가적 전쟁 상태에 돌입했던 것이나 마찬가지였다. 그러나 이렇게 총집결한 왜구들은 정예군을 집중하여 조직적인 반격에 나선 고려군에게 궤멸되면서 급격하게 몰락했다. 작게는 침입 대상이 한반도의 서부 지역에서 동부 지역으로 전환되는 추세를 보였으며, 침입의 규모나 횟수도 현저하게 감소되었다.

　사근내역참에 지방의 원수들이 집결하고 왜구와 싸우려고 하던 도중, 고려 조정에서는 변안열과 이성계를 급파했다. 이성계가 선봉에 섰다. 이렇게 군대의 사기를 올리려던 것도 잠시, 이성계가 도착하기도 전에 고려 지방군은 사근내역참 전투에서 참담한 피해를 입고 말았다. 이성계의 군대가 이동하는 중에는 여기저기서 도륙된 시체들이 널려 있는 지옥도가 펼쳐져 있었고, 그 참담한 모습을 본 이성계는 경험 많은 장수임에도 불구하고, 측은하고도 분한 마음에 제대로 자지도 먹지도 못했다. 이렇게 시체로 늘어진 길을 지나 이성계의 군대는 남원에 도착했는데, 왜구와 120여 리 정도의 거리를 두고 대치하고 있던 고려 지방군은 이성계의 군대를 보고 대단히 기뻐했다. 앞선 전투에서 패배하여 군대의 사기가 말이 아니었는데 다행히 지원군이 도착했으니 군대가 다시 힘을 얻은 것은 당연한 일이었다. 그런데 이성계는 도착하자마자 긴급 야전회의를 열었다. 이 회의에서 이성계는 다음 날 즉각 싸움을 벌이자고 소리쳤다. 그러나 여타 장수들은 '적군이 험지에 들어가서 지금 싸우면 힘들게 된다. 좀 기다렸다 나오면 싸우자.'는 의견을 제시했다. 변안열은 도체찰사로서 도순찰사 이성계를 만류했다.

"도순찰사, 다른 장수들의 의견에 귀를 기울여 봅시다. 지금 병사들은 몹시 지쳐 있습니다. 우선 배불리 먹이고 푹 쉬게 하면서 적군의 동태를 살펴봄이 어떻겠소? 왜구는 지금 독 안으로 몰려드는 새양쥐 꼴입니다. 몹시 궁하기도 하지마는 고양이를 무는 쥐처럼 잔뜩 독이 올라 있습니다. 목숨을 건 왜구들의 독기를 역으로 이용해 봅시다."

변안열은 지장(智將)이었다. 어린 나이 적부터 대륙에서 몽골 바람을 맞으면서 자랐다. 그러면서도 심양에서는 최고 수준의 교육을 받고 자란 몸이다. 문무를 겸비하면서 마음을 다스릴 줄 아는 품성을 익혔다. 그리고 그 유명한 원의 대장군 탈탈에게서 병법과 전투 전술을 체계적으로 배워 익혔으며 무과에 소년 급제한 몸이다. 어디 그뿐인가? 공민왕의 환국 시 호위 임무를 충실히 성취해 낸 이력이 있으며, 지금 눈앞 숲속에 들어 있는 왜구와도 수없이 많은 혈전을 벌여 승리한 바 있다. 특히 홍건적의 잔당을 추격하여 섬멸시킬 때 요동벌 갈대밭에서의 말똥 태우기 전법을 구사하여 쾌거를 이룬 변안열인 것이다.

"도순찰사, 왜구를 침에 있어서 실기해서도 아니 되겠지만 굳이 서두르지 않아도 될 것 같습니다. 싸움에는 흐름과 때를 포착하는 일이 중요하다는 것쯤 도순찰사께서도 익히 알고 계시리라 믿습니다."

변안열은 간곡하게 그러나 단호하게 때를 살필 것을 주장했다. 그런데 이성계는 변안열과는 대조적으로 성미가 급한 편이었다. 어려서부터 북만주 일대를 누비면서 여진족의 틈새에서 자라났다. 몸은 튼실하고 무예는 뛰어났으나 체계적인 훈련을 받지는 못했던 것이다. 이를테면 용장(勇將)의 성품을 지니게 된 것이다. 변안열과 다른 장수들의 때를 보자는 의견에 이성계는 버럭 화를 냈다.

"내가 한스럽게 여기는 것은 적을 만나보지 못하는 것밖에 없는데, 이제 적을 만났는데 싸우지 말라고?"

라며 소리쳤고 북만주에서 이성계를 따라온 여진족 계통 장수들도 이에 동조했다. 결국 이성계는 적군과 교전하기 위하여 제맘대로 군사를 움직였다. 지원군이 도착한 다음 날 아침 바로 출발하여 동쪽으로 이동한 이성계는 여원치 고개를 넘어 운봉에 이르렀고, 운봉 분지를 지나 황산 서북쪽에 도달하여 정산봉에 올라 있는 적진의 동태를 살폈다. 이때 이성계와 왜구의 거리는 불과 수십 리 정도밖에 되지 않았다.

변안열은 생각을 가다듬었다. 지금 도순찰사 이성계의 행동은 군법으로 처벌함이 마땅할 것이다. 그러나 적전 분열은 싸움터에서 가장 경계해야 할 점임을 변안열은 잘 알고 있었다. 그래서 사태의 추이를 살펴보기로 했다.

"도순찰사가 이끄는 군사의 움직임과 숲속에 숨어 있는 왜구의 동태를 면밀히 살펴 즉각 즉각 보고하라. 그리고 중앙군은 충분한 휴식을 취하되 절대 긴장을 늦추지 말고 즉각적인 출동 태세를 갖추게 하라."

변안열은 참모 장수들에게 군령을 내리고 정산봉의 동태를 살폈다. 한편으로는 뒤따라온 최무선 등 포병에게도 항시 출동 태세를 갖추고 화통과 화포를 잘 손질하도록 명령했다.

"적군은 반드시 이 길로 나와서 우리의 후면을 습격할 것이니, 내가 빨리 가야겠다."

한편, 적진을 살피고 계획을 세운 이성계는 그렇게 말하며 정산봉 오른쪽의 작은 길로는 자신이 부대를 이끌고 나아가고, 중앙군 등 나머지 부대는 평탄한 길로 나아가게 했다. 고려군이 평탄한 길로 나아갔을 때 왜구가 퇴로를 차단하고 배후를 공격하려고 하는 점을 예측하고 움직인 것이다. 정산봉은 황산의 한 줄기로 황산 동북쪽에 자리하고 있는데, 이성계가 나아간 정산봉 오른쪽의 길은 고려군을 기준으로 볼 때 황산의 동쪽 자락에서 동북으로 난 길이다. 이 길은 대체로 평탄했고 정산봉 오른쪽의 동무와 서무로 이어지는 길이었다.

동무와 서무 방향으로 나아간 고려군은 조금 전진을 하다가 강력한 적군의 기세를 보고는 무리하지 않고 일단 물러났다. 그 무렵, 왜구는 반대편의 길을 통해 재빠른 기병 등을 동원해 고려군의 뒤를 잡으려고 움직였다. 그러나 이는 이성계의 예측대로였기 때문에, 왜구의 기병은 고려군의 뒤를 치지 못하고 그 길로 오고 있던 이성계와 교전할 수밖에 없었다. 고려군은 둘로 나뉘었는데 이성계가 자신의 친병을 다른 장수에게 맡길 리가 없다, 이성계가 여진족 사이에 영향력이 막대하였는데 실제로 여진족이 포함된 기병을 동원했던 만큼 이 싸움은 고려·여진 기병 대 왜구 기병의 대리전이 된 상황이었다.

  이 싸움에서 이성계는 자신이 직접 활을 잡고 대우전과 유엽전 수백 발을 쏘아대며 왜구를 죽였다. 이렇게 벌어진 난전은 3차례에 걸쳐 이어졌는데, 나중에는 진흙탕에서 교전을 벌일 정도였다. 좁은 오솔길에는 크게 교전을 벌일 만한 벌판은 없었으므로 세 번의 교전이 진행되는 동안 이성계가 적을 점점 평탄지로 유인해야 했다. 그래서 앞서 평탄한 길로 나서다가 회군한 고려군이 합세하여 같이 싸울 수 있게 되었다. 이렇게 되니 고려군의 뒤를 치려던 왜구를 오히려 고려군이 협공하는 상황으로 변했다. 작전이 맞아 들어간 것이다. 전황을 살피던 변안열은 전투장에 중앙군을 투입할 기회를 엿보고 있었다. 이성계의 군사가 북만주를 휩쓸던 군사인 만큼 전투력은 훌륭했다. 그런데 숲속에 숨어 들어 은폐와 엄폐 전을 전개하며 최후의 발악을 하는 왜구 또한 만만치 않았다. 전세는 어느 한쪽만의 우세라고 보기에는 무리가 있었다. 정산봉 위쪽에서 산자락 숲속을 공격하는 군사와 숲속에서 항거하는 군사들 사이에는 한치의 양보도 없는 팽팽한 줄다리기가 교착상태에 빠져들고 있었다.

  "화포를 쏘아라. 정산봉 아래 숲의 후방에다 퍼부어라."

  변안열은 드디어 군령을 내렸다. 최무선이 이끄는 포병의 화포는 일제히 불을 뿜기 시작하였다. 정산봉 숲속에서 비명소리가 울려 퍼졌다. 얼마 지나지 않아서 왜구의 잔당들이 삼삼 오오 모습을 드러내기 시작했다. 그와 함께 이성계의 군사가 추격하는 모습이 포착되었다.

"포탄을 계속 퍼부을 것이니 도순찰사는 추격의 속도를 줄이시오."

변안열은 즉시 전령을 띄워 이성계에게 추격의 속도를 줄이도록 명령하고, 자신이 이끄는 중앙군을 전진시켰다. 포탄은 쉴 줄 모르고 정산봉 숲을 뒤흔들었다. 왜구의 잔당들이 숲속에서 모습을 드러낼 때 최무선이 이끄는 화통 부대가 일제히 불화살을 날렸다. 적진이 질서를 잃고 소란하기 시작하였다. 뒤이어 변안열의 중앙군이 왜구와 백병전을 벌이기 시작했다. 그와 동시에 정산봉을 내려오며 이성계의 군사들이 왜구의 후미를 공략하였다. 협공인 것이다.

이성계가 이끄는 군사와 변안열이 지휘하는 군사가 정산봉을 의지하여 진을 친 왜구를 협공할 때 변안열과 최무선이 미리 준비한 화포가 일제히 불을 뿜어댄 것이다. 화통에서 튀어 나온 불화살에 수없는 왜구들이 불귀의 객이 되고 있었다. 고려군이 퍼붓는 화포에 왜구는 혼비백산하고 뿔뿔이 흩어지고 말았다. 이 기회를 놓치지 않고 변안열이 지휘하는 중앙군이 기병을 앞세워 적진의 중앙을 돌파하고 보병들의 번뜩이는 칼날이 깻단을 베듯 잔당들의 목을 쳤다. 그야말로 피아를 구별하기 어려운 지경에서 한판 신나는 칼춤이 벌어졌던 것이다.

이렇게 난전을 벌이며 누가 적인지 아군인지 분간하기 힘들 정도로 싸우다가 어느 정도 적을 물리치고 보니, 대부분의 사상자는 왜구들이었고 고려군은 의외로 별다른 피해가 없었다. 앞서 평탄한 길로 가던 고려군이 회군하던 무렵에 해가 기울고 있었기에 싸움은 늦은 저녁까지 계속되었다. 그야말로 하루가 지나기도 전에 모두 소탕해 버린 것이다.

 황산 싸움은 치열한 대접전의 전투였다. 왜구의 숫자도 많거니와 이들은 바다를 건너오면서 갖은 장애를 극복해 온 군사였다. 고려군이 쉽게 얕잡아볼 상대가 아니었다. 그럼에도 불구하고 이 싸움에서 고려군은 짧은 시간에 대승을 거둔 전과를 세웠다. 첫째 날에 벌어진 싸움에서 고려군은 왜구의 기병을 기습하여 큰 피해를 입혔다. 이렇게 되자 다음날 왜구는 험준한 위치를 살려 굳게 버티고만 있으면서 싸우려고 하질 않았다. 왜구는 고려군보다 높은 위치에 자리 잡고 있었으니 공격하기가 쉽지 않았던 상황이었다. 이때 결정적인 한 방을 먹인 것이 변안열과 최무선의 화포였던 것이다. 황산벌을 사이에 두고 북쪽 끝에서 군사를 몰아간 고려군, 남쪽 끝에서 정산봉에 배수진을 치고 새양쥐처럼 들락거리는 왜구, 마침 이들 사이의 거리는 화포의 착탄 거리와 비슷했다. 화살로는 닿기 어려운 거리에서 화포가 날아들어 정봉산 허리부터 초토화되기 시작했다. 황산벌 저쪽 끝에서 날아드는 화포 세례를 이쪽 끝에서 당해낼 재간이 없었으리라. 이렇게 보면 변안열이나 이성계에게 주어질 전공은 최무선의 화포에게 주어져야 마땅하다고 할 것이다.

 당시 왜구를 이끌던 적장은 아기발도(阿其拔都)라는 자였다. 아기발도는 나이는 그리 많지 않았으나 용맹하고 날랬다. 아기발도는 처음에는 고려로 오지 않으려고 했으나 워낙 용맹해서 왜구들이 청하여 대장으로 모시고 왔다. 왜구 두목들이 아기발도에게 무릎을 꿇었고 아기발도가 군령을 주관하고 있었다. 아기발도는 이성계의 포진을 보자

"저 장수는 지금까지 봐온 장수들과는 다르니 단단히 준비하라."

고 말했다. 그도 그럴 것이 당시 변안열이 지휘하던 중앙군은 일찍이 중원을 주름잡던 야생마들이 절반에 이르렀고 화포 발명과 시기를 같이 하면서 새로운 전술을 익혀온 숙달된 군사였다. 또한 이성계가 거느리고 있던 친병들은 보통 전투력이 아니었다. 동아시아의 거의 모든 전투 세력과 싸웠던 경험을 지닌 가별초였으니 여타 고려군과 다른 면모가 보였다고 해도 이상할 것은 없었다. 한창 물이 오른 두 날개가 드높은 창공에서 마음껏 나래 치고 있었다.

고려의 동북변방과 만주벌판에서 잔뼈가 굵은 이성계는 야전에 능했다. 일단 요해지에 군대를 배치한 후 적을 끌어내기 위해 10여 명을 앞세워 싸움을 걸었다. 그렇지만 왜군이 계속 정산봉 위에서 내려치는 위치에 있어 별 소득이 없었다. 상황이 이렇게 되자 이성계는 직접 적을 보며 군대를 동원해 아래서부터 쳐올리게 했지만, 왜구도 자신들이 현재의 지리적 이점을 잃어버리면 꼼짝없이 죽는 것을 알고 있었는지 빈틈을 보여주지 않아 도저히 쉽지 않았다. 왜구들이 위치한 곳은 야트막한 야산이 아니었다. 높은 지리산의 한 줄기였다. 그런 곳에서 왜구도 죽을힘을 다하여 버티며 산 위에서 공격을 퍼부어 대니 고려군도 당해낼 방법이 없었던 것이다. 이렇게 되자 고려군은 교전에서 패배를 당하고

다시 내려와야 했다. 이성계는 그 모습을 보고 여타 장수들에게 이렇게 말하였다.

"말고삐를 단단히 잡고 말을 넘어지지 못하게 하라."

조금 시간을 두고 지켜본 이성계는 다시 한번 공격을 시도했다. 나팔을 불어 군대를 정돈시킨 이성계는 재차 적진과 부딪혔다. 고려군은 마치 개미가 절벽에 붙어 가듯 어렵게 어렵게 공격을 했는데, 이성계 역시 이 전투에서는 직접 선두에 나서야 했다. 그런데 한참 그렇게 험지에서 난전이 벌어지던 중에, 왜구의 장수 한 명이 창을 들고 이성계에게 다가가고 있자 평소 이성계의 그림자라고 불리우는 이지란은 깜짝 놀라 이성계에게 소리쳤다. 그러나 한참 난전 중인 이성계는 전장의 소음 때문에 이 소리를 미처 듣지 못했다. 그러자 이지란은 직접 활을 쏘아 그 장수를 죽였다. 자신이 죽을 뻔한 위기도 알지 못했을 정도이니 당시 전투 경험이 쌓일 대로 쌓였던 이성계에게도 정말 정신없는 상황이었다. 타고 있던 말이 적의 표적이 되어 쓰러지자 이성계는 급하게 다른 말로 갈아탔다. 갈아탄 말도 또 화살에 맞아 쓰러져 말을 또다시 연거푸 바꿔 타야 할 정도였다. 그런 상황에서 이성계는 적의 공격에 노출되어 적의 화살에 왼쪽 다리를 맞고 말았다. 하지만 이성계는 억지로 화살을 뽑아내고 참고 일부러 더 열심히 싸워서, 여타 병사들은 이성계가 부상당한 줄을 몰라 군사들의 사기에는 문제가 없었다. 그야말로 혈투가 벌어진 것이다. 이성계 자신도 죽어라 싸우다 보니 적에게 포위되기 일쑤였지만, 그럴 때마다 주변의 기병들과 힘을 합쳐 돌격하는 충격력을 사용해 포위망을 돌파하곤 했다. 게다가 워낙 괴물같이 싸우며 적을 죽여대자 적도 기세에 주춤해서 이성계에게 쉽게 달려들지 못했다. 그렇게 힘들게 싸우는 와중에 약간의 여유가 생기자 이성계는 병사들의 사기를 끌어 올리기 위해 하늘을 가리키며 맹세하고 주위 군사들에게 소리쳤다.

"겁나는 사람은 물러가라! 나는 적에게 죽을 것이다(怯者退 我且死賊)!"

장수가 저러는데 옆에서

"예, 저는 겁나니 도망치겠습니다."고 할 사람은 한 사람도 없을 터이다. 그래서 같이 싸우는 고려군 중앙군도 사기가 충천해 끝까지 잘 싸우게 됐다. 그런데 고려군이 이성계의 분투로 힘을 낼 때, 왜구도 보통내기가 아니었다. 이성계와 마찬가지로 왜구의 대장 아기발도가 여기저기서 날뛰며 흰 말을 타고 돌격하자 기병의 충격력에 일부 고려군은 계속 돌파당했고, 이게 반복되다 보니 고려군은 아기발도가 보이기만 해도 지레 겁을 먹고 뒤로 물러나는 현상이 발생했다. 아기발도의 무용이 워낙 대단했는지, 이를 본 이성계는 저도 모르게 감탄해서 이지란에게 사로잡을 수 없겠느냐는 말을 할 정도였다. 이성계는 과거, 적이었던 처명 등을 항복시켜 부하로 만든 경험이 있어서 그런 목적에서 물어본 것이다. 그러나 당시 워낙 치열한 난전이 펼쳐졌던 데다 말에 탄 아기발도가 그 난전의 주역으로서 종횡무진 마음대로 휩쓸고 있는 지경이라 생포할 여력 따위는 없었다. 이지란은

"그러려면 사람이 많이 상할 겁니다."

라면서 어렵겠다는 말을 했고, 이에 이성계는 아기발도를 생포할 생각을 포기하고 죽여 없애려고 했다. 하지만 아기발도는 중

갑옷을 입고 투구로 얼굴과 목을 감싸고 있어 화살이 뚫고 들어갈 만한 틈이 없었다. 그러자 이성계는 이지란에게
"내가 저 녀석 투구 꼭지를 쏠 테니까, 네가 마무리해라."
라고 말하고 그대로 아기발도의 투구 꼭지를 맞추었다. 투구 끈이 끊어진 아기발도가 투구가 떨어지기 직전 붙잡아 다시 투구를 고쳐 쓰려고 했다. 이성계는 다시 화살을 쏘아 투구의 꼭지를 맞추니 마침내 투구가 떨어졌다. 투구가 떨어지기를 기다리던 이지란은 화살을 쏘아 저격에 성공, 아기발도를 죽여 버렸다. 눈 깜짝할 순간에 일어난 일이었다.

이에 왜구의 사기도 크게 꺾였다. 전투의 분위기는 완전히 넘어가 버렸고, 이성계가 직접 군사를 이끌고 휘저어 대자 대장을 잃은 왜구는 변변한 반항도 해보지 못하고 정예병을 수없이 잃었으며, 이 시점에서 전세는 완전히 고려군 쪽으로 기울어 왜구는 타던 말을 버리고 정산봉으로 도망가며 흩어지기 시작했다. 고려군은 적이 붕괴하기 시작하자 북을 치고 고함을 지르며 완전히 사기가 올라 진격 또 진격했다. 완전히 포위한 채 사면에서 공격했다. 대다수 왜구들은 도주에 실패하고 붙잡혀 살육을 당했다. 이때 왜군의 진지로 화포가 빗발처럼 쏟아져 빗질에 물걸레질까지 해버리고 말았다.

마침내 고려군은 왜구를 완전히 섬멸하는 데 성공했다. 왜구는 몰살당하고, 70여 명의 병력만이 간신히 목숨을 부지하며 지리산 쪽으로 도망쳤을 뿐이다. 워낙 대살육이 벌어진 통에 냇물이 모두 피로 붉어져 6,7일 동안이나 빛깔이 변하지 않으므로, 사람들이 물을 마실 수가 없어서 모두 그릇에 담아 맑기를 기다려 한참

만에야 물을 마셨다. 그 밖에 말 1천 6백여 필을 얻고 무기를 얻은 것은 헤아릴 수도 없었다. 그 후 남천에 피바위 전설이 생겼다.

다시 평화가 찾아오는 듯했다. 그러나 그것도 잠시, 남쪽에서 불어오던 태풍이 잠시 소강상태에 접어든 순간 북쪽에서 차디찬 눈보라가 몰아치기 시작한 것이다.
"명나라가 고려에 처녀, 수재, 환관을 각각 1천 명씩, 말과 소 등 각 1천 필을 요구할 것이라는 소문이 있습니다."
"그래? 믿을 수 있는 소식이더냐?"
"소인이 무엇 때문에 거짓을 고하겠습니까? 머지않아 곧 밝혀질 텐데요."
1387년 우왕 13년 초겨울, 요동으로 끌려갔다가 도망쳐 나온 사람이 최영에게 요동 지방에서 떠돈다는 소문을 고한다. 이 말을 들은 최영은 도평의사사에 나아가 군사를 일으킬 것을 주장한다.
도평의사사는 도병마사의 후신으로 고려 후기 최고 의결기관인데 도당이라고도 부른다. 당초 양계의 국방과 군사 문제를 논의하던 합의형 임시회의 기관이었다가 후에 정무 기능이 추가된 국가 최고 의결기관이 되었다. 참여 인원은 70~80명이다.
아니나 다를까, 그해 12월 명 태조는 요동도에 삼만위지지휘사사를 확장 설치하고 호부에 명하여 고려왕에게 자문을 보내게 했다.
"철령 이북, 이동, 이서의 땅은 개원(開元)에 속하며 이 지역의 토착 군민과 여진, 몽골, 고려인 등은 요동도사의 관할하에 둔다."

일방적인 통보다. 고려는 이에 대비하지 않을 수 없었다.

이듬해 2월 초, 조정에서는 요동 공격을 논의했는데, 재상들의 뜻에 따라 명나라와 화친하려 했다. 그런데, 요동도사가 파견한 이자경이 압록강을 건너와 철령 이북, 이동, 이서가 명의 영토라는 방문을 붙이는 사건이 터졌다. 곧이어 명에 갔던 사신이 돌아와 구두로 주원장의 교시를 이렇게 전했다.

"철령 이북을 요동에 귀속시킨다."

이에 우왕은 5도에 성을 수축하라 명하고 서북면 방비를 더욱 튼튼하게 하여 명의 침략에 대비했다.

1388년 우왕 14년 4월 1일 우왕이 최영과 이성계를 불러 당부했다.

"과인이 요동을 치려고 하니 경들은 힘을 다하시오."

이 자리에서 이성계는 이른바 4대 불가론을 내세워 출정을 반대했다.

"상감마마, 아뢰옵기 황공하오나, 지금 군사를 일으켜서는 아니 되옵니다. 여기에는 네 가지 까닭이 있습니다. 작은 나라가 큰 나라를 거역하니 첫 번째 불가한 것이요, 농사철인 여름에 군사를 발하는 것이 두 번째 불가한 것입니다. 온 나라를 들어 원정하면 왜구가 그 틈을 타서 침입할 것이니 세 번째 불가한 것이요, 무덥고 비가 오는 시기이므로 활에 아교가 녹아 풀어지는 것과 대군이 전염병에 걸릴 것이 네 번째 불가한 까닭이옵니다."

그래도 우왕은 원정을 강행할 뜻을 굽히지 않았다. 이성계는 다시 원정 연기를 주청했다.

"전하께서 꼭 대계를 이루려면 서경에 머물러 계시다가 가을을 기다려 출사하십시오. 곡식이 들을 덮을 때이니 대군의 식량이 풍족하여 북을 울리며 진군할 수 있습니다. 지금은 때가 좋지 않음으로 요동의 성 하나를 함락시킨다 해도 한창 비가 오니 군사가 전진할 수 없고 지치게 되며 양식이 떨어져 화만 초래할 뿐입니다."

그럼에도 불구하고 우왕과 최영은 원정 강행을 고집했다. 마침 명의 주력군이 몽골 방면으로 출정 중이며 요동에 주둔하는 명나라 군사도 대거 참여하여 요동이 텅 비어 있어 아주 좋은 기회였기 때문이다.

1388년 우왕 14년 4월 해도도통사 최영은 전국에 비상령을 내리고, 왕비, 왕자 등 왕궁 사람들을 한양성으로 옮겼으며 대신들의 가족들도 연고를 찾아 지방으로 피신시키는 한편 국사를 동원하여 대대적으로 전쟁 준비에 나섰다. 시국이 이러하니 변안열도 마냥 구경만 하고 있을 수는 없었다.

"판삼사사 대감도 이번 요동정벌에 출정하여 이 땅에 영원한 평화가 깃들도록 충성을 다해 줄 것으로 믿소."

최영이 도당회의를 마치고 나오면서 변안열에게 말했다.

"소장은 도통사님의 뜻에 기꺼이 따르겠습니다. 제가 할 수 있는 일을 일러 주십시오."

변안열은 흔쾌히 수락했다. 이는 심양에 있는 아버지를 비롯한 가족들의 일과 맞물려 있었다. 요동은 고조선, 발해를 거쳐 고구려 등 까마득히 먼 고대부터 우리나라 땅이었는데 지금은 빼앗긴

나라가 되었다. 최영이 요동정벌을 추진하는 것은 변안열을 들뜨게 했다. 그러나 요동정벌은 결코 쉬운 일이 아니었다.

변안열은 이성계와 함께 새로 동원된 군사들을 사열했다.

"변 대감."

이성계가 나지막한 목소리로 변안열을 불렀다.

"네."

"변 대감이 직접 보셔서 잘 아시겠지만 새로 동원된 군사는 중늙은이가 아니면 아직 이마의 때도 안 벗겨진 아이들이 대부분입니다. 이것을 어찌 군사라고 할 수 있겠소? 게다가 기초훈련도 전혀 받지 못한 군사가 태반이니 오합지졸이 따로 없지 않소?"

이성계는 잔뜩 볼멘소리로 말한다.

"그렇군요. 이 군사로 싸움을 할 수 있을지 심히 걱정됩니다. 가는 도중에 틈틈이 훈련을 시킬 수밖에 없을 것 같습니다. 그리고 통두란 등 휘하 장수를 서경으로 먼저 보내어 새로 모집한 병사들을 훈련시키면 어떻겠습니까?"

변안열도 걱정스러운 표정이 된다.

"군사훈련이 어디 하루아침에 이루어지는 것입니까?"

"지금으로서는 별다른 도리가 없지 않습니까, 대감."

"이런 군사를 거느리고 중원에 들어가서 장기전을 벌인다니, 이것은 자살행위나 다름없소이다."

"어려운 싸움이 되겠군요. 각오해야지요."

동원한 군사의 실태를 둘러 보고 변안열도 걱정이 안 될 수가 없었다. 그러나 어쩌랴 주사위는 이미 던져지지 않았는가? 이제는 물러설 수도 없다.

왕은 요동정벌을 선포하고 군사조직을 완성한다. 최영은 팔도도통사, 조민수는 좌군도통사, 이성계를 우군도통사로 임명했다. 변안열은 최영이 지휘하는 중군에 포함되었다.

군사 편성이 완성되자, 최영은 조민수, 이성계와 함께 출사위에 나아가 왕 앞에 섰다. 왕이 부월을 가지고 나오자 최영이 그 부월을 받아든다. 왕이 깜짝 놀란다.

"팔도도통사도 출전을 하시오?"

"네, 신이 출전하여 고려의 위엄을 떨치고 돌아오겠사옵니다."

왕은 잠시 말을 잃고 있었다.

탐라에서 일어난 목호의 난을 평정할 때에도 기어코 출정할 것을 고집하던 최영이 노구에도 불구하고 또다시 앞장을 서겠다고 나선다.

"팔도도통사가 직접 출정을 하다니, 안 되오. 절대 아니 되오."

"전하, 이번 요동 정벌은 고려의 사직을 위해 아주 중요한 싸움입니다. 국운을 결정짓는 싸움이 될 수도 있습니다. 총책임자인 소장이 출정하지 않는다면 아니 되옵니다."

최영이 왕에게 본인이 꼭 출정해야 하는 까닭을 아뢴다.

"아니 되오. 나라를 지키고 왕실을 돌볼 사람이 있어야 하오. 경이 출정하면 나라는 어떻게 되고 짐은 누구와 정사를 의논하며 어떻게 이 난국을 헤쳐나가란 말이요? 아니 되오."

"그럼, 누가 총지휘를 하고 중군을 맡습니까?"

우왕은 잠시 주위를 둘러본다.

"여기 판삼사사 변안열 대감이 있지 않습니까? 지용을 겸비한

덕장이니 능히 해낼 수 있을 것입니다. 중군 지휘를 변 장군에게 맡기시고 경은 내 곁을 떠나지 말아 주오."

우왕은 탐라 목호의 난 정벌과 왜구 토벌에서 이미 변안열의 무관다운 기개와 지휘관으로서의 자질을 충분히 검증하고 인정한 터이라 서슴없이 변안열을 중군도통사로 지목한 것이다.

"소장은 요동의 지리를 누구보다도 잘 알고 있사온지라 소장이 선발대장의 임무를 부여받는 것은 당연할 것입니다. 그런데 또 중군의 지휘를 맡으라 하시면 소장은 어떻게 해야 합니까?"

"그러면 선발대장으로 다른 장수를 보내면 될 것 아니오?"

"아니 되옵니다. 이번 요동 원정의 선발대장은 변 장군이 적임자입니다. 그뿐만 아니라, 요동 정벌 전략의 승패를 가름할 수 있는 장수입니다"

최영은 우왕의 뜻을 꺾을 수가 없었다.

"변안열 대감이 중군도통사를 맡아 좌우군도통사와 함께 상의하여 요동 정벌 계획을 시행하도록 하시오. 그리고 팔도도통사는 내 곁에 있어 주시오."

요동 정벌을 발의하여 그 숱한 어려움을 극복하고 이제 출병만을 앞둔 마당에 뒤로 물러나 앉게 되어 몹시 실망하였으나 최영으로서는 어쩔 도리가 없었다. 변안열을 돌아보면서 말한다.

"변 장군이라면 내 몫 이상으로 잘해 낼 수 있을 줄로 믿소. 중군의 지휘를 맡아 주시오."

변안열은 대답을 하지 못하고 주저하고 있다. 이때 우왕의 준엄한 명령이 떨어졌다.

"그렇게 하시오, 변 공."

변안열은 선발대장이 되어 군사를 이끌고 선두에 서야 하면서 또한 중군의 지휘를 맡게 되는 이상한 위치에 서게 되었으나 왕명을 거역할 수는 없었다.

"소장이 부족하오나 신명을 바쳐 소임을 다 하겠사옵니다. 황공하옵니다, 전하."

"짐은 판삼사사의 충성심을 익히 잘 알고 있는 터이오. 특히 요동은 경이 공민왕을 모시고 온 길이 아니오. 그때처럼 소임을 다하여 요동 정벌의 기수가 되어 역사를 길이 아름답게 장식해 주시오, 중군도통사."

"성은이 망극하옵니다, 전하."

이렇게 하여 4월 12일 최영을 팔도도통사로 삼아 원정군을 총지휘하게 하고 그 아래 좌군과 우군을 편성하고 조민수를 좌군도통사, 이성계를 우군도통사로 임명했다. 변안열은 최영과 함께 왕을 모시는 당초의 계획을 바꾸어 중군도통사 겸 선봉대장이 되었다.

이렇게 출사의가 끝났다. 그러나 요동정벌군은 그날 바로 출정하지 못했다. 최영은 다시 지휘관회의를 소집했다.

"팔도도통사, 말씀드릴 것이 있사옵니다."

"중군도통사, 말씀하시오."

"소장이 맡은 소임에는 이해하지 못할 점이 있습니다."

"그게 무엇이오? 말씀해 보시오."

"소장은 중군도통사를 맡으면서 선발대장을 겸하도록 명을 받았습니다. 그런데, 한편으로는 중군을 통솔하고 또 한편으로는 선발대를 이끌고 최전선에 서라 하니 도무지 어느 장단이 맞는지 모르겠습니다."

"그건 그렇구료. 변 대감의 뜻은 어떠하오?"

"소장의 생각으로는 중군의 역할을 좌우군이 나누되 팔도도통사께서 총괄하는 것으로 대체하고 요동을 지나 본 경험이 있는 소장은 선봉대를 이끌고 정벌군의 길을 여는 것이 어떨까 싶습니다. 살펴 주시옵소서."

최영은 이 문제를 지휘관 회의에 부치고 참석한 장수들의 의견을 들어, 중군을 해체하고 선발대를 정예 기병만으로 다시 편성하였다.

"변 대감, 좌우군에서 정예된 기병으로 1만 병력을 선발하여 선발대를 편성하도록 하시오."

최영이 변안열에게 선발대 편성권을 주며 말했다.

"소장의 생각으로는 선발대를 좌우군과 기존의 중군에서 강제로 배분하여 선발하는 것도 좋겠지만, 선발대의 역할이 중요할 뿐만 아니라, 돌발적인 위험이 가장 많다고 볼 수 있는데, 각 군을 구별하지 않고 지원하는 기마병을 중심으로 선발하면 좋을 것 같습니다."

"그렇게 하시오."

최영은 선발대의 편성권을 변안열에게 위임했다. 변안열은 기마병 중 선발대 지원자를 모집하여 1만의 군사를 확보했다. 이들은 말을 탈 수 있는 만큼, 급하게 소집한 오합지졸과는 달랐다. 그러나 변안열은 부하 장수들과 함께 선발대로 편성된 군사들을 일일이 직접 점검했다.

"전군 출동!"

드디어 팔도도통사 최영의 출동 명령이 떨어졌다. 먼저 선발대가 출발하고, 이어서 좌군 우군의 순으로 서경을 떠났다. 그런데 기마병으로 편성된 선발대는 진군 속도가 꽤 빨랐다. 좌우군인 보병부대와의 거리를 점점 벌리며 북진하여 5월 중순 압록강에 도착했다. 압록강을 건너자 그곳은 인적 없는 원시림이 우거져 길은 거칠었지만 푸른 오월의 나뭇잎과 싱그러운 풀잎 냄새가 별천지에 들어온 것 같은 정취를 풍기고 있었다.

1388년 4월 19일 원정군은 서경을 출발했다. 총사령관 최영은 서경에 머물렀다.

나성에서 정보원이 와서 명의 요동 방어가 취약한 것을 최영에게 보고했다.

"근자에 요동에 갔는데 요동 군사가 모두 몽골을 치러가고 성안에는 다만 지휘관 한 사람이 있을 뿐이니 만일 대군이 이르면 싸우지도 않고 항복을 받아 낼 것입니다."

"수고했다."

최영은 몹시 기뻐하며 그 정보원에게 상금을 후하게 주었다.

압록강에 다다른 고려 원정군은 위화도에 머물렀다. 이때 이성계와 조민수는 회군의 필요성을 역설하는 건의문을 우왕에게 보냈다. 건의문에 기재된 이유는 다음과 같았다.

○ 앞으로 요동성까지는 하천이 많고 빗물이 넘쳐 건너기가 어렵다.
○ 작은 나라가 큰 나라를 섬기는 것이 나라를 지키는 길이다.
○ 명에 보낸 사신 박의중이 아직 귀국하기도 전에 큰 나라를 침범하는 것은 사직과 백성을 보호하는 길이 아니다.

○ 지금 장마로 활이 풀리고 갑옷이 무거워 군사의 말이 모두 곤핍한데 이러한 군사를 몰아 견고한 성을 치면 이기기 어렵다.
○ 만약 군량까지 제대로 공급되지 못한다면 진퇴 난곡에 빠질 것이다.

그러나, 우왕은 회군을 허락하지 않고 진군을 독촉했다. 1388년 5월 21일 조민수와 이성계가 다시 최영에게 회군 허락을 주청하였으나 우왕과 최영은 듣지 않았다. 이날 이성계가 친병을 거느리고 동북면으로 돌아가려 한다는 소문이 나돌기 시작하여 위화도의 고려 군사가 동요했다. 이성계는 여러 원수들을 설득한다.

"원수들은 들으시오. 지금 나는 회군을 하려 하오. 만일 우리가 상국의 영토를 범하여 천자께 죄를 얻으면 종사와 생민에게 화가 이를 것이오. 내가 시시비비를 가려서 글을 올려 회군하기를 청하였으나 왕이 살피지 못하고 최영이 늙고 어두워 듣지 않으니 내 어찌 그대들과 함께 돌아가서 왕을 뵈옵고 친히 화와 복을 진달하고 왕 옆에 붙어 있는 악한 사람을 제거하여 생령을 편하게 하지 않으리오."

원수들이 모두 동의하여 군사는 위화도에서 압록강을 남쪽으로 건넜다.

좌우 군영에서 회군이 논의되고 있는 줄도 모르고 변안열은 선발대를 이끌고 압록강을 먼저 건넜다. 지금은 봄과 여름이 교차되는 계절이지만, 열여덟 살 새내기 장수였던 그 시절, 왕의 안위를 책임지는 막중한 책무를 띠고 요동 벌의 겨울을 헤쳐 나오던 추억이 새삼스럽게 눈앞에 어렸다. 그리고 꿈에서도 잊지 못할 사람, 이소저의 고운 얼굴이 조용한 미소를 지으면서 변안열을 반겨 준다. 문득 이소저가 읊어주던 시조 자규제가 생각난다. 변안열은 글자 한 자 틀리지 않고 술술 외워 읊는다. 명주실 타래가 풀리듯 그녀와의 고운 추억이 그칠 줄 모르고 한없이 풀려나왔다.

'잊었는가 하였더니 다시 살아 그 곱고 아름다운 나의 사랑을 깨우는구나. 이소저여, 나는 그대가 보고 싶소. 그대가 잠들어 있는 그곳에는 지금쯤 배꽃이 눈처럼 하얗게 피어 있겠지요. 정녕 나는 다정이라는 중병을 앓고 있는가 보오. 보고 싶소 이소저.'

서산에 걸린 그믐달이 이소저의 눈썹처럼 가늘게 웃음을 치더니 이내 한 방울 이슬을 떨어 뜨리고는 모습을 감춘다. 사위는 고요하고 짙은 어둠만이 장막처럼 드리운다. 그 사이 이성계와 조민수는 남쪽으로 말머리를 돌리고 있었다.

"장군, 급보이옵니다."

변안열이 아름다운 꿈속을 거닐고 있을 때였다. 위화도에서 회군이 이루어졌다는 급보가 날아들었다. 변안열은 문득 군영에 있는 자신을 발견한다. 제정신으로 돌아온 것이다.

"좌군과 우군이 말머리를 돌려 개경을 향하여 진군하고 있다고 합니다."

"나에게는 일언반구 상의도 없이, 단 한마디 통보도 없이, 이것이 웬 날벼락이란 말이냐?"

변안열은 이미 청석령을 넘었고 광활하게 펼쳐진 무인지경의 요동 벌을 지나가기만 해도 정복할 수 있게 되었다. 그저 드넓은 벌판을 거침없이 행군만 하면 되는 것이다. 심양까지는 불과 이삼일이면 도달할 것이고 단 한판의 싸움으로 성을 빼앗을 수 있다고 믿는 변안열이었다. 개선이 바로 눈앞에 다가왔는데, 이게 무슨 날벼락이란 말인가?

변안열은 더 이상 진군할 수가 없었다. 후속 지원군이 없는 선발대만으로 전투에서 이기기를 바란다는 것은 한갓 망상일 뿐이다. 자칫하면 죄 없는 목숨만 이 요동 벌에다 시체로 버려두고 참담한 패장이 되어 돌아가게 될 수도 있다. 그보다는 이 회군이 혹시 왕명에 의한 것이라면, 자칫 역적의 누명을 쓰게 될지도 모를 일이다. 그리고 변안열은 괘씸했다. 후속 군사가 말머리를 돌린다는 것은 선봉대를 사지로 몰아넣고 자기들만 살겠다고 도망쳐 버리는 행위이기 때문이다.

변안열은 철군을 서둘러야 했다. 우선 군사들의 목숨부터 구해야 할 것이었다. 이소저와의 달콤한 추억에 잠겨 있던 그 짧은 시간이 변안열에게는 소중한 순간이었던 것인가? 너무나도 짧고 아쉬움만 남긴 순간이었다. 심양성 외곽까지 다다랐던 변안열은 '요동삼만리 말발굽 밟아 피 흘려 싸워 새 땅을 얻어도 내 바칠 군주가 없음이로다.'라고 탄식하며 비통한 마음으로 말머리를 돌려야 했다.

변안열이 군사를 이끌고 개경에 도착한 것은 이성계와 조민수가 좌우 시중을 차지한 뒤였다.

며칠 뒤 우왕은 회군 주동자 이성계, 조민수를 죽이고자 환관 80여 명을 무장시키고 이들의 집으로 가 보았으나 모두 군사를 이끌고 야외에 주둔하고 있어 목적을 이루지 못했다. 이후 우여

곡절 끝에 결국 이성계는 실권을 장악했다.

이색을 비롯한 많은 군신들이 이성계의 왕위 찬탈을 막아 보려고 필사의 노력을 기울였으나 성과를 거두지 못했다. 오히려 명나라에서는 요동 정벌군을 출병시킨 최영과 우왕의 뜻을 받아들이지 않은 이성계의 역성혁명 쪽에 힘을 실어 주었다.

탐라 토벌 작전을 성공리에 마무리하고 돌아오자마자 공민왕의 시해 소식을 접한 변안열은 눈앞이 캄캄했다. 변안열은 그 슬픔을 달랠 여유도 없이 왜구의 침략 소식을 듣고 급히 황산벌로 달려가야 했다. 대승을 거두기는 하였지만 힘들고 어려운 싸움이었다. 지칠 대로 지친 몸을 이끌고 개경으로 돌아오자마자 우왕은 요동 정벌을 명하였다. 왕명을 거역할 수 없었다. 심양에서 중원의 넓은 벌판을 종횡무진 주름잡으며 잔뼈가 굵었다 하여 요동 정벌의 선봉에 섰었다. 이성계와 조민수의 위화도 회군으로 요동 정벌의 대업을 눈앞에 둔 채로 말머리를 돌려서 개경으로 달려왔다. 그러나 이성계 등이 한발 앞서 있었다. 변안열은 사태를 수습할 힘이 없었다. 모든 것이 아침 안개 속에서 흔들리고 있었다. 몸도 마음도 지칠 대로 지쳤다. 그런데 바로 눈앞에 먹구름이 몰려오고 있다. 소나기가 언제 쏟아질지 모르는 판국이 되었다. 오랫동안 전장을 누비느라고 집안일을 까마득히 잊고 있던 변안열은 모처럼 원씨 부인과 마주 앉았다.

"나도 없는데 집안을 건사하느라고 고생이 많지요, 부인."

"고생이야 대감께서 하셨지요. 건강한 몸으로 돌아와 주셔서 고맙습니다. 대감."

"그렇게 마음을 써 주시니 고맙기가 그지없구려. 부인도 별고 없었지요? 이렇게 건강하게 다시 만나니 감회가 더욱 새롭구려. 다만, 성상께서 변을 당하셨으니 그것이 원통할 뿐이오."

"그렇지요, 먼저 가신 노국대장공주와 성상이 대감께 얼마나 큰 버팀목이 되어 주셨는지 소첩이 모를 리 있겠사옵니까. 사석에서는 군신의 예를 벗어던지고, 다정다감한 동기간처럼 지내지 않았습니까. 그러니 그 애통함이 오죽이나 크겠사옵니까. 깊은 위로의 말씀을 드립니다, 대감."

오랜만에 해후한 부부는 밤이 이슥하도록 돌아가신 공민왕과 노국대장공주 그리고 변안열 사이에 전개된 일대기를 더듬어 보면서 밤이 이슥하도록 이야기를 나누었다. 특히, 변안열과 원주 원씨를 부부로 맺어 준 공민왕과 노국대장공주는 원 씨의 시댁과도 같은 존재였으니, 원 씨 부인인들 얼마나 애통했을 것인가.

"우리, 노래나 한 곡 읊어 볼까요? 울적한 기분이 좀처럼 가시지를 않는구료."

"그러시지요, 대감."

"어떤 노래를 읊겠사옵니까? 소첩이 아는 곡이라면 따라 부르겠사옵니다."

"요즘 들어서 우리 주위에는 온통 사라지는 것들 뿐이군요. 서경별곡은 어떠하오, 부인."

"서경별곡이라 하옵시면…, 소첩은 후렴 귀와 추임새를 넣었으면 좋겠사옵니다, 대감."

깊어 가는 개경의 지붕 아래에서 때아닌 노랫소리가 흘러나온다. 변안열은 고려 속요인 서경별곡을 읊는다. 부인 원 씨가 후렴구를 맡는다.

  西京(서경)이 아즐가 西京이 셔울히 마르는,
  위 두어렁셩 두어렁셩 다링디리
  닷곤 딕 아즐가 닷곤 딕 쇼셩경 고외마른,
  위 두어렁셩 두어렁셩 다링디리
  여희므론 아즐가 여희므론 질삼 뵈ᄇ 리시고,
  위 두어렁셩 두어렁셩 다링디리
  괴시란딕 아즐가 괴시란딕 우러곰 좃니노이다.
  위 두어렁셩 두어렁셩 다링디리
  구스리 아즐가 구스리 바회예 디신ᄃᆞᆯ,
  위 두어렁셩 두어렁셩 다링디리

  긴히ᄯᆞᆫ 아즐가 긴힛ᄯᆞᆫ 그치리잇가 나는,
  위 두어렁셩 두어렁셩 다링디리
  즈믄 히를 아즐가 즈믄 히를 외오곰 녀신ᄃᆞᆯ,
  위 두어렁셩 두어렁셩 다링디리
  信(신)잇ᄃᆞᆫ 아즐가 信잇ᄃᆞᆫ 그츠리잇가 나는.
  위 두어렁셩 두어렁셩 다링디리
  大同江(대동강) 아즐가 大同江 너븐디 몰라셔,
  위 두어렁셩 두어렁셩 다링디리

  빈 내여 아즐가 빈 내여 노는다 샤공아,
  위 두어렁셩 두어렁셩 다링디리
  네 가시 아즐가 네 가시 럼난디 몰라셔,
  위 두어렁셩 두어렁셩 다링디리

널 비예 아즐가 녈 비예 연즌다 샤공아.
위 두어렁셩 두어렁셩 다링디리
大同江(대동강) 아즐가 大同江 거넌편 고즐여,
위 두어렁셩 두어렁셩 다링디리
빈 타들면 아즐가 빈 타들면 것고리이다 나는.
위 두어렁셩 두어렁셩 다링디리

서경이 서경이 서울이지마는 중수(重修)한 곳인
소성경(小城京)을 사랑합니다만,
임을 이별하기 보다는 차라리, 길쌈하던 베를 버리고서라도
저를 사랑해 주신다면 살면서 따라가겠습니다.

구슬이 바위에 떨어진들 끈이야 끊어지겠습니까?
임과 떨어져 한 천년을 살아간들 임을 사랑하고 있는
마음이야 끊어지겠습니까?

대동강이 넓은 줄을 몰라서 배를 내어놓았느냐? 사공아.
네 아내가 음탕한 짓을 하는 줄도 모르고
떠나는 배에 임을 태웠느냐? 사공아,
(나의 님은) 대동강 건너편 꽃을 배를 타면 꺾을 것입니다.

"부인, 이 노래는 언제 배웠소? 후렴구를 넣는 추임새가 매우 돋보입니다."
"돋보일 리가요. 어렸을 적에 운곡(耘谷)께서 가르쳐 주신 노래입니다."
"그랬구료, 운곡께는 나도 사사를 받은 적이 있지요, 부인도 기

억을 하시겠지만, 내가 고려에 당도하여 국내외 정세를 익히기 위해 잠시 유숙하며 높은 말씀을 들었었지요."

"그렇지요, 기억하고 말고요. 그 분은 시가에 능하고 학문이 깊으신 분인데 당신께서는 벼슬길에 나아가는 것을 극구 사양했지요. 나라를 위하여 아까운 인재를 활용하지 못하다니 안타까운 일입니다."

"참 안타까운 일이고 말고요. 그나저나 우리가 금방 부른 이 노래 또한 안타까운 속내가 있다지요. 이 노래는 본래 지은이가 특별히 있는 것은 아니고 고려 백성들의 입과 입을 통하여 널리 불려지는 노래라지요. 첫 다섯 줄에서는 임과의 이별의 거부와 임에 대한 연모의 정을, 그다음 넉 줄에서는 임에 대한 변함없는 사랑의 맹세를, 마지막 다섯 줄은 사랑에 대한 원망과 임을 믿지 못하는 마음을 담고 있지요. 지금의 내 심정이 꼭 그렇답니다."

08
낙조(落照)

 공양왕 원년, 1389년 10월 11일은 이성계의 생일이었다. 이성계의 사저 사랑방에서 주안상을 가운데 놓고, 포은 정몽주(圃隱 鄭夢周), 대은 변안열(大隱 邉安烈) 그리고 후일 이씨 조선을 창건한 이성계(李成桂)가 마주 앉았다. 이성계의 다섯째 아들 이방원(李芳遠)도 배석한 자리다. 이성계의 생일을 축하하며 덕담을 주고받던 중 술잔이 몇 순배 돌아도 바깥 날씨 같은 냉랭한 분위기가 계속 이어지고 있었다. 그도 그럴 것이 비록 생일 잔치에 초대받아서 자리를 같이하고는 있었으나 저간의 조정 분위기가 무겁게만 흘러가고 있었기 때문이다.
 "두 분 대감님을 모셔 놓고 대접이 너무 소홀합니다. 세 분이 모처럼 자리를 같이 하셨으니 외람되오나 소생이 글 한 수를 지어 올릴까 하옵니다. 아울러 두 분 대감님의 답가도 들을 수 있으면 좋겠습니다. 괜찮겠습니까, 두 분 대감?"
 이방원이 즉석 제안을 한다.

"그럽시다."

"그거 좋은 생각입니다. 취흥을 돋우는 데는 시 한 수씩 읊는 일이 제일 으뜸가는 좋은 방법이지요."

이방원이 즉흥시를 읊는다.

  이런들 엇더ᄒ며 저런들 엇더ᄒ리
  萬壽山(만수산) 드렁츩이 얼거진들 엇더ᄒ리
  우리도 이갓치 얼거져 百年(백년)까지 누리리라

  此如何又彼如何 (차여하우피여하)
  萬壽山深纏辥蘿 (만수산심전설라)
  但願吾生亦若此 (단원오생역약차)
  相扶相結百年過 (상부상결백년과)

하여가(何如歌)이다. 이어 포은이 답가를 한다.

  이 몸이 주거주거 一百番(일백번) 고쳐 죽어
  白骨(백골)이 塵土(진토)되야 넉시라도 잇고업고
  님 향한 一片丹心(일편단심)이야 가실 줄이 이시랴

  此身死死百番死 (차신사사백번사)
  白骨爲塵魂有無 (백골위진혼유무)
  一片丹心指向主 (일편단심지향주)
  豈將身死可心誣 (기장신사가심무)

단심가(丹心歌)이다. 대은의 답가가 이어진다.

가슴에 궁글 둥시러케 뚫고 왼숫기를 눈길게 너숫너숫 꼬아
그 궁게 그 숫 너코 두 놈이 두 긋 마조자바 이리로 훌근 져리로 훌적
훌근훌적 흘저긔는 나남즉 놈대되 그는 아모쪼로나 견듸려니와
아마도 님 외오 살라면 그는 그리 못ᄒ리라

穴吾之胸洞如斗(혈오지흉통여두)
貫以藁索長又長(관이고삭장우장)
前牽後引磨且戛(전견후인마차알)
任汝之爲吾不辭(임여지위오불사)
有欲奪吾主(유욕탈오주)
此事吾不屈(차사오불굴)

불굴가(不屈歌)이다. 지는 해와 떠오르는 해를 바라보는 각자의 시각이 결정되는 순간이다. 이로써 시조 셋이 탄생한다. 여기에서 하여가는 단심가와 불굴가를 답가로 유도해 낸 문제 제기라는 점에서 내용상으로는 대립적인 것이지만 그 형태나 의미구조는 이 세 작품이 일치하는 양상을 보여주는 같은 부류의 노래였다. 이 경우 창(唱)은 하여가이고 화(和)는 단심가와 불굴가이며, 창–화 되는 각각의 노래는 결국 같은 장르로 보아야 할 것이므로 이 세 작품은 같은 장르인 시조에 속한다고 할 것이다. 하여가와 단심가는 정격의 노래(平時調)라 하고 불굴가는 변격의 노래(辭說時調)라는 점이 다르다. 이 시로써 이방원, 정몽주, 변안열은 각각 자신의 속뜻을 시로 표출했고, 그 뜻은 서로에게 가감 없이

전달되었다.

　이날 이 세 수의 시조로써 피아의 구별이 확실해졌다. 그리고 이들의 운명도 각기 다른 방향을 향하여 달려갔다. 따라서 이 시조 한 수가 변안열의 운명을 좌우하게 된다. 덧붙일 것은 이성계의 생일을 축하하는 이 자리는 고려말부터 시조가 이미 생성되어 제 모습을 갖추어 가고 있는 때였으며 특히 평시조는 물론 사설시조도 존재하고 있었다는 국문학사적 의의였다.

　1389년 11월 전 대호군 김저(金佇)가 우왕의 밀명을 받고 이성계 암살을 꾀했으나 실패했다. 위화도 회군 후 폐위된 우왕은 여흥에서 강릉으로 이송되었고 그 뒤를 이은 창왕도 다시 풍전등화의 위기와 맞닥드려야 했다. 이성계는 흥국사에 조정 대신들을 모아 놓고 창왕 폐위 문제를 논의하고 있었다. 군사들이 삼엄하게 에워싼 상황에서였다.

　"제관들은 들으시오. 공민왕이 시해된 이후 우왕이 왕위를 계승하였으나, 이는 왕 씨의 핏줄이 아닌 관계로 폐가입진 차원에서 폐위되었소. 다시 창왕이 그 뒤를 이어 즉위했고 조정에서는 명나라에 여러 차례 사신을 보내어 이 사실을 알렸으나 천자의 추인을 받지 못했소."

　대신들은 물을 끼얹은 듯이 조용했다. 누구 한 사람 기침조차 하는 사람이 없었다. 이성계는 명나라 예부에서 보내온 자문을 꺼내어 읽기 시작했다. 홍무 8월 8일 본부 상서 이원명 등이 봉천문에서 받아 온 성지였다.

「고려국에는 사고가 많다. 신하 중에는 충신과 역신이 뒤섞여서 하는 일이 모두 옳은 정책이 아니다. 임금의 자리는 공민왕이 시해된 이후로 후계가 끊어졌다. 비록 다른 성이 왕 씨로 가장하여 임금이 되었으나 이는 역시 삼한의 왕업을 이어 지키는 좋은 법이 아니다. 이전에 임금을 시해한 역적은 임금의 죄악이 컸기 때문에 나왔다. 임금을 시해한 자는 비록 난신적자이나 그중에는 또한 선정을 베풀어 하늘의 뜻을 돌이키고 백성을 안무한 자도 있다.

그런데 지금 고려의 신하들은 연이어 음모를 꾸며 오늘에 이르러도 정국이 안정되지 못하고 있다. 반역으로 나라를 얻었다 한들 반역으로 나라를 지킬 수 있겠는가. 만약 반역을 정상으로 여긴다면 역신이 줄지어 일을 벌일 것이다. 모두 처음 반역한 자가 가르친 것이니 어찌 원망할 것인가.

예부에서는 공문을 보내어 어린아이에게 남경에 올 필요는 없다고 전하라. 만일 어질고 지혜로운 신하가 있어 위로는 임금과 신하의 명분을 굳건히 정하고 생민을 안착시키는 방책을 세운다면 비록 십 년을 내조하지 않는다고 하여도 어찌 근심이 되겠으며 해마다 내조한다 해도 어찌 싫어하겠는가.」

내용의 핵심은 공민왕 시해 이후 다른 성씨가 고려의 임금이 되었으니 정통성을 인정할 수 없다는 뜻이다. 이것은 이성계의 찬탈 음모에 힘을 실어주는 것이었다.

"대감들이 금방 들으신 대로 지금 참 임금이 앉을 자리에는 다시 가짜가 앉아서 임금 노릇을 하고 있습니다. 이에 명나라도 이를 간파하여 고려내정에 간섭하지 않겠다는 뜻을 밝힌 것입니다. 그러므로 오늘 이 자리에서 진짜 왕 씨의 핏줄을 찾아 새로운 임금으로 모시고자 합니다."

대신들의 입장은 창왕을 폐위시키고 새로운 임금을 즉위시키는 쪽으로 의견이 모아졌다. 다만 누구를 새 임금 자리에 앉힐 것인가가 문제였다.

"나는 정창군 왕요(王瑤)를 새 임금으로 모시는 것이 합당하다고 생각합니다. 왕요는 신종 임금의 7대손으로서 종친에 가깝기 때문입니다."

이성계는 왕요를 왕으로 세울 것을 주장했다. 그러나 조준, 성석린 등이 그는 왕이 될 만한 인물이 되지 못하다고 반대했다. 그래서 종실 몇 명의 이름을 적어서 심덕부, 성석린, 조준 등을 계명전에 보내어 고려 태조의 영전에 보고하고 제비를 뽑았는데 결국 정창군이 뽑혔다. 이는 이성계와 조준 등이 모의한 것이 아닌가 하는 의심이 들게 한다. 한 나라의 임금을 제비뽑기로 정하다니…. 이렇게 고려의 마지막 임금 공양왕이 수창궁에서 즉위하게 되었다.

1389년 김저의 옥사에 변안열을 비롯하여 많은 사람이 연루되었다. 김저의 옥사가 일어나자 이성계는 이 사건을 빌미로 창왕을 강화로 유배하고 우왕은 위화도 회군 후 회군파에 의해 폐위되어 강화도로 안치되었다가 여흥군으로 옮겨졌는데 김저의 난에 연루되어 다시 강릉으로 옮겨진 뒤 곧 시해당했다. 그리고 제비뽑기를 통하여 요(瑤)를 공양왕으로 옹립하고 정적들을 하나씩 제거해 나갔다. 그러나 변안열을 제거하기는 그렇게 쉽지 않았다. 이성계는 변안열을 영삼사사로 제수하여 자기편으로 끌어들이려 했지만 변안열은 끄떡도 하지 않았다. 그해 12월 문하사인 조박 등이 상소하여 이인임, 조민수, 이색 부자 등을 김저 사건과 연루하여 옥사를 일으켰으나 변안열은 무사했다.

우왕 때 원로급의 총수라 할 수 있는 최영이 제거되자 이성계를 중심으로 회군파 무장들이 부상했다. 다시 창왕을 폐위시키고 조민수를 유배 보내자 이성계와 필적할 만한 무장은 이제 변안열 밖에 남지 않았다. 결국 이성계와 변안열은 서로 대척 관계에 놓이게 되었다. 변안열이 이성계에 굴복하여 이성계의 편에 서지 않는 한 변안열이 아무리 침묵을 지키면서 자중하고 있다고 하더라도 이성계 일파의 걸림돌이 되지 않을 수 없었다. 변안열은 이색과 더불어 사전개혁을 반대했다. 그로 인하여 이성계와의 충돌은 불가피한 것이었다. 이성계 일파의 모의 장소가 이방원의 집에서 조정으로 옮겨지고 난 뒤 얼마 되지 않았을 때 회의 석상에서 조준이 걱정스럽게 말을 꺼냈다.

"대은 대감을 그대로 두었다가는 큰 봉변을 당할지도 모릅니다. 사전 개혁에 큰 걸림돌이 될 것 같습니다."

말을 꺼내자 조인옥, 남은, 정도전 등이 기다렸다는 듯이 말을 잇는다.

"그렇습니다. 대은 대감을 제거하지 않으면 안 될 것 같습니다."

"우리가 그동안 대은 대감을 제거하는 명분을 찾아왔는데, 변안열이 사전 개혁에 반대하는 것만으로도 이제는 제거할+ 명분이 충분하다고 생각합니다. 김저의 옥사와 관련지어 대역죄로 다스리면 될 것입니다."

"그렇소. 원천부원군 대감을 그대로 두었다가는 우리가 역풍을 맞을 수도 있습니다."

변안열을 제거해야 된다는 분위기가 노골적으로 무르익어 갔다.

"이렇게 해보면 어떻겠소?"

남은이 이들과는 달리 좀 색다른 제안을 한다.

"우리가 반대파를 거세게 몰아붙일 것이 아니라 유화정책을 써 보면 어떻겠소? 이를테면 성대하게 연회를 베풀어 푸짐하게 대접하면서 그들의 속내를 확실히 알아낸 뒤에 일을 도모해도 늦지 않을 것 같습니다만 …."

"고려의 원로들 말입니까?"

정도전이 귀를 세우며 묻는다.

"그렇소이다. 사전 개혁이나 역성혁명에 반대하는 대감들을 모아 놓고 연회를 베푸는 것입니다. 그리고 그 연회 자리에서 반대파의 의중을 살피면서 설득도 해보고 협조도 구해 볼 수 있을 것입니다."

남은의 말에는 일리가 있었다. 조용히 듣고 있던 이방원이 무릎을 탁! 치면서 말한다.

"그것 참 좋은 생각이요. 반대파의 의중을 떠보고 이 난국을 슬기롭게 헤쳐 나갈 대안도 들어 보기로 합시다."

그 자리에 참석한 이성계 일파의 문무 대신들은 흥국사에서 대연회를 베풀기로 했다.

"잠깐, 멈추시오. 좌중의 대감들이 남은 대감의 의견에 대부분 찬성하고 있는데 나는 견해가 다릅니다."

역성혁명을 추진하는 무리 중 가장 발언권이 강한 정도전이 나직한 음성으로 반대 의견이 있다면서 제동을 걸고 나선다. 좌중의 눈길이 일제히 정도전에게로 쏠린다. 그들의 눈빛은 의외라면서 놀라움을 감추지 못한다. 아무리 연배가 어리다고는 하지만 이방원의 의사에 감히 반대 의견이 있다고 제동을 걸고 나서다니…, 그것도 많은 사람 앞에서….

"삼봉 대감, 무슨 좋은 계책이라도 있다는 말씀이요?"

이방원도 내심 놀라면서 애써 태연한 척하며 불쾌한 낯빛을 감추지 못한다.

"달리 좋은 계책이 있는 것은 아니지만 흥국사에서 조정 대신들을 한자리에 모아 놓고 연회를 베풀면서 그들의 의중을 살핀다는 것은 아닌 것 같습니다. 지금은 저간의 사정이나 분위기를 대신들이 감지하지 못할 리 없는 상황입니다. 그런데 그런 자리에서 자기의 속마음을 털어놓을 사람이 과연 몇 명이나 될까요?"

"그럴 수도 있겠네요. 그러면 삼봉 대감은 어떻게 하면 좋을 것 같소? 그렇다고 마냥 손 놓고 있을 수도 없고…."

이방원이 별로 달가워하지 않으면서도 마지못해 대안이 있느냐고 묻는다.

"그 문제는 조용히 말씀드리고자 합니다."

그날 회의는 이것으로 마무리되고 이방원과 정도전은 따로 남아서 귀엣말을 주고받았다.

태조가 개국하고 조정에서 제신에게 연회를 베풀었을 때의 일이다. 설매라는 기생이 있었는데 용모가 빼어났고 특히 음행을 좋아했다. 배극렴이 술에 취해 희롱하며 말했다.
이 무렵 세간에는 웃지 못할 에피소드가 돌고 있었다.
"너는 아침에는 동쪽 집에서 먹고 밤에는 서쪽 집에서 잔다고 들었다. 그러니 나하고 동침하는 것이 어떠하냐."
서래가 대답했다.
"동쪽 집에서 먹고 서쪽 집에서 자는 천한 기생이, 왕 씨를 섬겼다가 이 씨를 섬기는 정승을 시침하는 것이 마땅하지 않겠습니까."
듣는 자들의 코가 모두 시큰했다.

한편, 1389년 창왕 2년 10월 12일 새벽 변안열은 부인 원 씨의 침소로 들었다. 10월 11일 이성계의 생일 잔치에 초대되어 불굴가를 읊은 바로 그 이튿날 새벽의 일이었다.
"대감, 어인 걸음이시옵니까?"
"아직 기침할 때가 이르지만 긴히 의논할 일이 있어 잠을 깨웠소."
원 씨 부인은 당황스러울 수밖에 없었다. 평소에는 이런 일이 없었기 때문이다. 환갑을 바라보는 나이에 무슨 용꿈을 꾸었다고 늦둥이를 만들려고 온 것은 아닐 터이고 집안에 무슨 급한 일이 있는 것도 아니라서 도무지 영문을 종잡을 수가 없었다.
"잠깐 돌아앉아 계십시오. 옷을 갈아입겠습니다."
원 씨 부인은 속옷 차림의 몸을 돌리며 변안열에게 눈길을 준다.

"아니오, 그대로 계셔도 좋소."

"이부자리를 정제하오리까?"

"허허, 그대로 계셔도 좋다니까요."

변안열은 잠시 말이 없다. 말없이 앉아 담배만 피우고 있다.

"부인."

"예, 대감."

"나, 잠시 바람 좀 쐬고 오겠소."

위화도 회군 이후 판삼사사라는 벼슬을 제수했으나 조정에 나가지 않고 칩거해 있는 변안열이 어제는 이성계 생일에 초대받고 다녀오더니 오늘은 첫닭도 울기 전인데 안방을 찾아 든 것이다. 원 씨 부인은 뭔가 심상치 않은 낌새가 있음을 눈치챈다.

"말씀하십시오, 대감. 느닷없이 무슨 바람을 쐬고 오겠다는 말씀이옵니까?"

"세상 돌아가는 꼴이 하도 답답하여 시원한 바람이라도 쐬고 와야만 숨통이 좀 트일 것 같아서요. 한 보름쯤 걸릴 것이오. 그동안 집안 단속 잘하시고…. 나는 잠시 향리에 다니러 갔다고 하시오. 바깥사람들은 물론이고, 집안사람들에게도 그렇게 이르시오."

"알겠사옵니다. 그러나 저에게만이라도 가시는 곳을 말씀해 주셔야 하지 않겠사옵니까?"

"가까운 강화섬이나 한 바퀴 돌고 올까 하오. 그리 알고 계시오. 그저 가슴이 답답해서 바람이나 쐬고 오려는 것이니 너무 염려하지 마시오."

"언제 떠나시려구요? 종자는 누구를 붙일까요?"

"혼자 다녀오려고 하오. 날이 밝는 대로 길을 떠날까 하오. 그리 알고 준비해 주시오. 종자는 필요 없고 말이나 한 필 준비해 주시면 좋겠소."

변안열은 선비 차림을 하였다. 말 한 마리에 단도 몇 자루를 짐 속에 감추었다. 원 씨 부인에게만 출타하는 사실을 알리고 마실이라도 다녀올 사람처럼 가벼운 차림새로 집을 나섰다. 이제 막 아침 해가 떠오른다. 시월 중순께의 날씨는 맑고 청량했다. 겨드랑이 사이로 제법 시원한 바람이 기어들어 온다. 변안열은 마침 강화도로 물고기를 사러 떠나는 고깃배를 탈 수 있었다. 도사공에게 뱃삯을 넉넉히 지불한 뒤였다. 물론 본인의 신분을 노출하지 않고 그저 시인 묵객이 정처 없는 유람길을 나서는 것처럼 꾸몄다.

이번 길에서는 완전히 자유로운 새가 되어 높고 푸른 하늘을 훨훨 날아 보고 싶었다. 할아버지의 고향 나라 고려, 그 고려 땅을 밟은 지 벌써 40년이 다 되어 간다. 그러나 그 할아버지의 고향은 소년 충가가 그리던 나라가 아니었다. 조강(祖江)의 물결처럼 소용돌이치는 세월이 그저 어지러울 뿐이다. 변안열이 구태어 강화도를 돌아보고자 하는 데는 어떤 향수 같은 것에 이끌렸기 때문이다. 할아버지 시대부터 치열하게 전개된 대몽항쟁, 패전국이 된 고려는 가까스로 명목상의 자주권을 지키고 있었으나, 원나라와 명나라의 위협과 간섭에 늘 시달려 왔다. 그런 와중에 선열들이 남긴 발자취는 고스란히 한이 되어 남아 있는 강화섬이었다.

개성에서 출발한 시선(柴船)은 바닷물의 만조를 기다렸다가 건너편에 있는 강화도 산이포(山伊浦)에 도착했다. 산이포는 한양과 개경으로 오가는 배들이 물때를 기다리는 포구로서 제법 큰 마을이었고 주막 같은 숙박 시설도 있었다. 변안열은 산이포 주막에서 해장과 아침 식사를 하고 강화 해안을 따라 길을 나섰다. 도사공에게 특별히 부탁하여 말을 배에 태운 것은 참으로 다행이었다. 산이포에서 승천포를 지나 얼마 떨어지지 않은 곳에 있는 연미정에 올랐다. 살찐 숭어가 물살을 치고 튀어 오르는 소리에 연미정이 잠을 깨면 강화의 봄이 시작된다.

연미정은 정면 3칸, 측면 2칸의 팔작지붕 건물이다. 눈 아래로 한강과 임진강과 예성강이 합류했다가 다시 두 갈래로 나뉘어 한 갈래는 서해로, 또 한 갈래는 염하강을 거친 뒤에야 다시 서해로 흘러든다. 그 모양이 제비 꼬리와 같다 하여 정자 이름을 연미정(燕尾亭)이라고 지었단다. 개경을 품은 송악산이 손에 닿을 듯 가깝다. 옛날에는 서해에서 한양이나 개경으로 가는 배가 이 정자 밑에 닻을 내려 조류를 기다리며 무료함을 달래기 위하여 노래를 지어 불렀는데 '시선 뱃노래'라고 한다. 변안열의 귀에도 그 어부들의 노래가 생생하게 들려 왔다. 변안열이 원나라에서 공민왕과 노국대장공주를 호위 배행하여 고려로 건너오자마자 고려 강토 전역을 유람하고 마지막으로 강화도를 찾았을 때 들었던 바로 그 노래였다. 한창 혈기왕성할 때 연미정에서 들었던 그 노래를 황혼이 짙은 몸이 되어 다시 들으니 감회가 새로웠다. 시선 뱃노래가 들려오는 연미정은 높은 주초석 위에 세워져 있다. 정자 양쪽에는 수백 년 묵은 느티나무 두 그루가 웅장한 자태로 정취를 더해주고 있다. 1244년 고종 31년, 고종이 시랑 이종주에게 명하여 구재생도(九齋生徒)를 이곳에 모아놓고 하과(夏課)를 시켜 55명을 뽑았다는 기록도 있다. 변안열은 점심때가 다 되어서야 연미정을 떠난다.

 강화섬에는 백운거사(白雲居士) 이규보(李奎報, 1168~1241)가 섬 남쪽 끝부분에 잠들어 있다. 앞에서 못다한 이야기를 다시 살펴보면 다음과 같다. 문신이자 문장가인 이규보는 무신정권 시절에 태어나 무신정권에 적극 협력했던 문인의 한 사람으로, 1191년 명종 19년 진사시에 합격한 후 여러 관직을 거쳐 문하시랑평장사에 올랐다. 그는 국문학의 태두로서 삼혹호(三酷好)선생으로 불릴 만큼 시와 술과 가야금을 즐겼다.
 시문에 능했던 선생은 중국의 모방이 많던 당시에 고구려의 시조 동명성왕 이야기를 서사시로 엮어내는 등 민족정신에 바탕을 두고 글을 썼다. 몽고군의 침입으로 고려조정이 강화도로 천도해서 대장경을 만들 때 민족수호의 충정이 담긴 대장경 각판 군신기고문을 지었다. 그는 '글로 나라를 빛낸다'는 신념으로 창작활동을 전개하여 그의 문집인 동국이상국집과 백운소설에는 국선생전 등 수많은 가전체 소설을 비롯하여 2천 편이 넘는 작품이 실려 있다. 그의 시가는 농익은 홍시감 같다고 한다. 변안열은 이규보가 남긴 시 '영정중월(詠井中月)' 한 수를 다시 읊어본다.

　　　山僧貪月色(산승탐월색)　井汲一甁中(병급일병중)
　　　到寺方應覺(도사방응각)　甁傾月亦空(병경월역공)

산사의 승려가 달빛을 탐하여 병 속에 물과 함께 담아가네
절에 도착하면 비로소 깨달으리, 병을 기울이면 달 또한 비는 것을.

연전에 이 시를 처음 접했을 때 무릎을 탁 쳤던 변안열, 까마득히 잊고 있었다고 생각했지만 오늘도 변안열을 술도 없이 취하게 만든다. 역시 아름다운 시는 세월이 흘러가도 절대로 시들 줄 모르는 향기를 품고 있어 신비롭게 여겨진다.

변안열은 말머리를 돌려 전등사로 향한다.

전등사(傳燈寺)는 강화섬 정족산에 있는 사찰이다. 정족산성 안에 자리 잡고 있으며, 대웅전, 약사전, 범종 등의 보물이 소장되어 있다. 381년 고구려 소수림왕 11년에 아도화상이 창건하고 이름을 진종사(眞宗寺)라 했으며 전등사란 이름은 충렬왕 때 붙여졌다. 1266년 진종사는 크게 중창되었으며 1282년 충렬왕 8년 왕비 정화궁주(貞和宮主)가 진종사에 옥으로 된 등을 시주한 것을 계기로 '이 등에 불을 밝혀 세세토록 전하여 나라와 무릇 중생들의 앞날을 밝혀 주라.' 하여 이름이 전등사로 바뀌었다.

전등사에는 재미있는 전설이 하나 전해오고 있다. 전등사 대웅전을 세울 때 도편수에게는 사랑하는 여인이 있었다. 전등사 사하촌인 온수리 저잣거리에 있는 주막집의 젊은 주모였다. 그러나 사찰 공역을 맡은 인부들은 그 공역을 마칠 때까지는 여자를 멀리해야 한다는 터부가 있었다. 욕정으로 더럽혀진 몸과 마음으로 불전을 다듬다가는 부처님의 노여움을 사서 큰 위해를 입는 사고가 난다고 믿었기 때문이다. 그래서 도편수도 주막집 여인을 멀리했다. 그러던 어느 날 그 젊은 여인은 끓어오르는 욕정을 참

지 못하고 다른 사내와 눈이 맞아 강화를 떠났다는 소식이 들려왔다. 도편수는 자기를 배신한 여인을 저주하며 그녀의 벌거벗은 모습을 조각하여 대웅전 추녀 밑 네 귀퉁이에 받쳐 놓았다. 하늘을 향하여 솟구쳐 오른 추녀의 용마루 사이에서 벌거벗은 채로 무릎을 꿇고 무거운 지붕을 떠받치고 있는 가혹한 형벌은 실연당한 도편수의 통쾌한 복수극이기도 했다. 그런데도 이 해학적인 전설은 매우 유쾌하다. 사찰에서 금기시하는 나부상을 본전 지붕 귀퉁이마다 끼워 넣도록 눈 감아 준 스님의 도량이 높았기 때문이다. 그래서 나부상의 전설이 저속하다기보다는 오히려 무슨 깨달음을 던져 주는 화두처럼 들렸다.

그날은 전등사에서 유숙했다. 그 전날 좀 무리를 했는지 저녁잠이 쏟아졌다. 말도 꽤나 힘들었던 모양이다. 보양식으로 콩 한 됫박을 얻어먹였다. 이렇게 확 트인 마음으로 산천경개를 완상하면서 하루를 보내고 난 뒤라서인지 그 콩 또한 별미였다. 주인을 잘 만났다고 생각하며 눕지도 않고 꼿꼿하게 선 채로 밤을 새웠다. 이튿날은 아침밥까지 절에서 신세를 졌다.

마니산은 강화섬의 주산임과 동시에 나라의 중심산이다. 남과 북으로 이어진 삼한의 퐂대 역할을 하는 백두산과 한라산을 직선으로 이었을 때 정확히 그 한가운데에 자리하고 있는 것이다. 그래서 두악(頭嶽) 또는 마리산으로 불리었는데 모두 머리산이라는 뜻이란다.

단군왕검이 이 땅에 내려와 처음으로 한 일이 머리산 정상에 참성단을 쌓고 새로 세울 나라가 부강하고 태평하기를 하늘에 빌었던 까닭도 이곳이 국토의 중심이고 머리였기 때문이다.

　마니산 일몰의 순간은 기다려 볼 만한 가치가 있었다. 일체무애의 강화 개펄로 밀려드는 서해의 들물과 저녁노을의 창연함이 마니산의 강렬한 땅 기운과 더불어 보는 이의 핏줄까지 금빛으로 물들였다. 마니산 정상이 바로 참성단이다. 이곳에서 이 땅을 처음으로 밝힌 불씨를 지폈다고 한다. 느릅나무와 버드나무 가지를 서로 마찰시켜 얻은 불씨라고 전해 온다.

　조선조에서는 그 불씨를 한양의 사직단으로 옮겨서 한식날을 기다렸다가 임금이 손수 지방 고을의 관리들에게 나누어 주며, '이 땅을 처음으로 밝혔던 태초의 불씨를 내리니 만백성이 이 불씨를 사용하여 마음까지 하나가 되게 하라.'고 명을 내렸다.

　마니산을 타고 내려가면 후포항을 만난다. 강화 어 팔진미를 제대로 먹어볼 수 있다는 곳이다. 변안열은 이곳 주막에서 하룻밤을 묵었다. 문제의 그 강화 어 팔진미를 맛보면서 주모가 불러 주는 노래를 들었다.

　　　살찐 새우 추젓 담아 나랏님께 진상하고
　　　병어 농어 탕을 끓여 감사님께 진상하고
　　　망둥아리 말렸다가 사또님께 진상하고
　　　황금조기 밥에 쪄내 조상님께 봉양하고
　　　보리숭어 곱게 다져 부모님께 봉양하고
　　　뱀장어는 통째 구워 서방님께 봉양하고
　　　밴댕이는 숨겨 놓고 내나 먹자 무쳐 먹자

강화섬에는 높은 산이 없다. 대개 1천5백 자 안팎으로 올망졸망한 구름같은 산들이 키를 다투며 솟아 있다. 산세도 험하지 않아 말을 타고도 산 정상까지 오를 수 있었다. 마니산, 진강산, 덕정산, 혈구산, 고려산, 별립산 등이 섬의 중앙선을 타고 남쪽에서 북쪽으로 늘어서 있고, 석모도에는 섬 남쪽 끝에 해명산 북쪽 끝에 상주산이 있으며 교동도에는 화개산이 솟아 있다. 강화 큰 섬에 솟아 있는 산봉우리를 하나둘 오르고 내리는 데 꼬박 사흘이 걸렸다.

혈구산을 벗어나면 북쪽으로는 고려산이 떡 버티고 서 있다. 고려산 낙조대에서 맞이하는 일몰 풍경은 강화 팔경 가운데 으뜸이다. 그러나 서해안의 낙조가 다 그렇듯이 낙조를 즐길 수 있는 시간은 길지 않다. 수평선 너머로 금방 모습을 감추어 버리는 석양을 원망스레 바라보며 안타까워한다. 하늘은 평등하고 자연은 순리를 따른다. 뿔 달린 짐승은 날카로운 이빨이 없고, 아름다운 꽃은 열매가 없고, 날개 달린 짐승은 앞다리가 없다. 자연의 섭리가 그러하니 아름답기 그지없는 고려산 노을이라고 해서 어찌 오랫동안 머물러 주기를 바라겠는가?

고려산 낙조대에서 바라보는 석양이 서해로 떨어지면 낙조대 바로 밑에 매달려 있는 적석사의 범종이 울리기 시작한다. 웅장하면서도 맑은 종소리가 남기고 간 긴 여운을 듣고 있노라면 누군가의 간절한 기도 소리 같기도 하고 애절한 슬픔 같기도 하다. 이미 고려산의 붉은 노을빛에 흠뻑 젖어버린 가슴에 산사의 범종소리까지 안겨드는 데야 아무리 세속에 때 묻은 마음이라고 할지라도 말갛게 씻어내지 않을 수 없을 것 같았다.

 강화섬 서쪽에는 바닷길을 사이에 두고 석모도와 교동도가 있다. 635년 신라 선덕여왕 4년 금강산에서 수행하던 회정대사가 관세음보살님을 친견하고 강화도에 내려와서 창건한 절이 바로 이 보문사라고 한다. 보문사가 있는 산을 낙가산이라고 명명했는데 이는 관세음보살이 상주하고 있는 산이라는 의미이다. 보문사라는 절 이름도 관세음보살의 광대무변한 원력을 따서 지었다고 한다. 이처럼 산과 그 품에 안긴 절이 모두 관세음보살을 상징하고 있는 경우는 매우 드물어 변안열은 탄성을 금하지 못했다.
 어느 해 정월, 겨우내 꽁꽁 얼어붙은 임진강, 예성강, 한강이 풀리면서 갈라진 얼음덩어리가 석모도 해안으로 밀려들었다. 그때 육지로 나갔다가 명절을 맞아 귀향하는 섬사람 몇을 태운 배가 얼음덩이에 밀려 사흘 동안이나 표류하는 사고가 발생했다. 매서운 겨울의 바닷바람과 거센 풍랑으로 배에 탄 사람들은 죽기 직전의 지경까지 내몰렸다. 그때 누군가가 소리쳤다.
 "여러분, 우리는 이제 꼼짝없이 물귀신이 되게 생겼소. 우리 힘으로는 살아날 방법이 없으니, 영험이 높다는 보문사 나한님들께 살려 달라고 빌어 봅시다. 모두 보문사 쪽을 향하여 지난 날을 참회하고 우리를 살려 주면 착하게 살겠다고 서원하며 부처님을 부르세요."
 그러자 모두 눈물을 흘리며 보문사가 있는 낙산 쪽을 향하여 절을 하기 시작했다. 그렇게 한나절쯤 지났을 때 기적이 일어났다. 갑자기 바람이 부는 방향이 바뀌더니 배를 해변으로 밀어붙였다.

그때 살아난 사람들은 계를 모아서 보문사의 대소 불사를 돕는 것은 물론 평생토록 자비를 베풀며 살았다는 전설이 내려온다.

　석모도와 이웃하여 북쪽으로 누워 있는 섬이 교동도이다. 이 교동도에는 화계사가 자리하고 있는데 교동도의 소박한 정서를 빼닮은 조그마한 절집이다.
　고려 말기의 고승 나옹선사와 무학대사가 이곳에서 수행할 때였다. 어느 봄날 흐드러지게 피어 있는 진달래꽃 그늘 밑에 경전을 펼쳐 놓았더니 책상 위로 꽃잎이 수북하게 쌓여 글을 읽을 수가 없었다. 그래서 절 이름을 꽃잎이 덮는다는 뜻으로 화개사라 했다. 화개사는 고즈넉하고 정갈한 자연환경을 지니고 있다. 특히 화개사가 자리한 기슭에서 솟는 샘물을 마시면 정신이 맑아져서 공부하는 선비들이 자주 머물다 갔는데 대개는 큰 인물이 되었다고 한다.
　화개사에서 하룻밤 묵은 그날이 시월 보름을 갓 지난 때라서 보름달에 가까운 둥근 달과 마주하게 되었다. 바닷물과 함께 돌돌거리며 떠내려가는 월색을 펼쳐 놓고 보니 맨정신으로는 도저히 잠을 잘 수가 없었다. 먹다 남은 곡주라도 한 사발 들이켜야 될 것 같아 마침 월선포라고 쓴 팻말을 보고 그 위치를 물었더니, 그것은 주막이 아니라고 한다. 바다에 떨어지는 달빛이 선경처럼 아름답기에 월선포라고 부른다는 스님의 말을 듣고 실소를 금하지 못했다. 절집이라서 곡차가 있을 리 없어 아쉬운 마음을 달래면서 달빛 아래 그림자를 깔고 앉았다. 망망대해를 앞에 두고 부서지는 달빛에 한껏 취했다. 술 대신 달빛에 취해보는 정취도 가히 매력적이었다.

 고려가 몽골의 침략을 피하여 강화도로 천도하기 이전의 교동은 다른 섬과 마찬가지로 고기를 잡아 생계를 꾸리는 조그마한 어촌에 불과했다고 한다. 집을 지을 자리마저 변변치 않아서 나지막하게 엎드려 있는 산자락 그늘에 붙어살아야 할 만큼 협소했다. 그랬던 것이 고려조정이 강화로 옮겨와 있던 시절, 조정과 함께 유입된 인구는 수십만이나 되었으나, 비좁은 섬에 그 많은 인원을 먹여 살릴 만큼 식량이 있을 리 만무했다.

 처음에는 전쟁이 오래가지 않을 것이고 지방에서 올라오는 세곡으로 버텨낼 수 있을 것으로 생각했지만 예상은 빗나갔다. 몽골군이 강화도로 들어가는 뱃길을 봉쇄했다. 물자를 실어 나를 유일한 운송수단인 배를 움직이지 못하게 하면 섬에 고립된 많은 인원이 오래 버티지 못할 것이라 판단했기 때문이다. 이에 고려조정은 섬사람들을 동원하여 농경지를 늘리는 간척사업을 벌였다. 이로써 강화섬에 넓은 들판이 형성되었고 먹거리를 자급자족할 수 있게 되었다. 이것이 그 길고 긴 항몽투쟁을 가능케 했다고 한다.

 바다를 사이에 두고 석모도와 마주 보는 선착장 근처에 승천포가 자리를 잡고 있다.

 1232년 정월 초순 몽골은 고려를 탐내어 침공해 왔으나 때마침 밀려온 강추위에 쫓겨 잠시 물러나 있었다. 낌새를 알아챈 고려는 강화도로 천도하고 가족과 사병들도 강화로 옮겼다. 마침내 같은 해 7월 7일, 고종은 개경을 떠나 강화도 승천포(昇天浦)로

향했다. 왕도 왕이지만 짐을 옮기는 인부들의 고생은 말이 아니었다. 고려사에서는 이 모습을 이렇게 적었다.

왕이 강화로 이어(移御)할 때 10여 일이나 장마가 계속되어 진창이 무릎까지 빠지므로 사람과 말이 함께 버둥대다가 쓰러지는 경우가 많았다. 비록 높은 분이라 할지라도 신발도 없이 맨발로 짐을 져야 했고 부녀자들은 비에 흠뻑 젖은 옷이 몸에 착 달라붙어 맨가슴을 드러내는 민망하게 되는 경우가 허다했다. 또한 과부이거나 남편이 군영에 차출되어 홀로된 여인들은 그나마 의지할 곳조차 없는 서러움에 울고불고하기를 그치지 않았다. 그러한 아비규환 와중에 수레에 깔려 죽고 사람에 밟혀 죽는 자가 헤아릴 수 없이 많았다. 승천포에서 강화섬 허리를 가로질러 동쪽으로 가면 선원사지와 만난다. 선원사지는 우리 민족의 위대한 문화유산인 고려대장경판이 판각되고 봉안되었던 곳이다. 지금은 넓은 들판으로 변했지만 원래는 절터가 있는 언덕 아래까지 조수가 드나드는 명승지였다. 그랬던 것이 언제인지는 모르지만 폐허로 변했고 바다는 메워져 농경지가 되었으며 웅장하던 절터에는 농막이 들어찼다. 지금 백척간두의 위기에 처해 있는 고려국의 운명도 이러한 전철을 밟지 않을까 안타까운 심정이 된다.

강화도 명승지를 한 바퀴 돌아본 변안열은 다시 어촌에 들어서 백성들이 살아가는 모습을 직접 체험하면서 하룻밤 더 보낸 다음 강화섬을 나왔다. 집 떠나온 지 벌써 열흘이 넘었다. 원 씨 부인에게는 보름 정도 걸릴 것으로 말을 하고 떠났으나, 일정이 약간 앞당겨졌다. 돌아보고 싶은 곳이야 많았지만, 무엇보다 조정 일이 궁금했다.

"그동안 고생 많았지요? 집안은 별일 없소?"

"네, 집안은 두루 무고하옵니다. 다만 바깥공기가 심상치 않은 눈치입니다. 며칠 전부터 우리 집 대문을 기웃거리는 그림자를 몇 번 발견했지요. 대감께서는 어려운 일은 없었사옵니까?"

"뭐 별일이야 있었겠소? 망령 난 늙은이가 바깥바람 한 번 쐬러 나갔는데 물색 고운 주모 하나 만나지 못했으니 그것이 아쉬운 점이었다고나 할까요?"

변안열은 없는 너스레를 떤다. 속마음이야 짙어지는 저녁 빛 같았지만 대놓고 내색할 수는 없었다.

구리거울에 비친 변안열의 얼굴은 마치 뱃사람의 얼굴처럼 검붉게 태워져 있었다. 먹거리며 잠자리며 아무래도 집을 떠나면 고생이기 마련이다. 변안열은 결코 유유자적하게 산천 풍광을 완상하고 다닌 것은 아니었다. 비록 높지는 않았지만 여러 개의 산도 올라 가 보았고, 어부들의 고달픈 생활 속으로도 들어가 보았다. 강화섬은 역시 아름다운 섬이고 천혜의 요새라 할 수 있는 섬이다. 수많은 외침을 받으면서도 사직을 보전할 수 있었으니 말이다.

떨어지는 낙조를 바라보면서 땅속 어딘가에는 아직도 구천을 헤매고 있는 구국의 영령들이 숨겨져 있을 거라고 생각했다. 고려산 기슭을 촘촘히 메운 고인돌 무더기뿐만 아니리라. 그 밖에도 나라를 위해 싸우다가 소리 없이 죽어간 혼령들이 삭은 뼈를 붙들고 호곡하는 소리도 들어야 했던 여행이었다. 호국을 위한 불사가 행해졌으나 이제는 폐허가 되어 흔적도 없이 사라진 옛

절터를 끝으로, 짧지만 보람찼던 여정을 마쳤다. 다시 일상으로 돌아와 변안열은 추운 줄도 모르고 눈 내리는 개경의 밤을 지킨다.

"부인, 송나라 소순흠(蘇舜欽)이 지은 람조(覽照)라는 제목의 시를 아시오? '거울에 나를 비춰 보며'라는 뜻을 가진 시랍니다. 이번 강화도를 한 바퀴 돌면서 나는 세상이라는 거울 속에 묻힌 내 얼굴을 보았다오. 람조라는 시가 제법 잘 어울릴 법도 하지요. 들어 보시겠소?"

변안열은 시를 읊기 시작한다. 목소리가 청량하지 못하다. 얼마 가지 않아 가늘게 떨리기까지 한다.

> 鐵面蒼髥目有陵(철면창염목유릉)
> 世間兒女見須驚(세간아녀견수경)
> 心曾許國終平虜(심증허국종평로)
> 命未逢時合退耕(명미봉시합퇴경)
> 不稱好文親翰墨(불칭호문친한묵)
> 自嗟多病足風情(자차다병족풍정)
> 一生肝膽如星斗(일생간담여성두)
> 嗟爾頑銅豈見明(차이완동기견명)

검은 얼굴 푸른 수염에 눈매는 모가 났으니,
세상 아녀자들 보면 놀랄 수밖에,
나라에 몸 바쳐 오랑캐 완전히 평정하리라 마음 먹었지만,
운명이 때를 만나지 못하여 물러나 밭 갈게 되었구나.
글쓰기 좋아할 재능 못 되지만 붓과 먹 가까이하고,

스스로 병 많음을 탄식하지만 마음만은 넉넉하다네.
일평생 나의 내면은 별처럼 빛나건만,
아! 너 녹슨 청동거울 따위가 어찌 그 밝음 비춰보이랴.

"대감의 목소리가 몹시 떨고 있는 듯합니다. 유람 중에 무슨 불미스런 일이라도 있었던 게 아닙니까?"

"무슨 일이야 있을 턱이 있나요? 그저 집 나가면 고생이라는 말이 실감 날 지경으로 심신이 피곤할 뿐이지요. 그런데 며칠 전부터 우리 집 안을 기웃거리는 그림자를 몇 번 보았다고 하셨는데 무슨 다른 일은 없었나요?"

"별다른 일은 없었답니다."

변안열은 생각한다. 별다른 일이 없는 것이 아니다. 이성계 무리가 역성혁명을 일으키고 있음이 분명할 텐데…. 그들이 나를 가만히 두어둘 리가 없을 터이다. 도대체 정국은 어떻게 돌아가고 있는지 ….

1300년대 후반기는 역동의 고려사가 엮어지는 시기였다. 줄지어 터지는 사건 때문에 숨 돌림 틈도 없었다. 고려의 요동 정벌군이 위화도에서 회군하면서부터 그 바람은 풍향도 풍속도 전혀 예측할 수 없는 상황으로 전개되었다. 강화도 수역을 통하여 침략한 왜구 격퇴, 제주 목호의 반란군 토평, 부령에서 왜구 격파, 운봉에서 황산대첩으로 불리는 왜구 격퇴, 단양에서 왜구 격퇴, 안동에서 왜구 격퇴, 위화도 회군 등의 크고 작은 사건이 줄을 이었다. 변안열은 위화도 회군으로 최영이 사망한 후 이성계, 조민수와 더불어 여말 군사력의 삼각 구도를 이루었으나 조민수가 사망한 뒤에는 변안열이 이성계에 군사력으로 대적할 수 있는 유일한 사람으로 남게 된 것이다. 위화도 회군이 있을 때까지는 변안열과 이성계의 관계는 비교적 원만했다. 이성계의 아들 방번을 변안열이 사위로 맞기도 했다. 이성계와는 여말 전제 개혁이 논의된 때로부터 갈등을 빚기 시작한 것이다.

이 작은 몸 하나가 대지를 밟고 일어선 지 어언 60여 년, 심양에서 고려인의 정기를 받고 태어나 원나라의 땅을 밟으며 자라났고 할아버지의 몸 냄새를 더듬어 고려국으로 건너온 뒤 남의 나라 같은 고려국에 심신을 다 바쳤다. 원주 변씨의 시조(始祖)도 되었다. 어릴 적, 아주 어릴 적에 할아버지의 무릎 위에서 옛날얘기 같은 동방의 예쁜 나라로 날아가며 잠이 들었다. 어제도 들었고 오늘도 듣는다. 그리고 내일도 꼭 듣게 될 것이다. 이제는 할아버지의 옛날얘기 같은 그 이야기를 모조리 다 외울 수 있게 되었다. 그만 듣고 싶다고 해도 할아버지는 막무가내였다. '뿌리를 알아야 한다.'고 하시는 할아버지의 신념을 꺾을 수가 없었다. 그래서 변안열도 모르는 사이에 동방의 예쁜 나라 고려국으로 밤마다 여행을 떠나곤 했다.

철들 무렵부터 변안열은 몽골인의 피를 끓이며 원나라의 문물을 배우기 시작했다. 칼을 휘두르고 말을 탔고 화살을 날렸다. 그러면서도 고려의 씨름과 수박희에 대한 호기심을 떨칠 수 없었으며 특히 육박전에서 그 진가를 발휘할 수 있다는 수박희를 즐겨 익히기도 했다. 그래서 노국대장공주, 아니 부다시리와 한적한 숲속에서 사생결단을 낸 적도 있었던 것이다. 변안열의 몸과 마음에는 대부분 원나라의 하늘이 들어차기 시작했지만 또 다른 작은 밭에서는 고려의 피가 시나브로 스며들고 있었다. 그래서 변안열도 모르는 또 하나의 변안열이 자라고 있었는지도 모른다. 때 묻지 않은 사랑, 어떤 사람은 그것을 풋사랑이라고도 하는 부다시리와의 마냥 푸르기만 하던 시절의 사랑과 그 사랑을 가슴 깊은 곳에 꼭꼭 숨겨 놓은 채로 어쩔 수 없는 벽을 사이에 두고 공민왕과의 삼각 돛폭에 가늠할 수 없는 바람 속에서 인생의 항해를 해야 했던 변안열, 달 밝은 밤 흐드러지게 피어 있는 배꽃 같은 여인, 이소저와 그녀가 불러 주던 다정가가 지금도 귓가에 아련하다. 변안열은 깊디깊은 심연 속으로 한없이 가라앉는다. 이제는 반백 년을 지나서 머리에 서리 내리고 어느덧 인생을 돌아보는 때가 되고 말았다. 내 한 몸 지탱하고 처자 권속 보살피기에도 버거운 나이, 새롭게 움트려는 왕조가 변안열을 흔들고 있다. 두 개의 왕조가 맨몸으로 힘겨루기를 하고 있는 것이다. 아 이럴 때 수박희의 기술을 써먹어야 하는 건데…, 아니 샅바를 맞잡고 업어치기를 하는 한판승 씨름이라도 벌려 봤으면 속이라도 시원하겠는데…. 사정이 영 그렇지 못하다. '그래, 그 씨름이라는 것이 꽤나 흥미로운 무술이기는 한 것 같아. 수박희와는 또 다른 묘미가 있거든….' 변안열은 느닷없이 생각이 씨름에 미친다.

씨름은 단순한 힘겨루기가 아니다. 아득한 옛날 삼국 시대부터 이어진 유구한 전통으로 고려인의 삶과 함께 흘러왔다. 힘과 기술, 지략이 어우러진 이 스포츠는 예로부터 전쟁과 생존의 기술이자, 민중의 놀이였다. 삼국시대의 벽화 속에서 발견된 씨름의 흔적, 씨름의 역사는 삼국 시대까지 거슬러 올라간다. 고구려 고분 벽화에서 발견된 씨름 장면이 그것이다. 벽화 속에서는 두 남자가 허리를 낮추고 상대의 다리를 걸어 넘어뜨리려는 모습이 그려져 있다. 이 벽화는 씨름이 단순한 놀이가 아니라 군사 훈련이나 신체 단련의 한 방식이었을 가능성을 보여준다. 고구려는 강한 기마군대로 유명했는데, 병사들의 체력을 기르기 위해 씨름 같은 격투 기술을 활용했을 수도 있었을 것이다. 고구려뿐만 아니라 신라와 백제에서도 씨름이 존재했을 것으로 보인다. 특히 신라는 화랑도를 중심으로 체력 단련을 중요하게 여겼으며, 씨름 역시 전사들의 훈련 프로그램 중 하나였을 가능성이 크다. 어떤 면에서는 수박희와 상통하는 점도 있었을 것임이 틀림없다. 그러한 씨름이 고려 시대에 들어서면서 점점 민속놀이의 성격을 띠게 되었다. 당시에는 씨름을 마을 잔치나 명절 행사에서 즐겼다는 말도 전해 온다.

어지러운 이 시국에 수박희나 씨름이 꼭 필요한데 안타깝게도 변안열에게는 그림의 떡에 불과했다. 지금 이성계와 한판 씨름을 붙는다면 아주 멋진 업어치기나 되치기로 한판승을 거둘 수도 있겠지만, 이성계 주변에는 건달바가 너무 많다. 그러나 변안열은 아무리 들러봐도 그림자 하나 보이지 않고 아무리 소리쳐도 공허한 메아리만 되돌아 올 뿐이다. 이제 산그늘이 내리고 있다. 개경의 이 작은 궁궐 안에서 한 왕조가 사그라져 가고 있다. 변안열은 송악산 그늘을 타고 내리는 마지막 별빛을 보고 있다. 저물어 가는 석양 속에서 변안열은 시인이 된다. 돌이켜 보니 고려인으로 살아오면서 즐거웠고 희망에 찬 시절도 있었다. 그 노래는 동국유거음(東國留居吟)이라 제목을 붙였다. 붓 가는 대로 심정을 밝혀 쓴 칠언시였다.

粤余華姓自軒轂(월여화성자헌곡)
昭載帝王世乘傳(소재제왕세승전)
初名玄禽天降聖(초명현금천강성)
更朝白馬國封賢(갱조백마국조현)
大夫名伯居周祖(대부명백거주조)
公子字邊出宋先(공자자변출송선)
東土三支分一本(동토삼지분일본)
泰川中葉氏綿綿(태천중엽씨면면)

左衽乾坤夙避地(좌임건곤숙피지)
大東自有小中華(대동자유소중화)
唐堯并立傳檀木(당요병립전단목)
周武所封繞槿花(주무소봉요근화)
島晩橫居風氣勁(도만횡거풍기경)
海餘連蹈月輝斜(해여연도월휘사)
高山麗水吾先國(고산여수오선국)
松茂承承祝永嘉(송무승승축영가)

아! 나는 중국인으로 헌곡에서 나왔고
제왕의 세승에 실려 밝게 전해 오도다
애초 현금을 시켜 하늘이 성인을 내시고
다시 백마를 바치니 나라가 성인을 봉하도다
대부는 주나라에 살던 맏조상의 이름이고
平公의 아들 御戎의 字는 子邊이고 宋에서 나온 선조니라
동국땅 세 갈래에 하나를 맡아서
태천에 산지가 고려 중엽 族氏가 면면하다

오랑캐가 천하를 짓밟아 일찍이 피지하니
대동은 스스로 소중국으로 있거늘
당과 요와 병립한 곳 박달나무가 전하고
주나라 무왕이 봉한 곳 무궁화가 둘러 덮였다
날 저문 섬에 비껴 누우니 바람이 드세고
바닷가를 거니노라니 달빛이 기운다
산 높고 물 맑은 곳 나의 선조의 나라
송림이 무성하듯 길이길이 아름답기를 축원하노라.

09
대은암(大隱巖)

 1300년대 후반기는 역동의 고려사가 엮어지는 시기였다. 줄지어 터지는 사건 때문에 숨 돌림 틈도 없었다. 고려의 요동 정벌군이 위화도에서 회군하면서부터 그 바람은 풍향도 풍속도 전혀 예측할 수 없는 상황으로 전개되었다.
 변안열은 위화도 회군으로 최영이 사망한 뒤에는 이성계, 조민수와 더불어 여말 군사력의 삼각 구도를 이루었으나 조민수까지 사망하자 변안열이 이성계에 군사력으로 대적할 수 있는 유일한 사람으로 남게 된 것이다.
 정국의 하늘에 매지구름이 몰려들었다. 아니 그 구름은 먹구름인지도 모른다. 한반도의 동북방, 여진족이 뛰어놀던 앞마당에서 일어난 구름은 삽시간에 개경의 하늘을 덮는가 싶더니 이내 고려국 전체의 하늘을 덮을 기세로 확장되고 있다. 그래서 매지구름으로 발달한 비를 머금은 구름이 금세 먹구름으로 변할 것 같다는 생각을 누구나 할 수 있게 한다. 이것이 고려말 정국 기상도이다.

"부인!"

변안열은 마침내 원 씨 부인과 마주 앉았다.

"네, 대감."

착 가라앉은 목소리로 원 씨 부인을 부르는데 분위기가 심상치 않음을 느끼면서 원 씨 부인이 대답한다.

"부인은 친정이 그립지 않소? 부인께서 자랄 때의 고향도 가 보고 싶을 터이고 친인척들도 만나 보고 싶을 거라는 생각이 들어서요."

변안열의 음성은 계속 낮은 톤이다.

"느닷없이 친인척은 무엇이고 친정 동네는 또 왜요? 무슨 일이라도 있는 겁니까, 대감?"

원 씨 부인은 두 눈이 동그래지면서 변안열의 얼굴을 정면으로 바라본다.

"일은 무슨 일이 있겠어요. 그저 집안에만 계시는 부인이 심심하고 무료할 것 같다는 생각이 문득 들어서요. 어때요, 아닙니까?"

변안열은 표정을 다소 누그러뜨리면서 가벼운 웃음마저 지어 보인다.

"……"

잠시 침묵이 흐른다. 아무래도 범상치 않은 일이 있을 거라는 생각이 원 씨 부인의 말문을 멈추게 한다.

"일가친척도 보고 싶고 고향 마을도 어떻게 변했는지 알고 싶기도 하고…. 그런 생각이 아니 드는 것은 아닙니다. 왜요? 대감께서 친정 마실이라도 시켜 주시게요?"

"……"

 이번에는 변안열이 말을 멈춘다. 시국이 한 치 앞을 내다볼 수 없이 어수선하다. 더군다나 비록 대군을 거느리지 못하고 있다고는 하지만 이성계와 무력으로 대적할 만한 장수는 이제 고려국에는 자신 말고는 없다는 생각에 미치자 변안열은 긴장되지 않을 수 없었다. 이성계가 걸림돌인 변안열 자신을 그대로 내버려 두지는 않을 것이기 때문이다. 그래서 우선 원 씨 부인을 좀 안전한 곳으로 피신시킬 겸 부인의 고향인 원주를 한 바퀴 휙 둘러 보고 싶어졌다.

 "운곡 선생을 만나 뵌 지도 꽤 오래되었고 갑자기 보고 싶어집니다 그려. 물론 강영하시리라 믿지마는…. 어때요? 원주 나들이 한 번 하지 않으시겠소? 내가 모시고 다녀오리다. 식구들에게는 며칠간 바깥바람이나 좀 쐬고 오겠다고 일러두시고요."

 운곡 원천석 선생은 여전하였다. 1930년 31세 때에 이숭인, 정도전 등과 함께 사마시에 합격하였고 다시 2년 후에는 진사시에 합격하였으나 향리인 원주 치악산에 물러앉아 후학 양성으로 낙을 삼는 은사(隱士)였다. 원 씨 부인과는 친족 관계로서 숙질간이 된다. 이러한 관계로 변안열은 원 씨 부인을 맞을 무렵에 운곡과 며칠간 시간을 같이 보낸 적이 있었다. 그러고 보니 그 이후로 한 번도 대면한 적이 없었던 것으로 기억되었다. 웬일인지 어수선한 시국 속에서 불현듯 생각 나는 사람이 바로 운곡이었다.

 "찾아뵙지 못한 죄를 용서하옵소서."

변안열은 그저 그동안 소원했음을 백배사죄 드리는 외에는 달리 도리가 없었다. 운곡이 워낙 사람 좋은 사람이었기에 한바탕 너털웃음으로 분위기를 어렵지 않게 바로 잡는다. 변안열은 며칠 간만이라도 운곡과 더불어 이 세상을 잊을 수 있는 시간을 가지고 싶어졌다. 동시에 원 씨 부인의 거처를 어떻게 할까, 향리의 분위기도 살펴볼 셈이었다. 물론 변안열 부부가 원주에 머물 수 있는 체재비용은 충분히 준비해 온 상태였다. 웬만한 집 한 채와 산림이나 농토도 궁핍하지 않게 마련할 수 있도록 준비에 소홀하지 않았다.

"개경 하늘에 먹구름이 잔뜩 끼어 일기가 시원치 않습니다. 마침 변방에서 들끓는 도적들도 잠시 종적을 감추어 국경이 조용하니 당장은 저에게 급한 일이 없을 것 같습니다. 하여 운곡 숙부님의 근황도 여쭙고 여러 가지로 가르침을 받고자 찾아뵌 것입니다. 부디 큰 가르침을 내려 주옵소서."

변안열은 개경 하늘에 몰려든 먹구름이 자신을 덮어버릴 것 같다는 말은 차마 입 밖에 내지 못했다. 그래서 에둘러 구차한 변명만을 늘어놓는다. 그러나 운곡이 어디 그 정도의 눈치 하나 알아차리지 못할 위인이던가? 금세라도 변안열의 엉덩이에 불이 붙을 것이라고 짐작하면서도 변안열의 궁한 변명을 모른 척 받아들이기로 마음 먹는다.

"고맙구려. 나도 대은 같은 인물과 말동무를 같이 하게 되어 무척 기쁘다오. 어려워 마시고 편히 쉬시기 바라오. 마침 가을도 한창 깊어 가고 있으니 치악산 줄기라도 두루 살펴보면서 개경에서 지친 심신을 달래 보기 바라오. 해가 진 뒤부터는 학당이 파하게 되니 나도 말동무가 될 수 있을 것이오. 다만, 내 형편이 변변치 않아 대은 공이 여러 가지로 불편을 느낄 것이오. 미안하고 부끄럽소이다. 물론 질녀가 알아서 잘 챙겨 주시겠지만 말이요."

 변안열은 겨울 문턱의 치악산 자락을 원 씨 부인과 함께 돌아보며 모처럼 운우의 정을 나누었다. 처가 친척들의 어른들을 일일이 찾아뵙는 일에 소홀히 하지 않았다. 그 바람에 원주에서는 온 고을이 떠들썩했다. 조정 대신 중의 대신이요 종횡무진 전장을 내달리며 고려를 지켜 온 대장군 변안열이 운곡의 집에 머무르고 있다는 소문이 입에서 입으로 퍼져가고 있었다. 깊이 살펴볼 필요도 없을 것 같았다. 반역의 무리가 역성혁명에 성공하는 날이 머지 않았다는 예감이 든다. 그렇다면 ……. 흩어진 먹구름 송이가 이곳 원주까지 쫓아 와서 변안열이 잠시라도 편히 쉴 틈을 주지 않을 것이다. 경우에 따라서는 운곡의 안위에도 누를 끼칠 수가 있을 터 …, 변안열의 심경은 복잡해지기 시작한다. 부인을 원주에서 머물게 할 수가 없을 것 같았다. 그렇다고 부인이나 다른 친인척에게는 변안열의 솔직한 심경을 내비칠 수는 없었다. 그저 아무렇지도 않은 듯 치악산의 가을빛을 즐기는 척할 뿐이었다.
 "부인께서는 일찍 쉬시기 바라오. 나는 운곡 숙부와 세상 이야기나 하다가 오겠소. 늦어질는지 모르니 일찍 주무시기 바라오."
 변안열은 이른 저녁을 마치자마자 운곡의 거처를 찾았다.
 "아직 식사 중이시군요. 잠시 후 다시 오겠사옵니다."
 변안열은 오던 길을 되돌아 나가려고 했다. 그러나 운곡이 황급히 뒤따라 나온다.

"마침 식사가 금방 끝났소. 괘념치 마시고 함께 들어갑시다."

변안열은 운곡의 안내에 따라 학당으로 들어섰다. 학동들은 모두 귀가하고 늦가을의 해가 진 뒤 치악산 산자락에는 어둠이 깔리고 있었다. 저녁 바람이 겨드랑이 속으로 차갑게 기어든다. 마침 군불을 알맞게 지펴 놓은 터라서 방안은 따뜻했다. 안채와도 제법 떨어져 있어서인지 소나무 끝에서 일어나는 바람 소리만이 아련히 들려 오고 있었다. 등잔불을 밝히고 두 사람은 아랫목에서 마주 앉았다. 이내 주안상이 들어왔다. 꿩을 잡았는지 꿩고기가 한 접시 가득 담겨 들어 왔고 토속주도 두 병씩이나 들어왔다.

"위화도 회군 이후 지금까지 흘러온 정국에 대하여, 그리고 단군 이래 우리 민족의 핏속에 흐르고 있는 민족 정서에 대한 소인의 의견을 듣고 싶다고 하시었지요?"

변안열은 이름도 모르는 토속주가 두어 순배 돌고 나자 이에 대한 운곡의 뜻을 물었고 운곡은 한참 동안 말이 없다가 다시 확인하듯 되묻는 것이었다.

"그러하옵니다, 숙부님. 그러하오나 너무 무겁게 받아들이지는 마십시오. 가볍게, 그저 안주 삼아 나누는 이야기 정도로만 여겨 주십시오. 너무 부담스러운 짐을 안겨 드리는 것 같아 송구스럽사옵니다. 무례를 용서하십시오."

변안열은 진심으로 죄송스러운 마음을 전해 올린다. 그러나 이 두 가지에 대한 궁금증을 지금 당장 풀지 못한다면 평생의 한으로 남을 것만 같았다. 기대에 가득 찬 눈빛으로 운곡을 쳐다보며 말씀을 기다린다.

"허어! 너무 어려운 문제를 꺼내시는군요. 한촌에 묻혀 지내는 늙은이가 알면 무엇을 얼마나 알겠소? 멀리 도망이라도 가고 싶은 심정이오, 대은 대감."

"……"

잠시 침묵이 흘렀다.

"보고 들은 것 없으니 아는 것은 없지마는 대은 대감이 그렇게 말씀하시니 가벼운 마음으로 안주 삼아 나의 소견을 말씀해 드리겠소. 그냥 흘려들어 주시기 바라겠소."

"고려의 국내정세는 물론 국제 정세에 대하여는 대은 대감이 더 잘 알고 계시리라 믿소이다. 깊지는 못하나마 소견을 말씀드리자면…, 하늘에 낀 매지구름이 이제는 크게 발달하여 먹구름으로 변해 가고 있다고 보아야 할 것 같소. 고려 왕조의 기상도가 어떻게 변할런지 함부로 예단할 수 없지마는 이 먹구름은 이미 송도에 비를 뿌리기 시작했고 그 빗줄기는 점점 더 굵고 거세질 것 같소. 아마도 큰 홍수라도 나고야 말 것 같구료. 원래 겨울 장마가 더 무서운 법이니까 조심하지 않으면 안될 것 같소이다. 고려 왕조가 곧 떠내려갈 것이요. 난데없는 태풍이 몰아쳐 큰 홍수를 일으킨다는 말이오. 고려 왕조의 기상도에 대한 예측은 이 정도로써 그쳤으면 좋겠소. 다만, 이 홍수의 피해를 대은 대감이 입지 않을 수 있으면 좋겠다는 바람이오. 혹여 피해를 입더라도 최소한에 그치기를 바랄 뿐이오."

운곡은 반쯤 남은 술잔을 단숨에 비워낸다. 변안열이 두 손으로 정중히 다시 잔을 채운다.

"깊으신 뜻 새겨듣겠습니다. 말씀 고맙습니다."

변안열도 잔을 비우고 다시 잔을 채운다. 주선은 아니지만 지금은 자진하여 주선 자작이 된다.

"그러면 다음 화두로 넘어갑시다."

운곡은 쫓기듯 우리 민족의 몸속에 도도히 흘러내리는 정서에 대하여 운을 뗀다.

"거창하게 민족 정서라기보다는 최근 싹을 내밀고 있는 우리 문학, 그중에서도 시조(時調)와 관련된 이야기를 했으면 좋겠어요. 마침 대은 공이 시조에 깊은 관심이 있는 것 같아서 하는 말이오. 그래도 괜찮겠소?"

운곡이 화두에 몇 가지 제한을 붙인다. 이 제한은 변안열도 바라던 바였다.

"시조란 글자 그대로 최근에 그 형태를 갖추면서 발달하여 온 우리 고유의 정형시지요. 통상 4음보 율격으로 구성되는 3장으로 된 짤막한 형식이랍니다. 이것을 평시조라 하며 이 평시조 외에 사설시조를 덧붙여 갈래 잡을 수 있습니다. 사설시조의 좋은 보기로는 대은 대감의 불굴가(不屈歌)가 있구요."

두 사람은 밤이 이슥하도록 시조에 대하여 담론을 나눈다.

> 白日(백일)은 西山(서산)에 지고 黃河(황하)는 東海(동해)로 들고
> 古今(고금) 英雄(영웅)은 北邙(북망)으로 든닷 말가
> 두워라, 物有盛衰(물유성쇠)니 恨(한)홀 줄이 잇시랴

모든 살아 있는 것은 물론이고 숨을 쉬지 못하는 것들도 늘 한 자리에서 같은 모습을 하고 있지는 않다. 이 현상은 하늘에서도 땅 위에서도 물속에서도 마찬가지다. 어디 그뿐인가? 식물도 동물도 생물도 무생물도 항상 변화하기 마련이다. 그런데 그 변화라는 것이 대개는 항상성을 가진다. 이것을 우리는 우주 대자연의 이치라고 한다. 그래서 작자는 말한다.

해는 늘 서산으로 넘어가고, 황하의 물은 항상 동쪽 바다로 흘러들고 있네. 이렇듯 예와 지금의 영웅들이 다 죽음의 길을 밟아 북망으로 간단 말이냐? 두어라, 모든 만물이 성하면 쇠할 때가 있는 법이니 이를 슬퍼한들 무슨 소용이 있겠는가?

이는 우주 대자연의 이치에 순응하는 생활 자세와 더불어 무상을 나타내는 불교의 윤회사상이다. 자연의 벽을 뛰어넘지 못하는 인간의 나약한 체념으로 끝을 맺고 있다. 그러나 이 시조를 한갓 인생의 무상을 탄식하는 애상시로만 보아서는 안 될 것이다. 왜냐하면 달관과 체념의 민족사상이 생사기멸(生死起滅)하는 우주의 철리와 결부되어, 인생을 달관한 처지에서, 담담하게 사물을 받아들이는 초연한 자세와 함께 결국 대자연의 법칙에 순응하라는 가르침으로 나타나기 때문이다.

여기에서 우리가 눈여겨볼 점이 있다. 즉, 최충이 지은 이 작품은 분명히 시조임에 틀림없다. 그러나 최충이 이 작품을 지은 연대가 소상히 밝혀지지 않는다는데 문제점이 있다. 추정하자면 최충이 관직에서 물러나 구재학당을 세우고 후학을 양성하기 시작한 때가 1055년이며 그의 나이는 70세 정도였다. 인생역정에서 온갖 체험을 다 하고 비로소 인생이 무엇임을 깨달을 법도 한 70

대인 것이다. 시조는 그 기원을 단정 짓기가 어렵지만 이 작품으로 미루어 본다면 고려(918~1392) 건국 100여 년 전까지로 거슬러 올라갈 수도 있을 것으로 추정된다. 물론 시조의 기원을 멀리 중국의 한시에 근거하거나 삼국시대 신라의 공무도하가(公無渡河歌) 백제의 정읍사(井邑詞) 고구려의 황조가(黃鳥歌)에서도 그 흔적의 단초를 미루어 짐작할 수도 있지만….

　　　　公無渡河 (공무도하) 저 님아 물을 건너지 마오.
　　　　公竟渡河 (공경도하) 임은 그예 물을 건너셨네.
　　　　墮河而死 (타하이사) 물에 쓸려 돌아가시니
　　　　當奈公何 (당내공하) 가신님을 어이할꼬.

　이 노래의 첫 구절인 '公無渡河(공무도하)'는 그대여 물을 건너지 마세요. 즉, 임에 대한 만류로서 사랑하는 남편이 미쳐서 황급히 물속으로 뛰어들려는 순간을 노래하고 있다. 이 경우에 '물', 즉 임이 건너지 말아야 할 물은 님과 나를 영원히 이별하게 만들 수 있다는 의미로 볼 수 있다. 여기에서 시적 화자가 부르는 '公(공)'은 시적 화자의 '간절한 사랑'이 담겨 있는 절박한 호소를 의미한다. 둘째 구절인 '公竟渡何'(공경도하)는 그대는 기어이 물을 건너시네라는 뜻이다. 임과의 이별에서 '竟(경)'과 결합되는 '河(하)'는 사랑의 종말을 뜻함과 동시에 임의 부재를 불러일으키는 것을 의미한다. 이 경우에 물은 시적 화자와 영원한 이별을 하게 만드는 물로서 죽음의 이미지가 강조된다. 셋째 구절인 '墮河而死(타하이사)'는 물에 빠져 죽은 임의 죽음에 대한 것으로서 '河(하)'는 임의 부재라는 소극적인 뜻이 아니라, 죽음의 큰 의미로 확대되고 있다. 시적 화자는 여기서 사랑하는 임의 죽음을 통해 깊은 단절감을 느끼게 될 터이다. 넷째 구절인 '當奈公何(당내공하)'는 장차 임을 어찌할 것인가. 즉 이별의 정한 서정적 자아의 심정이 집약된 구절로서 탄식과 원망의 애절한 울부짖음이 폭발한다는 것이다.

이 노래의 미적 특질은 비애미이고, 서정시로 볼 수 있는 이유는 슬픔의 정한이 나타나 있기 때문이며, 이 노래가 고구려 유리왕이 지어 불렀다는 '황조가'와 같은 점은 형식에 있어서 같다는 점이며, 이 작품의 중심 소재는 물인데 전통적 한과 체념의 정서와 관련이 있다. 시적 화자의 심리적 변화 과정은 애원-초조-비애-체념으로 변하면서 시상의 전개 과정이 '임에 대한 만류, 임과의 이별, 임의 죽음, 이별의 정한을 담은 넋두리'로 진행되고 있기 때문이다. 흥미로운 것은 신라의 공무도하가와 같은 형식을 가진 노래로 고구려의 황조가가 있다는 점이다.

翩翩黃鳥 (편편황조) 펄펄 나는 꾀꼬리는
雌雄相依 (자웅상의) 암수가 서로 정다운데
念我之獨 (염아지독) 외로운 이내 몸은
誰其與歸 (수기여귀) 뉘와 함께 돌아가리

황조가는 고구려 유리왕의 작품으로 알려지는데 특기할 점은 이 작품이 한시의 전형적인 선경 후정(先景後情)의 방식을 사용하고 있다는 점이다. 선경후정이란 한시 창작의 한 방법으로 시의 앞부분에서 경치를, 뒷부분에서는 이에 대한 시적 화자의 정서를 표출하는 구성 방법으로 여기서는 꾀꼬리가 정답게 놀고 있는 모습(선경)과 나의 외로움(후정)을 표현하고 있다.

  달하 노피곰 도드샤
  어긔야 머리곰 비취오시라
  어긔야 어강됴리
  아으 다롱디리
  져재 녀려신고요
  어긔야 즌 데를 드데욜세라
  어긔야 어강됴리
  어느이다 노코시라
  어긔야 내 가논 데 졈그롤셰라
  어긔야 어강됴리
  아으 다롱디리

 이 노래는 백제의 정읍사(井邑詞)이다. 우리 민족의 보편적인 내용과 정서가 민간에서 구전되어 오다가 우리글로 기록된 노래 중 가장 오래된 고대 가요로서 현전하는 유일한 백제가요이다. 지은이는 알 수 없으나 어느 행상인의 아내 정도로만 유추할 수 있다. 행상을 나간 남편의 무사 귀환을 달에 비는 아내의 간절함을 진하게 느껴볼 수 있는 노래이다.

 변안열은 깊이 감명하지 않을 수 없었다. 어쩌면 이렇게도 해박한 지식을 갖출 수 있단 말인가? 치악산 구룡사의 종소리를 들으면서 흐르는 세월을 헤아릴 뿐이었을 심산 은인으로 살아오면서 서책만을 벗 삼고 자연의 한 부분이 되어 영혼을 살찌웠을 것이니, 그럴 만도 하리라고 변안열은 생각한다.

"목이…. 우리 목 좀 축이고 계속하면 어떻겠소?"

두 사람은 어느새 차게 식어버린 토속주를 한 모금씩 더 삼킨다. 담뱃대에도 불을 붙여 문다. 운곡은 변안열보다는 서너 살 위인데다 평생을 산속에 묻혀 지낸 터이라 전장에서 다져진 변안열의 체력과 비교할 수 없을 터인데도 지칠 줄을 모르고 열을 올린다.

"요즈음 바깥이 무척 시끄럽지요? 이와 같은 난세에서 한 나라의 영웅 노릇을 톡톡히 하여 온 최영(崔瑩) 장군이 쓰신 작품도 있다오."

　　錄駬霜蹄(녹이상제) 슬지게 먹여 시내물의 씻겨 튀고
　　龍泉雪鍔(용천설악)을 들게 ᄀ라 두러메고
　　丈夫(장부)의 爲國忠節(위국충절)을 세워 볼가 ᄒ노라

하루에 천 리를 달린다는 녹이상제 같은 준마를 살찌게 잘 먹여 시냇물에 씻겨 올라타고, 용천검 같은 크고 잘 드는 보검을 더욱 잘 들게 갈아서 둘러메고, 사나이 대장부의 나라 위한 충성과 기개를 높이 세워 볼까 하노라. 여기에서 녹이상제는 하루에 천 리를 달리는 날랜 말 즉 준마를 뜻하고, 녹이는 중국 주왕이 타던 푸른 빛의 귀를 가진 말을 말하며, 상제는 날랜 말굽이라는 뜻이다. 그리고 용천설악(龍泉雪鍔)은 무척 좋은 칼을 말하는데 용천은 태아(太阿) 상시(上市)와 더불어 고대 중국의 3대 보검을 말한다.

　최영(崔瑩)은 무인으로서 위국 충절의 기개를 지녔는데, 칼과 활로써 나라를 지키려는 그의 변함없는 일편단심의 충절된 기개와 절개가 글 속에 잘 나타나 있다. 칼은 예(禮)를 알아야 하고, 인(仁)을 알아야 하며, 지(知)를 몸에 지녀야 비로소 칼의 행방을 바로 잡을 수 있는 법이라는 최영 장군의 철학의 깊이를 엿볼 수 있는 작품다. 다만, 이 시조는 사내대장부의 기개를 한껏 펼치는 호기가(豪氣家)의 범주에 넣을 수는 있겠으나 문학적 관점에서 보면 관념적인 소재의 나열에 그쳤으며 주제도 직설적인 표현이어서 단조로움을 벗어나지 못한다는 점이 아쉽다 할 것이다.

　"최영 장군의 작품과는 좀 다른 분위기를 풍기는 작품도 더러 있어요. 필경 시조는 문학임에 틀림 없어요. 문학은 예술의 한 부분이지요. 이때 예술 또는 문학이 추구하는 바를 생각해 본다면 대략 두 가지를 꼽을 수 있지요. 여러 가지 다른 견해가 있겠지만 문학이 추구하는 바는 교훈성(敎訓性)과 유희성(遊戱性)이라 할 것이요. 이에 바탕하여 서로 마주보는 관계에 자리매김하고 있는 시를 생각한다면 자연과 인생을 노래한 작품을 꼽을 수 있어요. 우탁(禹倬)과 이조년(李兆年)의 작품이 그렇지요."

　　春山(춘산)에　눈 녹인 바람 건듯 불고 간 데 없다
　　져근 듯 빌어다가 마리 우희 불니고져
　　귀 밋태 해 묵은 서리를 녹여 볼가 하노라

흔 손에 막대 잡고 또 흔 손에 가시 쥐고,
늙는 길 가시로 막고 오는 白髮(백발) 막대로 치려터니,
白髮(백발)이 제 몬져 알고 즈럼길노 오더라

이 두 작품은 시조가 그 모습을 갖추기 시작할 때 선두 그룹을 이루는 우탁의 작품이다.

앞의 시조 '春山(춘산)에 눈 녹인 바람'을 보면, 산기슭에 남아 있는 잔설을 봄바람이 건듯 불어 녹여 없앤다. 눈이 녹은 자리에는 파릇파릇 새싹이 돋고 있다. 마침 거울 속의 내 모습, 머리털이 하얗게 세었다. 눈이 내린 것 같고 서리가 내린 것 같다. 그래서 잔설을 녹이고는 어디론가 달아나버린 그 봄바람을 빌려다가 내 머리 위에서 불게 하면 귀밑까지 하얗게 센 이 머리카락이 다시 까맣게 변하지 않을까? 하는 헛된 희망을 가져 보기도 한다. 백발이 되어 얼마 남지 않은 머리털을 이른 봄의 산에 녹다 남은 눈에 비유하고 있다. '건듯 불고 간 데 없다'는 눈을 녹인 '바람'의 비상성(非常性)을 의미하는 한편, 자신의 젊음이 눈 깜짝할 사이에 가버린, 세월의 빠름에 대한 허탈감을 함축하고 있다. 그리고 '귀밑에 해묵은 서리'는 하얗게 센 머리를 비유하는 표현이며, '녹여 볼가 하노라'라는 표현에서 우리는 늙음에 대한 탄식보다는 인생에 대한 관조와 여유를 느낄 수 있다는 것이다.

두 번째 시조는 역시 같은 작가인 우탁의 작품 '흔 손에 막대 잡고'이다. 이 시조는 탄로가(嘆老歌)의 성격을 지니고 있다. 빠

르게 흘러가는 세월의 무정함과 인간의 한계를 노래한 작품으로, 늙음을 막아 보려는 인간의 마음과 빠르게 찾아오는 세월의 무상함이 대조를 이룬다. 늙음과 죽음이라는 한계 상황에 처해 있는 인간의 운명이 애처롭게 느껴진다. 그러나 이 작품에서의 늙음과 죽음은 극복의 대상이 아니라 자연의 섭리임을 인식하고 수용해야 할 대상이다. 즉, 인생무상의 서글픔을 여유롭게 받아들이는 달관의 경지를 엿볼 수 있으며 이를 통해 삶의 여유를 느끼게 하는 작품이다.

시조가 제 모습을 갖추기 시작하는 초기의 작품 중에 가장 서정성이 높은 작품을 꼽는다면 이조년(李兆年)의 '이화에 월백하고'로서 다정가(多情歌)라고도 불리우는 작품이 있다. 마침 이 작품은 변안열이 심양에서 만난 이소저로부터 익히 듣고 애창하던 시조였다. 운곡의 심도 깊은 해설이 있었지만 변안열은 가볍게 듣고 넘어갔다.

그리고 반세기 전 무렵부터 송악의 하늘이 심상치 않음을 노래한 작품도 있다. 이존오(1341~1371), 의 작품 '구름이 無心(무심)튼 말이', 이색(1328~1396)의 작품 '白雪(백설)이 자자진 골에' 길재(1353~1419)의 작품 '오백 년 都邑地(도읍지)를' 등이 있다. 그런데 이존오, 이색, 길재 등의 작품과는 그 내용상의 분위기가 다른 작품을 볼 수 있는데, 바로 조선 창건의 개국공신 정도전(1342~1398)의 작품 '仙人橋(선인교) 나린 물이'와 이직(1362~1431)의 '가마귀 검다ᄒ고' 두 작품이 있다.

仙人橋(선인교) 나린 물이 紫霞洞(자하동)에 흐르르니
半千年(반천년) 王業(왕업)이 물소래 뿐이로다
아희야 故國興亡(고국흥망)을 무러 무엇ᄒ리오

개성의 자하동에 있는 다리인 선인교에서 흘러내리는 물이 개성 송악산 기슭에 있는 경치 좋은 골짜기인 자하동으로 흘러 들어가니 오백 년이나 이어 온 왕업도 물소리로만 남았구나. 아이야 옛 왕조의 흥망성쇠를 물어본들 무엇하겠느냐?

두 왕조를 섬긴 처세에 능한 변절자 정도전으로서는 이미 없어진 나라에 매달려 새로 펼쳐지는 역사를 외면하는 고려의 유신들이 답답하고 한스러웠을 것이다. 일부의 해석은 이 시조를 가리켜 두 왕조에 몸을 바친 정도전의 괴로움을 보여 준 작품이라고 말하는 사람도 있지만 이는 너무 비약된 상상으로 여겨진다. 오히려 오백 년 도읍에 왕업의 자취도 없이 흐르는 물소리만이 예와 다름이 없을 뿐 그 옛날 있었던 것은 아무것도 없다는 허무감은 잃어버린 것에 대한 애수라기보다는 차라리 과거를 무너뜨리고 새것을 세운 창조자의 그 새것, 즉 이씨조선 역시 고려조의 오늘처럼 무너질 그날이 있을 것을 내다보며 허무에 잠기고 있음을 나타낸 작품이라고 해석하여도 좋을 것이다.

가마귀 검다ᄒ고 白鷺(백로)야 웃지 마라.
것치 거믄들 속조차 거믈소냐
아마도 것 희고 속 거물손 너뿐인가 ᄒ노라.

고려 유신의 한 사람으로서 조선 창업에 깊이 동참했던 이직(李稷, 1362~1431)이 자신의 행위를 합리화하여 정당성을 부여하기 위해 지은 작품이다. 두 왕조를 섬긴 자신을 '까마귀'에 비유한 뒤, 속마저 검은 것은 아니라고 강변하면서 자신의 양심은 부끄럽지 않음을 강조하고 있다. 검은 까마귀와 하얀 백로를 대조하여 겉과 속이 다른 소인배로서 도량이 좁은 고려 유신을 힐난하는 작품이다. 이 작품은 초장에서 시적 화자 자신인 까마귀를 탓하는 고려 유신 백로에 대해 따져 물은 뒤, 중장에서 오히려 백로처럼 표리부동하지 않고 겉과 속이 같은 자신이 낫다는 것을 표명하고, 종장에서는 겉과 속이 다른 백로에 대해 질책하고 훈계하는 것으로 구성되어 있다.

같은 무렵 까마귀를 소재로한 시조는 또 있다. 변안열이 정몽주와 함께 이성계의 생일잔치에 초대받고 쓴 작품으로 이방원(李芳遠)의 하여가(何如歌), 정몽주의 단심가(丹心歌), 변안열의 불굴가(不屈歌)는 세상에 잘 알려진 작품이라 새삼스럽게 들춰 보지 않기로 하고 정몽주가 이성계의 생일 잔치에 참석하기 위해 출타하려는 자리에서 정몽주의 모친 영천이 씨의 작품을 보면 다음과 같다.

> 가마귀 싸호는 골에 白鷺(백로)야 가지 마라.
> 셩낸 가마귀 흰빗츨 새오나니
> 淸江(청강)에 좋이 시슨 몸을 더러일까 ᄒ노라.

검은 까마귀 같은 간신, 소인배들이 모여 다투는 곳에 백로와 같이 순결하고 강직한 이들은 가지 말지어다. 성이 난 까마귀 떼가 새하얀 너의 몸빛을 보고 시기하고 미워할 터이니 청강에서 깨끗이 씻은 너의 결백한 심신을 더럽히지나 않을까 걱정이 되는구나. 팔순의 노모가 간밤의 꿈이 흉하니 가지 말라고 문밖까지 따라 나와 아들을 말리며 불렀다는 노래이다. 정몽주는 결국 노모의 말을 듣지 않고 갔다가, 돌아오는 길에 선죽교에서 이방원이 보낸 자객 조영규에게 피살되고 말았다. 정몽주의 노모가 타계한 후 선죽교 옆에 노모의 비석을 세웠는데 그 비석은 항상 물기에 젖어 있었다고 한다. 이 작품의 시적 화자는 당시 여성상을 반영하듯, 소극적인 자세로 아들의 신변을 염려하고 있다.

이 시조에 쓰인 어구를 풀어 보면, 「가마귀」는 '까마귀'의 옛말로 여기서는 이방원을 비롯한 신흥 왕업 세력과 소인배의 무리를 빗대어 한 말이다. 백로(白鷺)는 해오라기로서 고려 말의 여조 충신을 지칭하며, 이 시조가 정몽주 어머니의 작품이라면 구체적으로 '정몽주'를 가리킨 듯하다. 청강(淸江)은 옛날 중국에 있던 푸르고 맑은 강으로 권력과 범속의 유혹을 받으면 지조 있는 선비들은 여기에서 귀를 씻었다고 한다.

치악산의 밤은 이렇게 깊어 가고 있었다. 담론을 베푸는 운곡은 물론이고 담론을 듣는 변안열도 지칠만한데 두 사람의 담론은 그칠 줄을 몰랐다.

"많이 피곤하시지요? 죄송한 마음과 더불어 감사하는 마음이 벅차오릅니다. 저는 운곡 당숙께서 손수 쓰신 작품도 많이 있는 것으로 알고 있습니다. 그중에서 한 수만 골라 제가 느낀 바를 말씀드리고자 하온데, 외람되오나 제가 작품을 바로 이해하고 있는지를 깨우쳐 주실 수 있겠사옵니까?"

운곡이 긴 시간 동안 쉬지 않고 담론을 펼쳐 피로도 쌓였겠거니와 평소 변안열이 애송하던 운곡의 작품 중 하나를 바르게 이해하고 있는지 말씀해 주십사고 조심스럽게 여쭙는다.

"그래요? 이거 반가운 말씀이군요. 제가 쓴 작품이 하나 같이 어줍잖은 것들 뿐이라서 부끄럽고 겁부터 나기는 합니다마는 대은 대감의 감상평을 반가이 듣겠습니다. 광영입니다."

변안열은 운곡의 작품 "興亡(흥망)이 有數(유수)ᄒ니"에 대한 감상을 풀어 놓는다.

興亡(흥망)이 有數(유수)ᄒ니 滿月臺(만월대)도 秋草(추초)로다
五百年(오백년) 王業(왕업)이 牧笛(목적)에 부쳐시니
夕陽(석양)에 지나는 客(객)이 눈물 계워 ᄒ드라

나라가 흥하고 망하는 것이 모두 운수에 매여 있으니, 고려의 옛 왕궁터인 만월대에 가을 풀만 우거져 황폐해진 모습이 나의 쓸쓸한 심회를 돕고 있구나. 고려 오백 년 왕조의 찬란했던 역사가 이제는 한낮 목동의 처량한 피리 소리에 깃들여 있으니 석양에 이곳을 지나는 고려 유신인 나그네가 역사의 무상감에 젖어 눈물을 참을 수가 없구나.

이 작품에서 추초(秋草)와 목적(牧笛)은 각각 시각적 이미지와 청각적 이미지로서 왕조의 멸망을 통해 느끼게 된 인생무상의 정

서를 함축하고 있다. 종장에서 작자 자신을 객(客)으로 표현함으로써 주관적 정서를 객관화한 것은 이 작품의 또 다른 묘미이다. 전체의 구성을 보면, 초장에서 황폐해진 만월대를 시각적 이미지로 표현하고 중장에서 목동의 피리 소리를 청각적으로 표현하여 선경(先境) 즉, 묘사를 통한 형상화를 완성하고, 종장에서는 눈물을 빌려 와 시적 화자의 정서를 구체화함으로써 후정(後情) 즉 메시지를 전하고 있다.

"외람되고 버릇없음을 용서하여 주시옵고 한 말씀 가르침을 주시기 바라옵니다."

변안열은 성심을 다하여 말씀을 올린다.

"잘 보셨소이다. 그뿐만 아니라 오히려 대은 대감이 저에게 훌륭한 가르침을 주시고 계십니다. 감사드립니다. 그리고 이성계 생일 잔치에 초대되어 쓰셨다고 들었는데 대은 대감의 작품 '불굴가' 말입니다."

운곡은 변안열의 감상평을 들은 자신의 소감은 두루뭉술하게 넘어가면서 느닷없이 '불굴가'를 화제에 올려놓는다.

"네, 그것은 즉흥적으로 부른 노래라서 시다운 시가 되었는지도 모르겠습니다."

변안열은 귀밑을 살짝 붉히면서 부끄러움을 나타낸다.

"시가 되었는지도 모르겠다구요? 과공비례라 하였습니다. 그날 지어진 세 편의 시가 하나 같이 걸작이었습니다. 이방원의 하여가나 정몽주 대감의 단심가나 대은 공의 불굴가는 즉흥 시이면서도 잘 다듬은 어떤 운문보다도 돋보이는 걸작이었습니다. 자신의 속뜻을 넌지시 그러나 명확하게 상대방에게 전달할 수 있다는 것이 결코 쉬운 일은 아니지 않겠습니다. 아주 수작이었습니다. 특히 대은 공의 불굴가는 그 형식에 있어 독특한 것이었지요? 하긴 요즘 들어서 항간에 불굴가와 같은 유형의 글이 백성들의 사랑을 받고 있다는 말은 들었지만…, 아마 사설시조(辭說時調)라고 한다지요? 일찍이 쉽게 보기 힘든 형식으로서 가히 사설시조의 효시작이라 할 수 있겠습니다. 대은 대감의 문학에 대한 관심과 조예가 이렇게 깊고 날카로운 줄을 미처 몰랐다오. 우리 민족의 깊고 넓은 자연 서정을 잘 나타내 주는 시조, 그중에서도 독특한 형식을 시도하고 있는 대은 대감의 불굴가는 가히 사설시조의 효시라고 아니할 수 없는 시라고 생각하오. 우리 국문학사에 불후의 금자탑을 하나 쌓아 올리는 일이지요. 다만 걱정스러운 것은 시절이 하도 어수선하니 대은 대감의 이 업적이 후세까지 온전히 전해질 수 있을까 하는 점이요. 다시 한번 칭찬을 드리는 바요. 대은 대감."

 운곡은 변안열의 문예적 심미안에 대하여 칭찬을 아끼지 않는다.
 "과찬이옵니다. 숙부님."
 변안열은 얼굴이 달아오르고 있음을 느낀다.
 "대은 공, 불굴가와 같은 사설시조의 단초가 될 수 있는 글을 아시는 것이 있소? 물론 잘 알고 있겠지만, 되짚어 보는 입장에서 소개할 글이 하나 있다오."
 운곡은 고려 제18대 임금 의종(懿宗) 때 정서(鄭敍)가 지은 것으로 알려진 가요 정과정곡을 소개하면서 사설시조와의 관련성을 알려 준다.

(前腔) 내님믈 그리ᅀᆞ와 우니다니
(中腔) 山(산) 졉동새 난 이슷ᄒᆞ요이다
(後腔) 아니시며 거츠르신들 아으
(附葉) 殘月曉星(잔월효성)이 아ᄅᆞ시리이다
(大葉) 넉시라도 님은 ᄒᆞᆫ듸 녀져라 아으
(附葉) 벼기더시니 뉘러시니잇가
(二葉) 過(과)도 허믈도 千萬(천만) 업소이다
(三葉) ᄆᆞᆯ힛 마러신뎌
(四葉) 슬읏브뎌 아으
(附葉) 니미 나를 ᄒᆞ마 니ᄌᆞ시니잇가
(五葉) 아소 님하 도람 드르샤 괴오쇼셔

내 님을 그리워하여 울고 있더니
접동새와 나와는(그 울고 지내는 모양이) 비슷합니다그려.
(그 누가 옳고 그른 것이) 아니며(모든 것이) 거짓인 줄을
(오직) 지새는 새벽달과 새벽별만이(저의 충정을) 아실 것입니다.
(살아서 임과 함께 지내지 못한다면) 죽은 혼이라도 임과 한자리에 가고 싶습니다. 아-
(임의 뜻을)어기던 사람이 누구였습니까
(저 자신이었습니까, 그렇지 않으면 간신배였읍니까).
(참으로) 過失(과실)도 허물도 전혀 없습니다.
(임께서 죄 없는 몸이라고 용서하시고 김命(소명)하실 줄 알았더니)
말짱한 말씀이었구나.(거짓말이었구나)
(정말) 죽고만 싶은 것이여. 아-
임께서 벌써 저를 잊으셨습니까.
맙소서 임이시어, 돌려 들으시어 사랑하소서.

사설의 내용을 살펴보면, 처음 두 줄에서는 임을 그리워하며 울고 있는 모습이 산에 사는 접동새와 비슷하다고 하였다. 그다음 두 줄은 자기 죄가 임금이 알고 있는 것처럼 그렇지 않으며, 참소 당한 바가 허망하다는 것을 새벽달과 새벽별이 알 것이라 하였다. 그리고는 넋이라도 한데 가고 싶다고 하였던 사람이 누구였던가 따지며, 임금이 자기를 버린 것을 안타깝게 여겼다. 그래서 잘못도 허물도 전혀 없다 하고, 그 모두가 참소하는 무리들의 말일 따름이니 죽고 싶다고 하였다. 마지막 두 줄에서는 임이 자기를 벌써 잊었는가 묻고, 마음을 돌려 총애하여 줄 것을 간청하였다.

이 가요는 우리말로 전하는 고려가요 가운데 작자가 확실한 유일한 노래로서 사설시조적인 싹이 막 태동하기 시작한 작품 정도로만 알아 두라고 당부한다. 변안열은 생각지도 못한 칭찬을 듣고 나서 변안열은 몸 둘 바를 몰라했다. 더군다나 자신의 글 불굴가가 전혀 낯선 형식이 아니고 정과정곡이라는 선인의 작품과 맥을 같이 한다는 사실을 알게 되어 더욱 보람참을 느낀다. 치악산의 밤은 이렇게 깊어 가고 제철을 맞은 눈바람은 깨 벗은 느티나무 가지 끝을 매섭게 후려치고 있었다.

어젯밤 밤을 도와 내리던 눈발이 먼동 틀 무렵에는 점점 약해지기 시작하더니 해 뜰 무렵에는 하늘이 말끔하게 개었다. 변인열은 원 씨 부인과 함께 구룡사를 찾았다. 구룡사 가는 길에는 은백의 카페트가 깔려 있었다. 변안열과 원 씨 부인은 선남선녀가 되어 그 카페트를 밟았다. 이 얼마나 길이 간직하고 싶을 부부의 나들이인가? 자국눈 위로 네 개의 발자국이 조붓한 산길에 오종종

사랑의 흔적으로 남고 있다. 변안열이 구룡사 일주문 앞에 이르러 차오른 숨을 고를 겸 잠시 발걸음을 멈춘다. 원 씨 부인의 걸음걸이에 맞추느라고 일부러 천천히 걸었지만 3천 척의 높이를 자랑하는 치악산 중턱께까지 오르자니 두 사람의 숨소리가 가빠지는 것은 극히 자연스러운 일이었다. 변안열 부부는 올라온 산길을 되돌아보았다. 낙엽을 다 떨군 참나무와 독야청청 푸르름을 사철 자랑하는 금강송이 눈송이를 머리에 이고 뒤섞여 있는 치악산, 비얄진 언덕과 그 아래 넓게 펼쳐진 들판 위로 티 없이 맑은 햇살이 동화 속의 꿈결처럼 부서지고 있었다.

"대감, 우리가 이 일주문을 넘으면 극락으로 들게 될까요?"
원 씨 부인이 이마에 손차양을 하고 멀리 하얗게 물든 세상을 내려다보며 변안열에게 묻는다.
"갑자기 극락세계는… 웬 말이요, 사춘기도 지난 지 오래일 텐데…"
변안열은 일부러 시선을 돌리면서 묻는다.
"글쎄요, 구룡사 입구에 당도하니 갑자기 이런저런 생각이 드네요. 제가 괜한 말씀을 드렸나요?"
원 씨 부인이 지나가는 투로 말을 이었다.
"그냥 별 뜻이 있는 건 아니고요. 흘려들어 주세요, 대감은 이 구룡사에 얽힌 전설을 알고 계신가요? 저는 어릴 적에 귀에 딱지가 앉도록 들었는데 …, 그 얘기나 들려 드릴까요?"
원씨 부인은 변안열의 대답을 기다릴 틈도 없이 이야기보따리를 풀어 놓는다.

구룡사에는 이야기가 많다. 구룡사로 가기 위한 치악산 입구의 황장금표와 금강소나무부터 시작하여 계곡의 나무와 구룡사의 구석구석까지 반 천 년이 넘는 오랜 세월을 사람과 함께한 만큼 구룡사로 가는 길목에는 이야깃거리들이 많다. 높은 준봉과 계곡이 많은 치악산은 자락자락이 넓고 깊은데 그중에서도 가장 많은 사람이 찾고 볼거리가 많은 곳이 구룡사다. 오랜 역사를 간직한 구룡사는 풍수지리적으로 '반 천 년이 지난 신령스러운 거북이 연꽃을 토하고 있고, 영험한 아홉 바다의 구룡을 풀어 놓는 형상을 한 천하의 승지'라고 하여 서기 668년, 신라 문무왕 8년, 의상대사에 의해 창건되었다. 구룡사 창건에 얽힌 '아홉 마리 용 전설'이 전해 온다.

명산인 치악산에 큰절을 세우고자 한 스님이 찾아 들었다. 구룡골에 접어들자 시루봉을 쳐다보며 아늑한 협곡으로 뻗어있는 이곳 풍치의 아름다움은 가히 절경이었다. 그러나 명당을 골라 절을 세우려고 주변을 살펴본즉 대웅전을 앉혀야 할 자리가 곧 연못이 있는 곳이었다. 그래서 스님은 그 연못을 메우려고 했다. 이때 이 연못 속에는 아홉 마리의 용이 살고 있었는데 용들로서는 큰일이었다. 그래서 그들은 "우리의 살 곳을 메우다니 그런 무자비한 일을 스님이 어떻게 할 수 있소?"하고 항의했다. 그러나 스님은 "존엄하신 부처님을 모시려면 너희들이 사는 연못이어야 하는데 어떡하겠나?"하고 양보하려 들지 않았다. 스님과 용들은 그 연못을 메운다, 못 메운다 하며 한참 실갱이를 벌이다가 결국 내기를 하여 이긴 쪽의 뜻에 따르기로 하였다.

먼저 용들이 먹구름을 불러일으키며 하늘로 치솟자 갑자기 뇌

성벽력과 함께 장대 같은 비가 쏟아지는데 삼시간에 계곡이 넘쳐 스님이 서 있는 데까지 잠겨버렸다. 이와 같은 용의 재주를 짐작하고 시루봉과 천지봉 사이에 미리 배를 건너 매어 놓고 기다리고 있던 스님은 배 위에서 태연히 낮잠을 자고 있었다. 용 쪽에서 볼 때는 참으로 어이없는 일이었다.

"그럼 이번에는 내가 한 수 부려볼까?"

스님은 부적을 한 장 그려서 아홉 마리의 용이 사는 연못 속에 집어넣었다. 그러자 연못에서 김이 무럭무럭 오르더니 연못의 물이 부글부글 끓기 시작했다. 용들은 견딜 수 없어 하늘로 달아났는데 그중 눈먼 용 한 마리가 달아나지 못하고 근처 연못으로 옮겨 앉았다. 스님은 예정대로 그 연못을 메우고 대웅전을 지음으로써 오늘의 구룡사가 들어앉게 되었다. 구룡사에서 보면 동해를 향한 여덟 개의 골이 된 산봉우리를 볼 수 있는데 이것은 그때 여덟 마리의 용이 급히 도망치느라 골이 생긴 것이라 한다. 그래서 이 절을 아홉 마리의 용이 살던 곳이라 하여 구룡사라 했다고 한다.

"어때요, 참 재미있죠? 그 밖에도 거북바위 전설 등을 비롯하여 전설이 많답니다. 그런데 대감은 전혀 재미있는 기색이 엿보이지 않는구료. 제가 말솜씨가 없는가 봐요."

원 씨 부인은 어린 시절의 아련한 추억 속으로 묻혀들면서 소녀티를 숨기지 않고 있었으나 변안열은 그렇지 못했다. 개경의 기상도는 어떻게 변하고 있는지… 아무리 무관심한 척 애를 써도 걱정이 떨어져 나가지 않는다.

"아니요, 매우 흥미로운 전설이요. 오랜만에 자연 속으로 묻혀 들고 보니 나도 모르는 사이 잠시 몽환에 빠져든 모양입니다. 언

짧아하지 마시오. 이제 일주문을 넘어갑시다. 부인."

구룡사 가는 길은 계곡도 아름답고 길도 경사가 없어 산책을 즐기며 걷기에도 그만이다. 일주문을 넘어서고 사천왕문을 지나면 보광루와 대웅전 등의 경내의 모습이 보인다. 정면 5칸 측면 2칸의 이층누각 보광루는 그 규모만으로도 고찰의 웅장함을 보여준다. 구룡사를 감싸 안은 웅장한 그 기운이 변안열 부부의 마음을 평화롭게 어루만져 준다. 마침 한바탕 불어닥치는 바람결에 실려 오는 풍경소리가 더욱 청량하게 들려온다.

1389년 공양왕 원년 11월 13일 변안열은 김저의 옥사에 연루되어 한양으로 유배되었다. 공정한 치죄 절차도 없이 국문을 못 이겨 억지 토설한 김저의 말만을 근거로 귀양지인 한양에서 1390년 정월 16일 향년 57세로 생을 마친다. 변안열의 가족은 몰락하였고 일체의 공적이 말살되었다. 그러나, 1390년 4월 회군의 공이 인정되어 훈권 되었다가 동년 5월 다시 적가삭훈의 비운을 맞는다. 1391년 조선 태조 2년에 다시 2등 공신 경보의 예로써 포상되었다. 그런데 가장 애석한 것은 변안열이 간신으로 분류됨으로써 이전까지의 그의 혁혁한 공적이 모조리 곡필 삭제되었을 뿐만 아니라 그가 지은 불굴가를 비롯한 다른 유고마저도 빛을 보지 못한 채 흔적을 지우거나 영원히 음지에 묻혀 지내야 했다는 점이다.

한양 유배지에서 변안열의 심정은 과연 어떠했을까? 파란 많은 세상, 한 많은 인생살이. 그러나 이제는 돌이킬 수 없는 흘러간

강물이었다. 눈 아래 발밑으로 유유히 흐르는 한강을 바라보면서 변안열은 시 한 수를 남긴다. 칠언 율시 4수로서 제목은 한양류소음(漢陽流所吟)이다. 1390년 공의 나이 57세 때 지은 작품으로 이것이 대은 변안열의 마지막 노래가 될 줄이야. 공(公)은 알고 있었을까?

神州陸沉我祖東 (신주육침아조동)
文物箕邦尙有風 (문물기방상유풍)
航海朝天昭大義 (항해조천소대의)
柵山闢地建殊功 (책산벽지건수공)
一時失處王孫笴 (일시실처왕손거)
三歲奉歸太甲桐 (삼세봉귀태갑동)
眞僞且看來後事 (진위차간래후사)
彼蒼應識且丹衷 (피창응식차단충)

堂司七月享驪興 (당사칠월형여흥)
轉釀風波出始氷 (전양풍파출시빙)
公議方迎殷玉冕 (공의방영은옥면)
隱憂將恐漢金縢 (은우장공한금등)
舊都勝地雖怡養 (구도승지수이양)
冲嗣彝天合奉承 (충사이천합봉승)
前年誰讀霍光傳 (전년수독곽광전)
千里燕書更一層 (천리연서갱일층)

玄陵松柏戴蒼旻 (현릉송백대창민)
正正孫枝子葉春 (정정손지자엽춘)

桃李門前風共伴 (도리문전풍공반)
竹梅園裡雪孤鄰 (죽매원리설고린)
咨文中路私何坼 (자문중로사하탁)
宗社上王義可遵 (종사상왕의가준)
三世相承十六載 (삼세상승십육재)
諸公孰不舊朝臣 (제공숙불구조신)

自我居東四十春 (자아거동사십춘)
貞忠直節獨求伸 (정충직절독구신)
花山月驛傳歌凱 (화산월역전가개)
威島耽羅擧義繁 (위도탐라거의번)
曆事三朝天寵舊 (역사삼조천총구)
策勳一等地望新 (책훈일등지망신)
如何□□□□□ (여하□□□□□)
未念中興孰効嚬 (미념중흥숙효빈)

중국이 육침하여 나는 동으로 왔노라
문물이 뛰어난 기자의 나라 여전히 그 기운이 있구나
바다 건너 천자를 뵙고 대의를 비추며
영토 확장에 뛰어난 공을 세우다
한때 처소를 잃은 거나라의 왕손이요
삼년 안에 다시 받들어 돌아오게 된 동의 태갑이라
참됨과 거짓의 살핌은 훗날에나 있을 일
저 푸른 하늘은 응당 붉은 마음을 알리로다

당사 칠월에 여흥에 겨신 우왕을 찾아 뵈오매

도리어 풍파를 일으켜 끝없이 계속되는구나
공의는 은의 옥면을 맞이하려는데
깊은 근심은 장차 한의 금등을 두려워하노라
구도는 승지라 비록 온화하게 다스릴 수 있지만
어린 임금이 하늘에 떳떳하도록 받들어 모시노라
전년에 누가 곽광전을 읽었는가
천 리 밖의 연나라 편지 받기는 더한층 어렵겠구나

현릉(공민왕릉)의 송백이 푸른 하늘을 이고
정정한 가지에 자엽이 싹이 튼다
복숭아 오얏꽃이 문전에서 바람을 벗 삼으니
대나무 매화밭의 남은 눈은 외로운 이웃이로다
중국과 주고받는 문서에 사사로이 무엇을 말하겠는가
종묘사직의 상왕을 의롭게 받드노라
세 임금 이어 모시기를 십육재이니
제공 가운데 구조의 신하 아닌 자 누구이겠는가

내 동국에 거주한 지 사십 년
곧고 굳은 충절을 홀로 구하고 떨쳤노라
화산(안동)과 인월역에서 전승개가를 전하고
위화도와 탐라에서 의로운 깃발을 올렸노라
세 임금을 모시어 하늘의 은총이 오래되니
공훈일등에 명망이 새롭구나
어찌하여 ········ 5자 결(缺)
중흥을 생각지 아니하니 누가 본받아 따르겠는가

고려 충절 대은 변안열

인쇄일	2025년 11월 11일
발행일	2025년 11월 11일
지은이	김용채
펴낸이	김화인
디자이너	김진순
펴낸곳	도서출판 조은
수소	서울시 중구 을지로20길 12 대성빌딩 405호
전화	(02)2274-2408
출판등록	1995년 7월 5일 신고번호 제1995-000098호
ISBN	979-11-94562-21-4
정가	15,000원

※ 잘못된 책은 바꾸어 드리겠습니다 ⓒ